中国人才研究丛书

# 四川人才发展报告
## （2018）

*R*eport on
Talent Development
in Sichuan（2018）

王辉耀　主编

陈　涛　副主编

西南财经大学发展研究院　　编

全球化智库（CCG）

社会科学文献出版社
SOCIAL SCIENCES ACADEMIC PRESS(CHINA)

# 四川人才发展报告编委会

**编　委**　赵德武　卓　志　史代敏　王辉耀　边慧敏
　　　　　李晓西　邹学明　周铭山　廖宏斌　毛中根
　　　　　晏　凌　李　丁　李卫锋　苗　绿　肖慧琳
　　　　　陈　涛

**参著人员**（按姓氏笔画排序）
　　　　　王远均　王辉耀　邓玉婷　龙　磊　刘　红
　　　　　刘　爽　刘力嘉　刘光宇　许　浩　李　庆
　　　　　李　晖　李　颖　李仍量　杨　薇　杨沛瑾
　　　　　肖金岑　何　勇　宋　阳　陆毅茜　陈　涛
　　　　　陈宗权　罗　燕　罗川宗　郑小乐　孟庆明
　　　　　柴剑峰　卿　涛　郭光辉　董庆前　景　莹
　　　　　温松岩　蒲　波　魏会超

**其他参著机构**
　　　　　成都市龙泉驿区人才工作领导小组办公室

# 主要编撰者简介

**王辉耀** 博士，教授，博士生导师，国务院参事，西南财经大学发展研究院院长，全球化智库（CCG）理事长兼主任，中国国际人才专业委员会会长，中国人才研究会副会长，欧美同学会/中国留学人员联谊会副会长，商务部中国国际经济合作学会副会长，九三学社中央经济委员会副主任，中国华侨历史学会副会长，中华海外联谊会常务理事，国务院侨办专家咨询委员会专家。担任过中央人才工作协调小组国际人才战略专题研究组组长，主持过国家多个部委课题研究。担任北京市政府专家咨询委员会专家以及多家地方政府顾问，向中央和国家有关部委以及地方政府提交多项专题研究和政策性报告。此外，目前还担任联合国国际移民组织（IOM）国际顾问理事会理事、德国劳动力研究所（IZA）研究员、国际猎头协会（AESC）顾问、国际大都会组织（Metropolis）执委、美国耶鲁大学亚洲发展顾问委员会理事和加拿大西安大略大学毅伟商学院亚洲董事会董事等。

留学欧美，获得加拿大温莎大学工商管理硕士学位、在加拿大西安大略大学和英国曼彻斯特大学攻读博士研究生，获得国际管理博士（Ph.D）学位，并在美国哈佛大学肯尼迪政府学院担任高级研究员和在布鲁金斯学会担任访问研究员。曾先后兼任北京大学、西南财经大学、中国政法大学、中国农业大学、西安交通大学、广东外语外贸大学、哈尔滨工业大学、首都经济贸易大学、中国人事科学研究院和加拿大西安大略大学等多所大学及研究机构的兼职教授或博士生导师。

在人才战略、海归与留学生、华侨华人、国际移民和企业国际化以及智库发展等领域有大量著作和学术研究，在国内外出版相关中英文著作50多部，包括《中国海归发展报告》《中国留学发展报告》《中国国际移民报告》《海外华侨华人专业人士报告》《中国区域人才竞争力报告》《中国企业国际化报告》等蓝皮书系列，以及《国际人才竞争战略》《国际人才战略文集》《国家战略》《海归时代》《当代中国海归》《人才战争》《移民潮》《哈佛肯尼迪政府学院精英课》《海归百年创新中国》《那三届》《大国智库》《全球化 VS 逆全球化》《大转向：谁将推动新一波全球化》和《国际猎头与人才战争》等一批有影响力的著作。

**陈　涛**　博士，博士后，西南财经大学发展研究院院长助理、助理研究员，中国劳动经济学会就业促进专业委员会高级会员。2015 年获得厦门大学教育研究院高等教育学博士（Ph. D.）学位，读博期间受国家留学基金委（CSC）资助，赴比利时荷语鲁汶天主教大学（KUL）教育与社会实验室进行为期 1 年的联合培养博士学习。博士论文荣获中国高等教育学会第 12 届优秀博士论文奖，该奖项是相关学科领域同行评议的最高荣誉。2016 年在电子科技大学经济与管理学院从事人力资源管理、创新创业博士后研究。

在教育人才资源开发、教育经济政策分析、高等教育基本理论等研究领域，以独立或第一作者身份公开在《教育研究》《高等教育研究》等学科权威刊物发表论文 20 余篇；主持或主研多项国家社科基金、教育部人文社科基金、中央高校科研基金及横向委托课题等；合著和参与编写《四川人才发展报告》《中国区域国际人才竞争力报告》《中国留学发展报告》等多部智库研究成果。

# 西南财经大学发展研究院简介

西南财经大学发展研究院（Institute of Development）成立于 2009 年 9 月 12 日，是西南财经大学四个学术特区之一。发展研究院是一家以服务国家、行业和地方的发展需要为己任的财经智库机构，着力研究经济社会发展中具有全局性、战略性、前瞻性的重大理论和实践问题，以不断增强西南财经大学服务社会的能力。发展研究院由国务院参事、欧美同学会副会长、全球化智库（CCG）主任王辉耀担任院长，第一任院长、著名经济学家李晓西教授现担任名誉院长，著名经济学家张卓元教授、刘诗白教授为学术委员会主席，著名经济学家厉以宁教授等知名专家为学术顾问，卢中原、刘伟等一批著名专家学者为学术委员。发展研究院与经济学院共同建设发展经济学博士点和硕士点，于 2014 年开始联合招收硕士生和博士生；设有研究机构"西南财经大学绿色经济与经济可持续发展研究基地"。

# 全球化智库（CCG）简介

　　全球化智库（Center for China and Globalization），简称 CCG，是中国领先的国际化社会智库。CCG 成立于 2008 年，总部位于北京，在国内外有十余个分支机构和海外代表处，目前有全职智库研究专业人员百余人。秉承"以全球视野，为中国建言；以中国智慧，为全球献策"的宗旨，CCG 致力于全球化、全球治理、国际关系、人才国际化和企业国际化等领域的研究。CCG 是中央人才工作协调小组全国人才理论研究基地，中联部"一带一路"智库联盟理事单位，并被国家授予博士后科研工作站资质。

　　CCG 成立十年来，已发展为中国推动全球化的重要智库。在全球最具影响力的美国宾夕法尼亚大学《全球智库报告 2017》中，CCG 位列全球顶级智库百强榜第 92 位，成为首个进入世界百强的中国社会智库，并在全球最佳社会智库榜单中被评为"中国社会智库第一"。同时，CCG 在国内多个权威智库排行榜也获高度认可，在南京大学与《光明日报》发布的《中国智库索引 CTTI2017 发展报告》中蝉联社会智库 Top10 榜首，并入选中国社会科学院《中国智库综合评价 AMI 研究报告（2017）》"核心智库榜单"。此外，CCG 还被权威的中国管理科学学会评选为"2016－2017 年度十大中国管理价值组织"。

# 摘　要

党的十八大以来，四川人才发展及人才工作创新取得显著成绩，特别是成都正成为新一线城市人才发展领头羊和全国人才发展新高地。为了继续反映好四川人才发展新情况、新特征，呈现四川人才发展的新理念、新成效和新实践，我们特组织编写《四川人才发展报告（2018）》。全书由总报告、人才培养篇、人才引进篇、人才发展篇和人才创新篇这五部分组成。

总报告以成都人才集聚培育体系建设为主题，全面分析现阶段人才驱动特大城市发展的国内外形势及主要特征，聚焦人才与城市协同发展问题；系统梳理党的十八大以来成都蓬勃发展纪实及人才发展工作新成效，突出人才驱动城市转型升级；深入挖掘其他8座国家中心城市"人才强市"路径新理念、新举措和新挑战，在比较中归纳了人才引、聚、育、留新问题；提出新时代国家中心城市成都人才集聚培育体系的建设策略，特别是在新发展理念下成都人才发展思路和具体措施。

人才培养篇包括四部分：一是以四川大学实践为案例，分析其国际小学期外籍教师自我效能感现状、成因及改进策略；二是基于四川高校实证调研，分析教师出国访学需求和收获情况，并对高校教师国际交流合作激励机制进行探索；三是四川省外国留学生现状与发展问题，通过个案研究对来川留学生生活状态和毕业意向进行考察；四是通过多案例研究，深入解剖四川职业教育产教融合人才培养创新模式和应对之策。

人才引进篇包括五部分：一是关于四川国际人才竞争力对比研究，采用综合指数评价方法对四川、北京、上海、广东、江苏五省份的国际人才竞争力进行比较；二是关于四川省外籍人才政策创新与发展现状研究，总结当前四川省外籍人才工作的主要特点；三是关于成都校地合作型孵化园人才发展现状，特别是对创业人才及项目引进、培育上进行了案例研究；四是关于成都市高新区吸引顶尖人才工作研究，在调研的基础上分析了区域人才供需问题；五是对成都市金融人才引进现状进行了深入分析，并围绕引才策略展开了讨论。

人才发展篇包括四部分：一是从跨学科的视角对国内外人力资本研究进行了全面回顾与展望，并对四川企业人力资本发展现状进行了案例分析；二是关于四川职业技能人才发展研究，提出新时代四川要实现从人口大省到技能强省的转型；三是以"旅游＋"为发展新特征，深入分析了四川旅游产业发展及其人才需求、"短板"和对策；四是对成都文化创意产业人才的现实基础和形势问题进行了分析，并相应提出了支撑建议和提升策略。

人才创新篇包括三部分：一是关于成都中心城市建设的科技人才创新创业路径探索，提出从多方面建构科技人才创新创业服务体系；二是探讨以专业园区为依托的产业高层次人才聚集模式建设，旨在实现产业培育与发展；三是以成都龙泉驿区新型汽车城为案例，探讨产才深度融合发展模式。

# 序 一

国以才立，业以才兴。当今世界正发生深刻而复杂变化，全球新一轮科技革命和产业革命蓬勃兴起。在发展由创新标注、创新由人才驱动时代背景下，人才已成为综合国力竞争中抢占制高点、赢得主动权的关键。党的十九大报告指出，要坚持党管人才原则，聚天下英才而用之，加快建设人才强国。这是深入实施创新驱动发展战略，确立人才竞争比较优势，增强国家核心竞争力的必然选择。

治蜀兴川，人才为要。当前，四川省正处于加快由要素驱动为主向创新驱动为主转变的关键期。党的十八大以来，省委、省政府大力实施人才强省战略，紧扣创新驱动引才聚才、改革体制机制选才育才、优化创业环境用才留才，为治蜀兴川集聚起强大人才红利。2017 年 5 月召开的省第十一次党代会更是提出，要把四川建设成为海内外高端人才汇聚高地、各类人才价值实现高地。此外，长江经济带、西部大开发、成渝经济区等重大国家战略交汇叠加，天府新区、全面创新改革试验、自由贸易试验区等重大国家布局交汇叠加，脱贫攻坚、藏区彝区加快发展、川陕革命老区振兴发展等重大国家政策交汇叠加也为四川构建开放的人才格局，实现转型发展提供了重大战略机遇。

使命担当，引领未来。进入新时代，培养担当民族复兴大任的时代新人，为建设社会主义现代化强国提供智力支持和人才保障，是西南财经大学必须肩负的新使命。面向未来，学校将坚持以习近平新时代中国特色社会主义思想为引领，落实高质量内涵式发展要求，奋力推进世界一流学科建设，以经世济民、孜孜以求的使命担当，以立德树人、广聚英才的执着追求，为建设高等教育强国贡献西财力量。

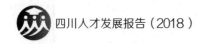

　　需求导向，服务社会。西南财经大学发展研究院自 2009 年成立以来，始终聚焦经济社会发展现实问题，开展前瞻性、针对性和储备性政策研究，一批智库研究成果得到社会各界的热烈关注与高度肯定。2018 年，在西南财经大学发展研究院院长王辉耀教授带领下，《四川人才发展报告（2018）》再次如期与大家见面。报告紧紧围绕四川如何构建以人才驱动引领动能接续转换、发展提质升级的新格局进行精准攻关，涉及产业人才、科教人才、金融人才等多个研究领域，内容丰富、思想性强，为四川人才工作发展提供了具有现实意义的决策建议和智力支持。

　　以此为序，并衷心祝愿《四川人才发展报告》越做越好！

西南财经大学校长　卓　志

# 序 二

　　人才资源是国家竞争力的核心要素，也是支撑区域经济发展的重要保障。党的十八大以来，以习近平总书记为核心的党中央将人才发展提到前所未有的高度。五年来，中央连续出台了《关于深化人才发展体制机制改革的意见》《关于深化职称制度改革的意见》等一系列重大举措，营造了积极、开放和有效的人才政策环境。党的十九大报告更是明确指出，要坚持党管人才原则，聚天下英才而用之，加快建设人才强国。

　　新思想引领新时代，新时代呼唤新作为。在习近平新时代中国特色社会主义思想的指引下，我们要深入研究谋划如何更好地深化人才发展体制机制改革，加快人才强省和人才强市。努力把人才发展深度融入四川"五位一体"总体布局和"四个全面"战略布局中，认真落实"一个愿景、两个跨域、三大发展战略、四项重点工程"战略谋划，紧密围绕全面创新改革、自贸试验区建设、产业结构调整、精准扶贫脱贫等大局工作引才、聚才、育才、用才，把深化人才体制机制改革作为四川人才发展及其工作的着力点。

　　在西南财经大学发展研究院全体成员的协作下，我们联合政府、企业、高校、科研院所和产业园区等十余位专家学者和一线管理者共同编写的《四川人才发展报告（2018）》付梓了，这是继首本报告成功发布后的延续。本报告的出版，恰逢全面贯彻党的十九大精神的开局之年，也是改革开放40周年。总报告以国家中心城市成都人才发展为主题，全面总结了党的十八大以来成都人才发展工作新成效，特别是围绕新发展理念下的"五中心一枢纽"国家中心城市建设展开了新思考，为新时代成都"三步走"战略目标的实现提出了人才集聚培育体系的建设策略。

　　当前，西南财经大学正处于"双一流"建设的历史机遇期，学校将继续秉持人才强校理念，加快推进"双一流"建设，全面提升办学整体水平，不断提高为国家和地方社会经济发展的服务能力，坚持扎根中国大地办好中国特色社会主义大学。相信《四川人才发展报告（2018）》的出版，将会在西南财经大学和地方社会各界间架起新的沟通桥梁，为成都、四川乃至全国人才发展贡献"西财智慧"。同时，希望《四川人才发展报告》抓住"一带一路"和长江经济带战略机遇，以更加开放的视野研究新时代人才发展，特别是人才支撑体系、人才治理体系、人才开放合作体系等，为四川和成都人才体制机制改革提供智力支持。

是为序。

西南财经大学副校长　史代敏

# 目　录

## Ⅰ　总报告

## Ⅱ　人才培养篇

# Ⅲ　人才引进篇

# Ⅳ　人才发展篇

# V 人才创新篇

# 总 报 告

General Report

## B.1

## 全力构筑新时代成都人才集聚
## 培育新体系　建设全面体现
## 新发展理念的国家中心城市

王辉耀　陈　涛*

摘　要：　创新驱动是城市发展第一动力，而创新驱动实质是人才驱动。
　　　　　迈入知识经济时代以来，人才成为全球竞争的主要资源，世
　　　　　界特大城市更是人才集聚的主要场所。随着我国城镇化进程
　　　　　的推进，特别是国家中心城市的确立，聚天下英才而用之成
　　　　　为城市发展的核心竞争力。党的十八大以来，成都提出以

* 王辉耀（1958~），教授，博士生导师，国务院参事，西南财经大学发展研究院院长，全球
化智库（CCG）理事长，中国人才研究会副会长，欧美同学会副会长，主要从事人才发展与
全球化研究；陈涛（1984~），助理研究员，教育学博士，管理学博士后，西南财经大学发
展研究院院长助理，主要从事教育与人才资源开发、教育经济政策分析和高等教育基本理论
研究。全球化智库（CCG）人才研究总监李庆对本文修改提出了一些建议。

"五中心一枢纽"为支撑的国家中心城市建设方案，将人才战略充分融入城市建设，人才发展工作取得了历史性成就，城市能级水平不断提升。在国家中心城市建设和发展中，"人才强市"已成为九大城市共同的战略选择，并且逐渐形成人才发展新理念，以及各具特色的人才发展新实践，与此同时也面临新挑战。2018年是全面贯彻党的十九大精神开局之年，也是改革开放40周年。进入新时代，起航新征程，成都将以创新、协调、绿色、开放、共享五大理念为指引，通过构筑人才集聚培育新体系，实行引育并举、以育促聚，全面推动各级各类人才充分集聚，助力建设全面体现新发展理念的国家中心城市。

关键词： 人才集聚培育体系 新发展理念 国家中心城市 成都

党的十九大指出中国特色社会主义进入新时代，这是我国发展新的历史方位，新的历史方位定汇聚新的历史成就。党的十八大以来的五年，我国社会经济发展发生了历史性变革，人才驱动特大城市发展成为这一变革的"缩影"，特别是国家中心城市的建立，掀起了一轮激烈的人才争夺战，这是创新驱动城市发展的新景象。随着九座国家中心城市的逐个确立，"人才强市"已经成为九大城市共同的战略选择，基本形成了人才发展的新理念及各具特色的新实践。成都，作为重要的国家中心城市，五年来取得了全方位、开创性的改革成就，扎实推进"五中心一枢纽"建设，将人才战略充分融入城市发展中，不断创新人才工作体制机制，全面提升城市能级水平。进入新时代，既有新机遇，又有新挑战。成都将以新发展理念为指引，系统构建人才集聚培育新体系，迈入国家中心城市新征程。

# 一　现阶段人才驱动特大城市发展的国内外形势与主要特征

迈入知识经济时代以来，世界各国为集聚人才掀起了一场没有硝烟的"人才战争"。[①] 城市作为人才集聚重要区划，也建立了人才驱动城市发展的良好关联与互动，特别是在拥有更多人口的特大城市，这一驱动性特征愈发凸显，主要表现为资源丰富的特大城市对人才集聚具有超强吸引力，而人才资本则为城市产业经济发展注入了新动能。加强人才集聚已成为全球发达城市保持活力的重要选择。

## （一）现阶段人才驱动特大城市发展现实背景

2017年9月3日，国家主席习近平在金砖国家工商论坛开幕式的讲话中提到"高素质创新创业之城"，是对我国新时代城市发展的新要求，并指向了创新创业的内在驱动力——人才。进入21世纪，知识和技术积累逐渐成为经济增长的时代特征，"人才决定未来"的声音已经传遍世界。"人才"不完全等同于国外的"人力资源"，它是中国特有的概念，泛指才华出众的人。[②] 习主席强调的"高素质"一词更是指明了"人才资源"区别于"人力资源"的根本特征就在于劳动者的素质水平，这是经济社会发展的决定性因素，也是城市升级转型发展的中枢力量。人才兴，则城市兴。"兴城先兴人"已经成为国内外城市发展的共同理念。

城市化是世界范围内一国社会经济结构变化的重要标志，城市化进程促进了人口职业的变化、产业结构的变化、土地及地域空间的变化。概言之，城市化的本质是人的城市化，是人理性自主选择的结果。[③] 随着世界各国城

---

① 王辉耀：《人才战争》，中信出版社，2009。
② 中央人才工作协调小组办公室、中共中央组织部人才工作局：《国家人才发展规划专题研究报告》，党建读物出版社，2011，第1页。
③ 樊纲、郭万达：《中国城市化和特大城市问题再思考》，中国经济出版社，2017，第1页。

市化进程的不断推进，人口迁移和流动催生了区域中心城市、大都市区、世界城市和国际城市等特大城市。根据联合国城市等级划分标准：人口在 2 万以上至 10 万以下为小城市，人口在 10 万以上至 100 万以下为大城市，人口在 100 万以上则为特大城市。2014 年，中共中央、国务院印发的《国家新型城镇化规划（2014～2020 年)》，将城区人口在 500 万以上的城市定义为特大城市。特大城市是创新资源最集中、创新人才最密集、创新活动最活跃、创新要素最丰富的区域，具有显著的集聚效应和规模效应。

从世界城市化发展进程看，1950～2015 年，全球生活在 1000 万以上规模城市的人口占城市人口的比重从 3.2% 提高到 11.9%，生活在 100 万～500 万规模城市的人口所占比重提高了 3.9 个百分点，而生活在 50 万以下规模城市的人口所占比重则下降了 7 个百分点。1950 年全球人口超过 500 万的特大城市仅有 7 个，2015 年增加到 73 个，其中超过 1000 万的城市有 29 个。[1] 譬如：美国的纽约、洛杉矶、西雅图，日本的东京、大阪，法国的巴黎，英国的伦敦，俄罗斯的莫斯科，德国的柏林等城市都成为人才集聚之地。联合国最新发布的《城市集聚区（2014)》报告中列出了世界人口规模最大的 30 个城市群，其中有不少特大城市也被世界知名房产资讯机构 JLL（仲量联行）评为"全球最具活力的城市"，高素质人才资源集聚为特大城市转型升级带来了规模效益和发展动能（见表 1）。

2000 年，诺贝尔经济学奖获得者约瑟夫·尤金·斯蒂格利茨（Joseph Eugene Stiglitz）表示，中国城市化和以美国为首的新技术革命将成为影响人类 21 世纪的两件大事。正如斯蒂格利茨所言，改革开放以来，中国城市化率增速迅猛，从 1978 年的 17.9% 上升到 2015 年的 56.1%，涌现出一批大城市。其中，500 万以上人口的特大城市达 25 个。[2] 根据国家统计局最新统

---

[1] 樊纲、郭万达：《中国城市化和特大城市问题再思考》，中国经济出版社，2017，第 2～3 页。

[2] 国家统计局：《全国城市人口统计》，http：//data. stats. gov. cn/easyquery. htm？cn＝E0105，2017 年 10 月 10 日。

表1　全球最具活力城市排名及其人口规模

| JLL 全球最具活力城市排名 | 城市 | 国家 | 2014 年人口（百万） | 人口世界排名 | 预计 2030 年人口（百万） | 人口世界排名 | 2014 年城市群人口 | |
|---|---|---|---|---|---|---|---|---|
| | | | | | | | 占总人口的比重（%） | 占城市人口的比重（%） |
| 4 | 上　海 | 中　国 | 23 | 3 | 30.8 | 3 | 1.6 | 3.0 |
| 6 | 伦　敦 | 英　国 | 10.2 | 27 | — | — | 16 | 19.5 |
| 14 | 纽　约 | 美　国 | 18.6 | 9 | 19.9 | 14 | 5.8 | 7.1 |
| 15 | 北　京 | 中　国 | 19.5 | 8 | 27.7 | 5 | 1.4 | 2.6 |
| 17 | 巴　黎 | 法　国 | 10.8 | 25 | — | — | 16.7 | 21 |
| 19 | 马尼拉 | 菲律宾 | 12.8 | 18 | 16.8 | 19 | 12.8 | 28.7 |
| 22 | 深　圳 | 中　国 | 10.7 | 26 | 12.7 | 29 | 0.8 | 1.4 |
| 23 | 德　里 | 印　度 | 25.0 | 2 | 36.1 | 2 | 2.0 | 6.1 |
| 25 | 孟　买 | 印　度 | 20.7 | 6 | 27.8 | 4 | 1.6 | 3.0 |
| 27 | 洛杉矶 | 美　国 | 12.3 | 20 | 13.3 | 26 | 3.8 | 4.7 |

资料来源：仲量联行，http：//www.joneslanglasalle.com.cn/china/en - gb/research。

计，截至 2015 年，人口数排名前 10 位的特大城市依次是上海、北京、重庆、天津、成都、石家庄、哈尔滨、广州、武汉和西安（见表 2）。

表2　2015 年中国城市人口数量超过 500 万人口的前 10 位特大城市

| 排名 | 城市名称 | 城镇人口（万人） | 排名 | 城市名称 | 城镇人口（万人） |
|---|---|---|---|---|---|
| 1 | 上海 | 2116 | 6 | 石家庄 | 1028.84 |
| 2 | 北京 | 1877 | 7 | 哈尔滨 | 961.37 |
| 3 | 重庆 | 1838 | 8 | 广州 | 854.19 |
| 4 | 天津 | 1278 | 9 | 武汉 | 829.27 |
| 5 | 成都 | 1228.05 | 10 | 西安 | 815.66 |

资料来源：国家统计局，http：//data.stats.gov.cn/easyquery.htm? cn = E0105。

人才集聚使城市面貌焕然一新。西南财经大学发展研究院与全球化智库（CCG）联合发布的《中国区域国际人才竞争力报告 2017》以国际人才（留学生、境外来华工作专家、企业外籍管理人员等）竞争力指数为观测点，分析了全国 31 个省（自治区、直辖市）（不包括港澳台）国际人才竞争力水平。其中，综合指数排名前 10 的省（自治区、直辖市）分别是上海、北京、广东、江苏、浙江、辽宁、山东、天津、福建和四川[①]（见表 3）。从上述排名来看，除上海、北京、天津 3 个直辖市以外，其余省均拥有超过 500 万人口的省会城市及部分副省级城市，如广州、南京、杭州、沈阳、济南、福州、成都、大连、青岛和宁波，以及极富活力的深圳，这些城市都已成为吸引外资企业和国际人才的理想之地。显然，城市竞争力的根本是人才竞争力，如今国内各大城市都为此展开激烈的人才竞争。

表 3　中国区域国际人才竞争力指数及排名（前 10 名）

| 指数排名 | 省份 | 国际人才规模指数 | 国际人才结构指数 | 国际人才创新指数 | 国际人才政策指数 | 国际人才发展指数 | 国际人才生活指数 | 综合指数 |
|---|---|---|---|---|---|---|---|---|
| 1 | 上海 | 0.80 | 0.56 | 0.56 | 0.46 | 1.00 | 0.52 | 3.91 |
| 2 | 北京 | 0.77 | 0.50 | 0.56 | 0.68 | 0.49 | 0.67 | 3.67 |
| 3 | 广东 | 0.59 | 0.56 | 0.68 | 0.48 | 0.41 | 0.79 | 3.52 |
| 4 | 江苏 | 0.49 | 0.61 | 0.59 | 0.81 | 0.33 | 0.53 | 3.37 |
| 5 | 浙江 | 0.27 | 0.46 | 0.49 | 0.58 | 0.24 | 0.48 | 2.53 |
| 6 | 辽宁 | 0.20 | 0.67 | 0.53 | 0.34 | 0.12 | 0.46 | 2.31 |
| 7 | 山东 | 0.17 | 0.59 | 0.55 | 0.30 | 0.10 | 0.53 | 2.24 |
| 8 | 天津 | 0.31 | 0.50 | 0.49 | 0.24 | 0.37 | 0.31 | 2.22 |
| 9 | 福建 | 0.13 | 0.49 | 0.54 | 0.40 | 0.19 | 0.41 | 2.17 |
| 10 | 四川 | 0.07 | 0.55 | 0.47 | 0.40 | 0.03 | 0.45 | 1.97 |

资料来源：王辉耀：《中国区域国际人才竞争力报告（2017)》，社会科学文献出版社，2017。

随着城市化水平的持续提高，城市群发展格局初步形成。按照《国家新型城镇化规划（2014～2020 年)》和《全国主体功能区规划》，结合实施"一带一路"建设、京津冀协同发展、长江经济带建设等战略，传统的省域经济和行政区经济逐步向城市群经济过渡，城市的集聚效应日益凸显。如 2015 年，京津冀、长江三角洲、珠江三角洲三大城市群，以 5.2% 的国土面积集聚了 23.0% 的人口，创造了 39.4% 的国内生产总值，成为带动我国经

---

① 王辉耀：《中国区域国际人才竞争力报告（2017)》，社会科学文献出版社，2017，第 14 页。

济快速增长和参与国际经济合作的主要平台。[①] 城市群作为城市化进程的高级形态，已成为集聚产业、会集人才的新舞台，也是我国现代化经济体系的着力点。

### （二）现阶段人才驱动特大城市发展主要特征

国内外城市化进程表明，城市化发展的核心引擎是经济和产业，而经济和产业发展的动力则来源于人力。正如诺贝尔经济学奖获得者西奥多·舒尔茨（T. W. Schultz）的人力资本理论中的阐释，凝聚在劳动者身上的知识、技能及其所表现出来的劳动能力，与现代经济增长建立了紧密联系，人力被视为一切生产资源中最重要的资源。但随着城市化发展水平的不断提升，与之相反的却是老龄化的压力和劳动力的短缺，世界各国的"人口红利"优势都面临着行将削减之势，经济学中的"刘易斯拐点"、经济增长减速的人口资源配置"陷阱"正在形成。基于此，各国政府在一边保证城市化发展的同时，一边努力培养和吸引高素质人力资源，以城市魅力吸引人才流入，以人才集聚驱动城市发展。具体而言，主要有以下四个基本特征，这四个特征也呈现了人才与城市的互动关系。

其一，特大城市拥有极具竞争力的发展基础。具有国际竞争力的特大城市大多建立在充分发展的城市基础之上，集聚了区域经济、文化、教育、医疗、交通和对外交往等要素，特别是在这些城市的核心区，更是形成了"超强磁场"，汇集了多层次、多级别的商业空间体系，高密度、高水准的社区设施资源，有积淀、有历史的文化街区遗产，以及重规划、重设计的城市园林景观等。如：上海商业核心区的南京东路和四川北路，两个商业区的消费出行吸引总量是其他商业区的 3~6 倍；又如：北京东、西两城区是全市行政、商业、文化和旅游等资源的中心地带，其综合设施密度是海淀区的 3 倍以上，其医疗设施、文化景观、旅游设施等远远高于

---

① 国家统计局：《城镇化水平持续提高　城市综合实力显著增强——党的十八大以来经济社会发展成就系列之九》，http://www.stats.gov.cn/tjsj/sjjd/201707/t20170711_1511794.html，2017 年 10 月 10 日。

其他城区；① 再如：广州的越秀区是全城最古老的中心城区，既汇聚了 8 个朝代的文物古迹，又营造了具有现代国际风尚的繁华景象，常住人口密度达到 14885～30574 人/平方千米，是其他区域的 5 倍以上。② 从以上特大城市的集聚表现来看，特大城市及其核心区的优质公共资源是形成集聚优势的关键。

其二，特大城市吸引创新要素集聚。信息技术革命不断深入的当今，特大城市不断吸引来自周围区域，甚至更大跨度区域的创新要素在其区域内进行集聚，如知识、信息、科技等。丰富的高端创新资源与城市稳固的发展基础产生剧烈的"化学反应"，特大城市发展呈现几何增长现象。如：美国 1/3 的半导体集成电路产业和 1/6 的电子计算机产业均位于硅谷；法国 80% 以上的远程通信系统投资集中在巴黎；我国有 1/6 产值的电子信息产业集中在深圳等。此外，这些高端创新要素主要集中在特大城市的创新园区、孵化园区和工业园区等，像美国的硅谷、欧洲的希斯塔、中国的中关村都是典型的创新要素开放之所，它们依托重点大学、科研院所和科技公司，是科教智力和人才资源最为密集的区域，也是人才创新的载体。

其三，产才融合实现城市提质增效。纵观国际特大城市产业发展历程不难发现，巴黎、纽约、伦敦、东京等城市都经历了自然要素主导阶段、资本要素主导阶段和知识经济阶段发展的基本规律。伴随着特大城市经济的不断发展，其产业也在不断升级转型，并强调以知识和创意为主导的创新驱动。在这个以智力资源为依托的时代，人才成为经济和产业发展的核心。如：美国波士顿大都市区经济依靠高素质人才和企业的集聚化这一优势实施最新一轮产业转型，特别是坎布里奇市的哈佛大学、MIT、波士顿大学等顶尖高校大力推动，每年引资达 70 亿美元，直接或间接创造 8.5 万个工作岗位，每年为劳动力市场提供 3.2 万个毕业生。像 MIT 的关联企业就超过 1000 家，全球销售额 530 亿美元，为当地直接创造就业岗位 12.5 万个，间接带动就

---

① 樊纲、郭万达：《中国城市化和特大城市问题再思考》，中国经济出版社，2017，第 77～78 页。

② 王培安：《中国特大城市人口规模调控研究报告》，中国发展出版社，2014，第 173 页。

业 12 万个。① 显然,产才深度融合是知识经济型产业发展的关键机制,在产业链的基础上培育人才链,形成人才驱动城市产业发展的创新链,"三链合一"催生出的乘法效应将有助于实现城市提质增效。

其四,发达双创续存城市发展动能。改革开放有效促进了人的流动,特大城市在城市化、工业化和现代化进程中的物质积累和精神积淀,更好地营造了人尽其才的制度环境、以人为本的服务环境和创新创业的文化环境,如我国的"北漂族""上漂族""深漂族"等新时代移民的出现与发展,充分彰显了特大城市的魅力,甚至像内陆城市成都也开始推行了"'蓉漂'计划"。年轻人之所以选择"漂流"生活,就在于这些城市具有发达的双创资源和高质量的就业机会,同时这也成为创新型城市发展的基础。因此,我们会发现城市能级越强,其双创水平越高;反之,双创资源越丰富,城市优势也就越凸显。大众创业、万众创新为城市发展积累了人才资本,为产业升级转型带来了驱动要素,为地方经济振兴筑造了支撑力量,为城市化发展进程注入了新动力和新活力。

## 二　成都的蓬勃发展及人才发展工作新成效

党的十八大以来,成都社会经济发展迎来历史性机遇、发生历史性变革、取得历史性成就。成都在党中央、国务院和四川省委省政府的坚强领导下,扎实推进国家中心城市建设,以"五中心一枢纽"为支撑,全面提升城市能级水平。在国家中心城市建设中,成都将人才战略充分融入城市发展,努力实现人才驱动城市转型升级,不断创新人才工作举措、完善人才工作机制、强化人才工作成效。

### (一)成都的蓬勃发展与历史性变革

**1. 保持政治意识高站位,发挥首位城市带头作用**

党的十八大以来,党中央、四川省委和省政府对成都发展格外关注,并

---

① 王稼琼:《特大城市治理研究》,首都经济贸易大学出版社,2015,第 129 页。

寄予殷切厚望。省委书记王东明提出"成都要继续一马当先，发挥首位城市带头引领辐射示范带动作用；系统推进全面创新改革试验，成为带动全省创新发展的引擎；主动融入国家战略，提高全方位对外开放水平；加快构建现代产业体系，增强城市经济综合实力；推动城市建设管理转型升级，提升城市科学发展水平；着力补齐民生短板，努力提高民生福祉；全面从严管党治党，持续用力营造良好政治生态"等要求。特别是随着成都成为国家中心城市以来，成都城市发展定位将迎来"地理重构"新方位，"成都实践"也将转化为"全国范例"，将其城市发展经验作为"中国方案"的重要案例影响"全球价值"，率先走出一条中西部特大城市参与全球治理的"成都路径"。

近年来，成都市委、市政府在首位城市建设上力担重责、勇挑大梁。市委书记范锐平强调道："对成都而言，就是要不断提升政治站位和工作境界，自觉在全省发展大局中找定位、强担当，加快建设全面体现新发展理念的国家中心城市，努力做到干得最主动、抓得最务实、走在最前列。"显然，成都的建设与发展在四川、西部乃至全国经济社会发展中都举足轻重，这是政治责任的体现。成都作为四川首位城市，提高政治站位主要反映在强化"五个作用"：一是强化带头作用，紧盯四川全面创新改革和打好脱贫攻坚战，当好贯彻落实四川省委省政府各项决策部署的表率；二是强化带动作用，全面提升城市能级水平，与各市州共建共享"五中心一枢纽"，推动重大公共服务平台向各市州全方位开放；三是强化引领作用，突出自贸试验区建设、协同创新共同体建设和供给侧结构性改革等重点，推动开放引领、创新引领、改革引领；四是强化示范作用，在城市转型、经济转型和治理转型上为四川做好示范；五是强化辐射作用，加强与各市州在产业链和价值链的分工协作，发挥各自比较优势，推进有利于共同发展的产业跨市域布局和梯度转移，与其他市州共同做大做强产业生态链。

**2. 把握经济发展新常态，推进城市产业转型升级**

党的十八大以来，成都城市产业发展迎来了历史性机遇。2014 年 10

月，成都天府新区获批成为西部第 5 个国家级新区；2015 年 9 月，中央将成德绵列为先行先试地区，纳入国家全面创新改革试验区；2016 年，国务院批复同意《成渝城市群发展规划》；2017 年 3 月，成都再次被纳入中国（四川）自由贸易试验区。国家战略重构了经济地理，为成都经济和产业发展提供了广阔舞台。2017 年，成都经济总量达到 13889.4 亿元，即将迈上 1.4 万亿元台阶，按可比价格计算，比上年增长 8.1%，高于全国 1.2 个百分点，与全省持平。[①] 五年来，成都 GDP 增速从 2013 年的 10.2% 调整到 2017 年的 8.1%，体现出成都经济社会发展已经进入新常态，从高速增长转向中高速增长，经济发展方式发生重大变革，五年平均增长 8.6%。[②] 成都把握经济发展新常态，城市综合实力得到显著增强。

经济是城市发展核心引擎，产业是城市经济的命脉支撑。随着成都城市经济能级不断提升，其产业结构发生了显著变化，三大产业结构增加值及增长率分别是 500.9 亿元（3.9%）、5998.2 亿元（7.5%）、7390.3 亿元（8.9%），三次产业结构比值为 3.6∶43.2∶53.2，第二、三产业结构比重合计为 96.4%，逐步形成适合特大城市发展的现代产业结构。[③] 以 2015 年成都制造业和服务业产值数据为例，在制造业行业中，计算机、通信和其他电子设备、汽车、电气机械和器材等位列前三（见表 4），在服务业行业中，金融业、批发和零售业、房地产业发展迅速，其增加值占服务业比重超过 10%（见表 5）。成都的产业结构已从传统工业引领向产业融合发展转型，服务业与制造业协同发展趋势日益明显，以交通运输、商务服务、创意设计、技术服务等为代表的生产性服务业对制造业拉动不断增强，支撑不断扩充。

---

① 《2017 年成都经济运行情况》，东方财富网，http：//finance.eastmoney.com/news/1350，20180130827212648.html，2018 年 1 月 30 日。

② 成都统计局、中商产业研究院整理而得。

③ 《2017 年成都经济运行情况》，东方财富网，http：//finance.eastmoney.com/news/1350，20180130827212648.html，2018 年 1 月 30 日。

表4　2015年成都制造业总产值前三位行业

| 总产值前三位行业名称 | 总产值（亿元） | 占成都制造业总产值比重（%） |
|---|---|---|
| 计算机、通信和其他电子设备制造业 | 2885.2 | 27.3 |
| 汽车制造业 | 1507.2 | 14.3 |
| 电气机械和器材制造业 | 522 | 4.9 |

资料来源：成都统计局。

表5　2015年成都主要服务业行业增加值情况

单位：亿元

| 行业名称 | 交通运输、仓储和邮政业 | 信息传输、计算机服务和软件业 | 批发和零售业 | 住宿和餐饮业 | 金融业 | 房地产业 | 租赁和商务服务业 |
|---|---|---|---|---|---|---|---|
| 增加值 | 470.1 | 395.8 | 778.3 | 359.7 | 1254.2 | 597.7 | 405.5 |
| 行业名称 | 科学研究、技术服务和地质勘查业 | 水利环境和公共设施管理业 | 居民服务和其他服务业 | 教育 | 卫生社会保障和社会福利业 | 文化、体育和娱乐业 | 公共管理和社会组织 |
| 增加值 | 290.7 | 29.5 | 130.9 | 275 | 167.2 | 173.7 | 306 |

资料来源：成都统计局。

　　为了构建具有国际竞争力和区域带动力的现代产业体系，成都市委市政府打出城市产业发展的"组合拳"。2017年4月25日，成都市第十三次党代会提出了"发展壮大城市经济，加快构建具有全球竞争力的现代产业体系"的重大战略任务；7月2日，召开了"成都国家中心城市产业发展大会"，并发布《成都市产业发展白皮书》《成都市各区（市）县产业发展政策汇编》，首次披露了成都空间布局、产业布局和主导产业定位；7月12日，成都出台了《中共成都市委成都市人民政府关于创新要素供给培育产业生态提升国家中心城市产业能级若干政策措施的意见》（简称"成都产业新政50条"）。"成都产业新政50条"的颁布，为成都城市产业发展制定了新目标新任务，描绘了新蓝图新愿景，设计了新路径新策略。

　　**3.增强科技产业深度融合，驱动城市要素全面创新**

　　新一轮技术革命催生人工智能、分享经济、大数据、"互联网＋"等新科技新产品新经济新业态。成都在国家创新驱动发展战略实施背景下，系统推进全面创新改革"一号工程";深入开展"创业天府"行动计划;公开发布《促进国内外高校院所科技成果在蓉转移转化若干政策措施》(简称"成都新十条");成功举办2016年中国成都全球创交会,举办"菁蓉汇"走进韩国、以色列等系列活动;顶层设计"双一流"高校建设方案;大力引进中科院成都科学研究中心等10个校院的合作项目,清华能源互联网研究院等15家科研企业入驻,强势打造成都科学城;加快建设航空整机等6个省级产业基地、天府新区军民融合创新产业园等6个市级产业园,建设成都信息安全产业园等102个项目;积极探索政产学研用协同创新模式,充分激发了各类创新主体的活力。

党的十八大以来,成都一批"双创"种子和初创高科技企业迅速成长,大数据、云计算、数字金融等新业态在全国城市位居前列。五年中,成都新登记各类市场主体超过106万户,新增科技型企业5.3万家,拥有各类研发机构965家,科技进步贡献率达到63.4%,发明专利申请量近两年平均增长33.7%。这些成绩得益于成都具有丰富的科技和创新资源,拥有56所高等院校,30余家国家级科研机构,318家军工企事业单位,近500万名各类人才,在大数据、5G、机器人等领域创新资源储备丰富。从成都近五年的发展模式来看,逐渐凸显科技元素与现代化经济体系的深度融合,积极构建新经济产业体系。如:以现代信息网络作为重要载体,加快发展数字经济,特别是电子商务、数字金融、智慧物流等生产性服务业;深入实施《成都制造2025》和"互联网+"行动计划,以新技术新模式新业态引领新经济,大力推进智能制造、大力研发智能产品和大力建设智慧城市。

**4. 发展金融业态多功能,构筑城市金融支撑体系**

成都进入国家中心城市建设行列以来,成都市委市政府高度重视西部金融中心建设,并将其作为成都城市发展战略的重要目标,即到2022年全面建成立足四川、服务西部、辐射全国的具有国际影响力的西部金融中心。事实上,成都在20世纪90年代,就被冠以"西南地区金融中心""西部金融中心"称号。相关统计数据显示,以2017年第一季度为例,成都市金融机构本外币各项存款余额达35001.73亿元,同比增长9.9%,各项贷款余额达 26984.97 亿元，同比增长 13.5%。① 目前，成都已经拥有 3000 多家各类金融机构、总部经济和高端服务业，这一数量位于全国副省级城市前列。② 近年来，成都金融资源聚集力和服务辐射力日益增强，金融支撑体系逐渐形成，在"中国金融中心指数"排名城市中位居第五，在中西部城市中位居第一，在"中国城市吸金能力"排名城市中位居第三。

为了全面建成西部金融中心，成都提出增强"资本市场、财富管理、结算中心、创投融资、新型金融"五大核心功能。北京大学曹和平教授指出："五大功能的前四大功能在过去的 25 年间，是全世界金融发展的主流，但从新型金融看到了成都金融发展的'明天'。"③ 第一，成都作为"一带一路"的关键城市，依托"蓉欧＋"高铁沿线国家和城市，打通商品期货、证券、股票和债券等在资本市场的融资渠道，实现高效的资源配置；第二，金融的本质就是财务管理，高效的财务管理带来高质量的金融服务。成都致力于打造西部客户投资渠道最多元、财富管理最丰富、管理资金规模最大的财富管理基地；第三，成都在西部城市中率先开展跨境贸易人民币结算试点、跨国公司总部外汇资金集中运营点和个人外币兑换特许业务试点，开展跨境人民币结算的银行机构约 40 家，结算国家和地区近 100 个；第四，成都提出大力推进产融结合，支持企业利用多层次资本市场融资，促进股权投资发展，多渠道扩大社会融资规模，发展政府产业投资引导基金，发挥自贸区金融开放创新带动优势等；第五，成都在发展传统金融模式的基础上，还创新性地提出发展新型金融业态，打造西部新型金融先行区。如：发展普惠金融，搭建"农贷通"农村金融服务平台，发展数字金融和绿色金融等，满足不同群体金融需求，在金融科技、融资租赁、互联网金融等方面深入探索。

---

① 网易财经：《成都"五大核心功能"打造西部金融中心》，http://money.163.com/17/0428/00/CJ2PMSSP002580S6.html，2017 年 10 月 20 日。
② 界面：《成都发布西部金融中心 5 年行动计划》，http://www.jiemian.com/article/1586999.html，2017 年 10 月 20 日。
③ 人民网：《"五大核心功能"架起成都西部金融中心四梁八柱》，http://sc.people.com.cn/n2/2017/0506/c379471-30143347.html，2017 年 10 月 25 日。

### 5. 文化创意跨领域，丰富天府文化内涵建设

成都围绕建设全面体现新发展理念的国家中心城市，提出了城市能级的软实力命题——"天府文化"，其深刻内涵皆蕴藏在十六字之中，即"创新创造、优雅时尚、乐观包容、友善公益"。"天府文化"的提出，既有巴蜀文明、三国文化的历史印记，又有国际都市、创业之城的时代特征。一古一今，虽时隔千年，但历史的延续性和传承性，使得天府文化始终在沉淀中保持着创新的活力。名人故里、古镇古街、人文景观、城市地标、美食之都、赛事名城……让成都成为"一座来了就不想走的城市"。特别是在新的时代环境下，无形的文化可以转化成有形的产业，让文创产业成为国家中心城市建设的重要支撑。显然，成都文创产业的培育是天府文化内涵建设的现代技术和有效路径，从而不断提升文创要素聚集力、文创产业带动力和文创产品供给力，将文创产业发展成国民新兴支柱产业。

据有关方面统计，2016 年，成都从事文创产业活动的法人单位有 15444 个，从业人员达 46.4 万人，文创产业实现营业收入 2614.2 亿元，创造增加值 633.6 亿元，占地区生产总值的 5.2%。目前，成都拥有 3 个国家级产业园区、7 家国家级基地、4 个省级产业园区、19 家省级基地、18 家市级文化产业基地，初步形成以园区、楼宇为载体，以重大产业项目为带动，以骨干企业为支撑，传媒、文博旅游、创意设计、演艺娱乐、文学和艺术原创、动漫游戏和出版发行等产业集聚的新格局。在现有文创产业发展的基础上，成都市委市政府规划了 2022 年文创产业的新目标，按照"集群发展、跨界融合、品牌引领"的思路，大力提升文创的行业首位度、产业融合度、品牌美誉度和国际知名度，将文创产业增加值达到 GDP 总值的 12%。① 到 2022 年，成都将初步建成西部文创中心，形成"双核共兴、两带共振"② 文创产业新格局，着力打造五大文创集聚区③，通过园区规划和产业引导，形成文

---

① 根据公开数据整理。

② "双核"指中心城区和天府新区，"两带"指龙门山文化产业带和龙泉山文化产业带。

③ "五大文创集聚区"分别指红星路文化创意集聚区、少城国际文创硅谷集聚区、人民南路文创金融集聚区、东郊文化创意集聚区和安仁文创文博集聚区。

创与金融稳步合作、文创与科技提速发展、文创与对外交流加快节奏、文创与人才发展不断积聚等多领域、跨领域进行深度培育和重点打造。

**6. 拓展对外交往渠道，建设内陆开放门户城市**

随着"一带一路"倡议和"长江经济带"发展规划的提出，位于两者交汇点的成都借助双重优势，改变了千百年成都内陆城市的区位劣势，从内陆腹地变为面向泛欧泛亚的开放前沿，成为距离欧洲最近的国家中心城市。进入新时代的成都，正以国际标准打造中国西部对外交往之窗，以全新面貌构筑国家对外开放的门户城市，以全球视野构建国家内陆开放型经济高地。截至 2017 年，成都已经与全球 34 个城市缔结为国际友好城市，并与 51 个城市缔结为友好合作关系城市，拥有外国驻蓉领事机构 16 家，与 228 个国家（地区）建立了经贸往来关系，签约引进重大项目 270 个，其中 30 亿元以上先进制造业项目 17 个，中韩、中德、中法、中古、新川等国际合作园区落户，在蓉世界 500 强企业已有 278 家，利用内资 4100 亿元人民币、外资 85.3 亿美元，并先后成功举办《财富》全球论坛、世界华商大会、全球创交会、G20 财长和央行行长会议等国际盛会。①

近年来，成都在对外交往发展中扮演了积极的双重角色，即推行"走出去"和"引进来"的策略。一方面，依托中欧班列实施"蓉欧+""走出去"战略，蓉欧快铁于 2013 年 4 月 26 日正式开通，国内延伸到宁波、厦门、深圳、昆明、武汉等沿海沿边重要城市，国外则途经哈萨克斯坦、阿塞拜疆、格鲁吉亚等一直延伸至德国纽伦堡和荷兰蒂尔堡。截至 2016 年，已完成开行 400 列的目标任务，计划 2020 年达到开行 3000 列以上，极大地促进了国内外贸易交往。另一方面，中国（四川）自由贸易试验区的成立则是实施"引进来"战略，成都显然是自贸区的核心。成都将成为内陆开放战略的先导区、国际开放通道的枢纽区，不仅达到了承东启西、服务全国的目的，而且还起到了面向世界、对接国际的作用。截至 2017 年 10 月底，自

---

① 根据成都对外交往相关公开数据整理而得。

贸区已新设企业 16944 家，注册资本达 2048 亿元。①

### 7. 构建交通通信大枢纽，提升城际互联互通水平

成都从区域中心城市迈向国家中心城市，其区域位置随着经济地理重构发生了重大变化，成都就区域发展定位提出了综合交通通信枢纽功能，开始加快建设国家级高速公路枢纽、国际空港枢纽、国际性铁路枢纽等基础设施，构建通达全球、衔接高效、功能完善的国际性综合交通枢纽。一是以双流和天府国际机场为起点，打造空中丝绸之路。目前，成都运行的双流国际机场已通航城市 209 个，其中国内城市 131 个，国际地区和城市 78 个；通航航线 270 条，其中国内航线 175 条，国际地区航线 95 条。修建中的天府国际机场将于 2020 年正式投入运行，成都将成为继北京、上海后第 3 个全国拥有两座国际机场的城市，届时双机场的旅客吞吐量将达 1 亿人次/年。二是以"148"高铁交通圈为节点，迎接高铁时代。以成都为中心，1 小时到重庆等周边城市，4 小时到西安、昆明、贵阳、兰州，8 小时到环渤海湾、长三角和珠三角，打造高铁枢纽城市。② 三是以"三绕十五射"高速公路为支点，建设国家级高速公路网络。"三绕"是指绕城高速、成都第二绕城高速和成都经济区环线高速；"十五射"是指机场高速、成乐高速、成雅高速、成温邛高速—邛名高速、成灌高速—都汶高速、成彭高速—成什绵高速、成绵高速、成青高速、成德南高速、成南高速、成安渝高速、成渝高速、成自泸高速、成都新机场高速和成宜高速。到 2022 年，成都的高速公路里程将从现在的 920 公里延伸至 1380 公里，高速公路网密度由 6.4 公里/百平方公里提高到 9.6 公里/百平方公里，以实现带动四川、辐射西部、面向全球。③

在信息社会，互联网、物联网、数字经济、智能技术都将依赖通信枢纽

---

① 中证网：《四川自贸区格局在加快形成》，http://www.cs.com.cn/sylm/jsbd/201711/t20171126_5591238.html，2017 年 10 月 28 日。

② 央广网：《成都打造"铁公机"三大枢纽向国际性交通通信枢纽不断迈进》，http://sc.cnr.cn/sc/2014dujia/20170503/t20170503_523736338.shtml，2017 年 11 月 1 日。

③ 国际在线：《城市发展的命脉　成都交通通信枢纽飞速发展》，http://sc.cri.cn/20171021/e8d1d357 - a52a - 9d7c - d8ef - f939f2e0f6a8.html，2017 年 11 月 1 日。

的支撑。成都，作为国内大区级通信枢纽之一，是全国"八纵八横"和四川"三纵三横"通信网络体系中的枢纽节点。随着国家中心城市定位的确定，成都提出建设汇聚西部、服务全国和沟通世界的国家级通信枢纽。因此，成都综合交通通信枢纽建设对通信发展赋予了新的五大功能：宽带通信网络功能、综合信息汇聚功能、数据共享交换功能、网络及信息安全功能以及综合服务保障功能。如成都推动移动、联通 IDC 项目和云计算中心 3 个项目全面开工，加快推进 4G 通信网建设，实现城区全覆盖。总之，成都正在加大互联网基础设施建设，推行新型互联网架构体系建设，争取率先在全国开展 5G 规模商用，大力推进大数据产业发展，以移动互联网引领综合通信枢纽建设，提升成都的城市综合管理和服务水平。

### （二）成都人才发展工作新举措新成效

#### 1. 人才综合资源平稳增长

近五年来，越来越多具有专业知识、专门技能的人才会集成都，高素质人群在成都社会经济发展中起举足轻重的作用，人才综合资源既有规模数量的密度性增加，还有质量层次的结构性改善。就成都人才规模总量来看，从 2012 年的 276.72 万人增加到 2016 年的 408.43 万人，占成都市户籍人口总量（1398.93 万人）的 29.2%（2920 人/万人）。截至 2016 年，全市党政人才 7.34 万人（占 1.8%）；企业经营管理人才 26.8 万人（占 6.56%）；专业技术人才 164.5 万人（占 40.28%）；技能人才（占 41.2%）；农村实用人才 40.26 万人（占 9.86%）；社会工作人才 1.23 万人（占 0.3%）。[①] 成都人才数量持续增加，初具规模效益。

就成都人才质量结构看，专业技术人才层次明显提升，从 2012 年的 99.42 万人增加到 2016 年的 164.5 万人（见表6）。截至 2016 年，成都共有两院院士 32 人（"双院士" 1 人），其中中国科学院院士 12 人，中国工程院院士 21 人；国家有突出贡献中青年专家 121 人；享受国务院特殊津贴专家

---

① 成都市人力资源和社会保障局：《2016 年成都市人才资源状况报告》，2017 年 11 月。

2745 人；国家"千人计划"专家 169 人等；来蓉外国人才大多具有本科及以上学历，其中本科有 66.42%，硕士有 21.34%，博士有 6.55%；留学回国选择在成都的人才更是高学历群体，其中本科有 29.3%，研究生有 69.3%；三大产业人才总量 116.86 万人，其中高级人才占 1.86%，中级人才占 12.1%，初级人才占 32.62%。① 总体来看，成都人才质量结构呈现高端人才集聚、学历人才增长和产业人才升级转型的发展特征。

表6　成都专业技术人才职称变化

单位：万人

| 年份 | 2012 | 2013 | 2014 | 2015 | 2016 |
|---|---|---|---|---|---|
| 初级 | 64 | 71.88 | 80.37 | 89.56 | 96.13 |
| 中级 | 30.74 | 38.56 | 45.54 | 55.73 | 62.47 |
| 高级 | 4.68 | 4.89 | 5.1 | 5.46 | 5.9 |
| 合计 | 99.42 | 115.33 | 131.01 | 150.75 | 164.5 |

资料来源：《2016 年成都市人才资源状况报告》。

### 2. 人才区域竞争优势凸显

党的十八大以来，党中央及各省（自治区/直辖市）政府将人才发展提到前所未有的高度，习近平总书记指出："创新驱动实质上是人才驱动。"随着国家创新驱动发展的推进，各大城市相继展开了人才争夺战。2017 年 8 月，猎聘网发布了《2017 年人岗争夺战及职场流动大数据报告》，该报告显示在人才净流入率方面，杭州（11.21%）、深圳（5.65%）、成都（5.53%）三个城市位列全国三甲，且流入成都的难度指数适中（0.4 左右），位于第六仅次于杭州。② 《2016 年成都市人才资源状况报告》显示，成都市生产总值达 12170.2 亿元，每万人才产值为 29.79 亿元，比 2015 年每万人才产值增长 1.09 亿元。③

---

① 成都市人力资源和社会保障局：《2016 年成都市人才资源状况报告》，2017 年 11 月。

② 新浪四川：《全国人才流向曝光：成都人才净流入率全国三甲》，http://sc.sina.com.cn/finance/bdcx/2017 - 08 - 22/detail_ f - ifykcppy0190108. shtml，2017 年 11 月 5 日。

③ 成都市人力资源和社会保障局：《2016 年成都市人才资源状况报告》，2017 年 11 月。

　　近年来，成都经济总量快速提升，城市人才集聚显示出一定竞争优势。从《中国区域人才竞争力报告》《中国区域国际人才竞争力报告》等研究中发现，四川（成都）的人才资源、人才效能、人才环境均取得了实质性的突破，其人才竞争力全国排名第 16 位，国际人才竞争力全国排名第 10 位。[①] 相较于其他中西部省会城市，成都人才竞争力优势凸显，在国家中心城市行列中则具有比较优势，与天津、武汉等城市实力相当，基本位于人才区域竞争的第二梯队。2017 年 5 月，成都市第十三次党代会上，市委书记范锐平提出了"建设具有国际竞争力的人才强市"的新目标，这有助于将成都打造成国际化的人才高地。

**3. 人才支撑体系逐步完善**

　　自 2010 年 12 月成都发布《成都市中长期人才发展规划纲要（2010～2020 年）》以来，实施人才强市战略，创新人才发展政策，推动重大人才工程，优化人才发展环境成为成都建设人才支撑体系的核心要点。"十三五"时期，成都提出了完善"人才计划"，深化"人才＋项目＋资本"的协同引才模式；探索建立"业内评价＋自主评价＋市场评价"多元评价体系；实施"本土人才培养开发计划"；健全人才服务保障机制，优化人才服务平台等。[②] 近年来，党中央、四川省委省政府高度重视成都全面创新改革，出台的一系列战略举措和政策措施几乎都涉及人才发展，这是成都人才支撑体系建设的最佳契机，也是人才集聚培育的最好时机。

　　2017 年是成都人才支撑体系建设关键年。7 月，成都市政府发布了《关于创新要素供给　培育产业生态　提升国家中心城市产业能级若干政策措施的意见》（简称"产业新政 50 条"），其中明确指出加快人才集聚培育，通过加强高端人才激励、鼓励青年大学生来蓉创新创业、大力培育高技能人才、发放"蓉城人才绿卡"、加强人才住房保障等措施强化人才支撑体系。同月，成都市政府出台了更具创新的《成都实施人才优先发

①　《中国区域人才竞争力报告》《中国区域国际人才竞争力报告》。
②　成都国际人才网：《成都市"十三五"人才规划出炉了》，http://cdtalent.cd12371.com/zhengce/gonggao/2017-03-16/393.html，2017 年 11 月 12 日。

展战略行动计划》（简称"成都人才新政 12 条"），其中颇受关注的是敞开"学历落户"大门，本科即可落户成都；加大人才公寓配置力度，保障人才安居乐业等。新政颁布 4 个月，已有 9.5 万人落户，且 30 岁以下占八成。[①]

### 4. 全面提升人才治理能力

党管人才是人才工作重要原则。习近平总书记强调，"党管人才，主要是管宏观、管政策、管协调、管服务，而不是由党委去包揽人才工作的一切具体事务。"[②] 显然，党管人才是将"人才管理"提升到"人才治理"高度，要求党政相关部门谋大局管大事、把方向定政策。基于这一认识，成都开始加快转变政府人才管理职能，一是构建"1 + 2 + N"（市人才办 + 人才发展中心、人才发展促进会 + 新型人才工作站）治理机制；二是推动"党委政府 + 社会组织 + 市场主体"三轮驱动，促进市、区（县）两级联动，构建社会参与协同推进机制；三是推动人才管理部门简政放权，建立"行政权力清单""行政责任清单""政府服务清单"。[③]

随着党管人才工作体制机制的建立和完善，成都人才治理体系及治理能力现代化水平全面提升，宏观把控、协同推进、提供保障成为成都人才治理工作的基本职能，成都人才工作正在经历从理念到政策再到实践的重大转变。从人才治理理念看，成都提出"不唯地域、不求所有、不拘一格"的新人才观，更好地识才、爱才、敬才、用才；从人才治理政策来看，"成都人才新政 12 条"成为连续两年市委市政府的"一号文件"，充分体现了政府聚天下英才而用之的气魄和决心；从人才治理实践来看，成都近年来的引才育才用才留才成效显著，其人才发展治理体系正在朝向科学规范、开放包容、运行高效的目标进行充实和完善。

---

① 新华网：《成都"人才新政"实施 4 个月 9 万多人才落户成都》，http：//education. news. cn/2017 – 11/28/c_ 129750794. htm，2017 年 11 月 12 日。

② 人民网：《习近平：聚天下英才而用之》，http：//theory. people. com. cn/n1/2017/0626/c40531 – 29363659. html，2017 年 11 月 15 日。

③ 成都国际人才网：《成都市"十三五"人才规划出炉了》，http：//cdtalent. cd12371. com/ zhengce/gonggao/2017 – 03 – 16/393. html，2017 年 11 月 12 日。

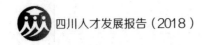

**5. 因地制宜开发人才资源**

近年来，成都深入实施人才优先战略，充分发挥市场在人才资源配置中的决定性作用。根据成都国家中心城市建设定位及其产业发展的阶段性特征，因地制宜、科学决策，积极发挥政府在人才资源开发中的宏观指导作用，引导各类人才按需流动和高效配置。基于此，2017年7月2日，成都召开国家中心城市产业发展大会，发布《成都市产业发展白皮书》，进一步明确了成都市的产业布局、重点产业（三大领域37个子项）和重点产业园区（六大集聚区66个产业园），将创新人力资源要素供给作为培育成都产业发展的新动能，通过促进人才、资本、技术和数据等核心要素的深度融合，形成成都现代产业集聚优势，提升核心竞争力。

《成都市产业发展白皮书》发布不到半年，成都市人社局就发布了《成都市人才开发指引（2017）》（简称《指引》）。《指引》按照市场需求、产业导向和应用实效三大原则，分别设置了"重点人才招引目录""重点产业急需紧缺人才开发目录"（基本与《成都市产业发展白皮书》对接）、"重点领域（行业）人才开发目录"，这为人才求职、人才招募、人才培养、人才工作提供精准指导和畅捷服务。两份《白皮书》在人才资源开发上，始终秉持"因地制宜"的准则，把地方市场、地方产业和地方需求视为引、聚、育、留人才的关键指标，只有把握好"地方特色"才能汇集起"地方优势"，实现国家战略和国际形势对接。

# 三 国家中心城市"人才强市"路径
## 新理念新实践新挑战

2018年2月，国家发展和改革委员会公布西安获批建设国家中心城市，我国现设有九座国家中心城市，这九座城市均提出了"人才强市"的战略部署。近年来，国家中心城市在人才发展的探索中，不仅逐渐形成了新的发展理念，而且将其理念转化为实践，走出了适应不同国家中心城市建设实际的新路径，提出了别具特色的"人才强市"新举措，但同时也面临人才引用育留的新问题和新挑战。

## （一）国家中心城市"人才强市"路径新理念

### 1. 人才治理体系现代化

党的十八届三中全会提出："全面深化改革的总目标是完善和发展中国特色社会主义制度，推进国家治理体系和治理能力现代化。"人才治理作为国家治理的重要组成，其人才治理现代化关乎我国现代化发展全局。国家中心城市是现代化的发展范畴，其新型人才治理体系的构建与人才治理现代化的推进更具引领性和示范性。当前，国家中心城市在深化人才发展改革中，无不强调人才治理体系现代化。一是加快地方立法，如北京市正酝酿《人才发展促进条例》《人力资源市场条例》等法律法规；二是强化协同治理，完善党内人才工作制度，推动政府部门简政放权、放管结合、强化服务，更好发挥群团组织、社会组织在团结、联系、服务人才中的作用。[①] 随着《关于深化人才发展体制机制改革的意见》的出台，科学规范、开放包容、运行高效将是推进人才治理体系现代化的衡量标准。

### 2. 人才区域发展一体化

随着我国新型城镇化发展进程不断推进，城市群、都市圈、主体功能区等国土空间的重新规划，人才发展空间逐渐放大，跨地区、跨行业、跨体制的人才流动构成了人才发展的生态群落，这一生态群落有利于区域优势互补、人才资源共享和机制协同创新，是当前国家中心城市人才区域化一体化发展的重要理念和模式。譬如，京津冀人才一体化是其中的典型案例，北京、天津两大国家中心城市正是凭借区位优势，促进三地区域人才协同发展以释放合力效力和溢出效应，从而增强区域人才发展的整体性、协调性和创新性。事实上，改革开放40年以来，以上海为龙头的长三角地区和以广州

---

① 党建研究：《深化首都人才发展体制机制改革》，http://www.djyj.cn/n1/2016/1217/c408750 - 28957305. html，2017 年 11 月 18 日。

为龙头的珠三角地区，皆是通过区域经济一体化构建人才发展一体化的优秀案例，在这两大国家中心城市引领下的人才竞争优势格外凸显，其创新创业能力和区域经济活力在全国均处于发达水平。

### 3. 人才开发合作国际化

一座城市的国际化首先在于人才国际化，国家中心城市建设中无不重视国际化人才的引进、培育与智力合作，"千人计划"、海外人才创新创业、吸引国际留学生、本土化人才培养等多样化路径通向人才发展国际化。只有人才构成国际化、人才流动国际化、人才素质国际化，才能从根本上实现人才竞争国际化。特别是随着"海归潮"的涌入，开发合作、本土培育等"走出去"战略成为国家中心城市"引""育"并举的重要措施。如：2016年10月，上海市政府发布了《上海市人才发展"十三五"规划》将"人才国际化发展"提到"主线"高度，通过加大海外引才引智力度、加快本土人才国际化进程、健全人才国际化发展网络和建设具有国际竞争比较优势的人才市场等方式提升上海国际人才高地的辐射力和影响力。显然，人才开发合作国际化程度标志着国家中心城市建设的综合水平。

### 4. 人才评价机制社会化

人才评价机制是人才工作"指挥棒"，是人才管理核心环节，涉及使用人才、开发人才、激励人才，国家中心城市对这一问题进行了有益探索，特别是《关于深化人才发展体制机制改革的意见》出台以来，突破计划经济体制影响和制约，建立科学化、社会化和市场化的人才评价制度成为从"一元人才管理"到"多元人才治理"的重要转型实践。如：2017年12月，广州市政府出台《广州市高层次人才认定方案》，将人才分为杰出专家、优秀专家和青年后备人才三个层次，以"高精尖缺"为导向，设定了112条认定标准，注重与社会化、市场化的人才评级机制相结合，例如将清科、投中中国等权威排行榜作为创投机构负责人申报高层次人才的标准[1]，

---

[1] 《中国组织人事报》：《广州完善政策体系加快集聚人才》，http://cdzzb.chengdu.gov.cn/Website/contents/35/57193.html，2018年1月10日。

大力聚集优质诚信、紧缺急需的创投人才留广创新创业。显然，这有助于拓展人才评价范围，发现人才、人尽其才。

**5. 人才发展工作制度化**

党的十八大以来，人才发展被提到前所未有高度，保障"人尽其才、人人成才"成为人才工作的主要目标。随着中共中央颁布《关于深化人才发展体制机制改革的意见》，各大城市特别是国家中心城市纷纷出台地方性"人才新政"，并积极探索人才工作目标责任制，通过加强完善党管人才工作格局、加快构建人才法治环境，不断把人才发展体制机制改革向纵深推进。譬如：上海已率先进入"人才政策 3.0 版"时代，从"分散性人才政策"到"人才新政 20 条"再到"人才新政 30 条"，版本升级意味着科学规范、包容开放、运行高效的人才发展体制机制逐步建立，其根本在于将人才发展工作制度化。不难发现，各大国家中心城市正在大力建立健全人才工作的长效机制，旨在将人才发展工作不断推向制度化和规范化发展，营造良好的"引聚育留"生态环境，充分释放人才活力和动能。

## （二）国家中心城市"人才强市"路径新实践

### 1. 北京：区域人才协同机制

北京作为国家首都，人才资源丰富，但是也具有典型的"大城市病"，为了把北京的创新创业能量释放出来，起到疏解非首都的功能，北京市政府出台了《关于深化首都人才发展体制机制改革的实施意见》，提出区域人才协同机制，以人才一体化发展为新理念创建新机制，具体包括：第一，强化人才一体化发展顶层设计。如：联合制定京津冀人才一体化发展规划纲要，推动重大人才工程实施和重要创新政策落地。健全完善京津冀人才工作部门联席议事机制。根据三地产业准入目录，动态调控和优化人才结构，逐步形成人才随产业有效集聚、合理流动的体制机制；第二，协同推进区域人才管理改革。如：建立跨区域人才管理改革试验区，推动京津冀在人才职称互认、医师多点执业、博士后联合培养、外籍人才出入境等方面开展人才引进、培养、使用协作试点。建立京津冀干部人才挂职交流的常态化机制，健全区域内流动人才的待遇保障机制；第三，建立区域人才协同创新体制机制。如：建立京津冀高层次人才合作机制，支持组建跨区域产业技术创新联盟，联合开展技术攻关、标准创制。促进优质科技资源相互开放，推动众创空间、创业孵化基地等互联互通，建设区域性创业人才开发培养基地。加强人才科技成果转化服务体系建设，建立信息共享、标准统一的技术交易市场；第四，构建开放式创新的体制机制。如：实施更有利于总部企业、跨国公司地区总部、研发中心、国际组织及国际性智库等入驻的政策措施，辐射带动区域人才国际化发展。支持高校、科研院所、企业整合利用国内外创新资源，跨区域建设一批国际一流水平的开放实验室和产业技术创新中心等平台。强化北京举办重要外事外交、体育赛事的服务保障能力和人才支撑功能等。[①] 由此来看，北京在新发展理念指引下，实现了区域人才的联动互通，打造了区域人才发展共同体。

2. 上海："四新"经济人才开发工程

上海根据自身经济转型升级新要求，以"新技术、新业态、新模式、新产业"——"四新"经济为改革突破口和发展新导向，紧密对接其人才发展，实施"四新"经济人才开发工程。《上海市人才发展"十三五"规划》将此列为"重点工程"，并围绕该工程明确提出，落实"中国制造2025"和"互联网＋"战略，聚焦新技术、新产业、新模式、新业态"四新"经济的发展态势，探索"产业基地＋产业基金＋产业人才＋产业联盟"四位一体的推进模式。建立集成电路、车联网、机器人、卫星导航等"四新"经济人才培养实训基地，探索政产学研新型管理机制，打造"四新"经济人才跨界成长生态系统。探索设立产业和信息化人才创新创业基金、产业和信息化创新创业成就奖，构建促进"四新"经济人才脱颖而出的平台。[②] 显然，上海以"四新"促进其经济转型发展，而"四新"关键支撑点就在于对接的产业人才，这是新经济发展的原动力，也是转型的核心要素。

---

① 人民网：《中共北京市委关于深化首都人才发展体制机制改革的实施意见》，http：//bj.people. com. cn/n2/2016/0627/c82837 - 28568924. html，2018 年 1 月 10 日。
② 《上海市人才发展"十三五"规划》。

### 3. 天津：向用人主体下放"四权"

天津借助其区位优势和独特资源，近年来积极出台多项人才新政。2017年1月，天津市政府发布《关于深化人才发展体制机制改革的实施意见》（简称《实施意见》），该《实施意见》共9个方面、29条，其核心是理顺政府、市场和用人主体"三个关系"，向用人主体放权，为人才发展松绑。该《实施意见》的一大亮点就是保障和落实用人主体自主权，即向用人主体下放"四权"。具体内容：全面落实国有企业、高校、科研院所、医疗卫生机构等企事业单位和社会组织用人自主权。落实招录自主权，允许用人主体在核定的编制和岗位比例内，自主制订和实施招录计划。落实聘任自主权，用人主体可自主决定聘任对象的岗位、级别和职务。落实分配自主权，高校、科研院所、医疗卫生机构在执行国家事业单位绩效工资制度中，可自主决定内部分配标准、形式、具体办法。对引进和培养的高层次人才，实行协议工资、年薪工资制的，其工资不纳入绩效工资总额调控范围。科研人员承担的科技成果转化奖励、科研经费绩效奖励、企业科研项目所获收入，均不纳入绩效工资总额。落实解聘自主权，用人主体可依法决定对聘用人员解除和终止聘用关系，公共就业和人才交流服务机构应办理档案托管等手续，符合条件的给予失业保险待遇。创新事业单位编制管理方式，对符合条件的公益二类事业单位逐步实行备案制管理。① 不难发现，天津人才新政中的"放权"举措充分发挥了市场机制的作用，通过放管结合、优化服务，提高人才发展服务质量，用行政权力的"减法"换来创新创业的"乘法"，让创新创业活力充分迸发。

### 4. 广州：产业领军人才计划

广州紧扣创新驱动发展战略，加快集聚产业领军人才。2016年3月，广州市政府发布了《关于加快集聚产业领军人才的意见》主文件以及《羊城创新创业领军人才支持计划实施办法》《广州市产业领军人才奖励制度》

---

① 天津经济技术开发区管理委员会政务服务平台：《关于深化人才发展体制机制改革的实施意见》，http：//www.teda.gov.cn/contents/690/3759.html，2018年1月12日。

《广州市人才绿卡制度》《广州市领导干部高层次人才工作制度》4 个配套文件，合称"广州'1+4'人才政策"。一是实施羊城创新创业领军人才支持计划。①支持创业领军团队。5 年内对先进制造业、战略性新兴产业和生产性服务业内约 50 个高端创业团队分别给予 300 万元资助。②支持创新领军团队。5 年内对在上述产业内企业和新型研发机构承担项目的约 50 个高端创新团队分别给予 300 万元人才资助。③支持创新领军人才。5 年内对有良好科研背景和较强技术研发能力，在上述产业内企业或新型研发机构担任应用研究和技术、产品研发重要职位的约 100 名高端创新人才分别给予 100 万元人才资助。④支持创新创业服务领军人才。5 年内对为科技型企业在降低创新成本、促进创新活动、推动科技成果转化等方面贡献突出的约 50 名服务业高端人才分别给予 100 万元资助。二是建立产业领军人才奖励制度。①奖励杰出产业人才。每年对 30 名为广州现代服务业、先进制造业、战略性新兴产业发展等贡献卓越的产业领军人才分级补贴薪酬。②奖励产业高端人才和急需紧缺人才。每年对 1000 名在企业管理、研发、生产等岗位担任高级职位的产业高端人才和 2000 名有较高能力和技术水平等产业急需紧缺人才按其贡献情况补贴薪酬。③奖励引才成绩突出企业。鼓励企业通过猎头公司等人力资源服务机构从市外引进产业领军人才，按引才成本的 50% 给予一次性补贴。三是完善产业领军人才服务配套机制。①完善企业人才评价服务机制。如：向广州新型研发机构、大型骨干企业、行业领先企业、高新技术企业等用人单位下放职称评审权和人才认定权。②建立人才绿卡制度。如：为外籍产业领军人才提供停居留便利，持人才绿卡者可办理 2～5 年长期居留证。③完善创新创业服务机制。如：探索推行政府购买人才公共服务制度，支持发展技术交易、投融资服务、技术评估等一批专业化科技中介服务机构。四是搭建产业领军人才发展平台。①支持承担科技项目和人才项目。如：对入选省级以上科技和人才项目并获得资金资助的产业领军人才，根据资助额度给予一定比例配套资助。②扶持企业建设创新创业平台。如：推动企业建立研发机构，加快建设中小企业公共服务平台。③支持企业开展人才培训教育。如：实施企业博士后国际培养计划，每年资助一批企业博士后人员出国（境）深造。④鼓励企业实施股权期权激励。如：对高校、科研院所以科技成果作价入股的企业，放宽股权激励、股权出售等限制。① 显然，聚焦产业领军人才已成为广州人才发展的重点，旨在加快推动国家创新中心城市建设。

5. 武汉："城市合伙人计划"

为了充分释放社会创新创业潜能，促进人才优化配置，武汉提出"城市合伙人计划"。2015 年 12 月，武汉市政府出台了《"城市合伙人"认定与服务工作实施办法》，聚焦信息技术、生命健康和智能制造三大战略性新兴产业，广纳产业领军人才、知名创业投资人和优秀青年创新创业人才三类"城市合伙人"。产业领军人才指拥有自主知识产权或掌握核心技术，对武汉信息技术、生命健康、智能制造等战略性新兴产业发展具有重大引领推动作用；在武汉自主创业（企业法定代表人或第一大股东及持股 30% 以上）或与市属企事业单位签订 3 年以上的聘用合同（合作协议），每年在汉工作时间达到 6 个月以上。包括国内外顶尖人才、国家级产业领军人才和省市级产业高端人才三个层次；知名创业投资人指在国内外投资界具有较大影响力，且在武汉开展创业投资活动的各类投资人或创业投资机构负责人，如：近三年在《福布斯》、"全球最佳创投人""中国最佳创投人"上榜者等；优秀青年创新创业人才指在汉创办科技型企业（企业法定代表人或第一大股东及持股 30% 以上），或与市属企事业单位签订 3 年以上的聘用合同（合作协议）的高校院所青年科技人才、海外回汉留学生、国内外知名大学毕业生等，如：中央"青年千人计划"人选、国家"万人计划"青年拔尖人才人选等。② 不难发现，武汉已经把人才作为未来城市吸引企业投资的第一要素，"合伙人"就是将城市优势与外来投资者优势组合起来，结成利益共同体。

---

① 广州人才工作网：《中共广州市委广州市人民政府关于加快集聚产业领军人才的意见》，http：//www. rencai. gov. cn/index. php/Index/detail/7447，2018 年 1 月 12 日。

② 武汉城市合伙人：《武汉"城市合伙人"认定与服务工作实施办法》，http：//www. whhhr. gov. cn/html/2017 - 09/1158. html，2018 年 1 月 13 日。

**6. 重庆：知识产权人才规划**

在深入实施创新驱动发展战略中，重庆抓住人才关注度较高的话题，即知识产权问题。为了加快建设西部创新中心和知识产权强市，2017年3月，重庆市政府出台《"十三五"知识产权人才规划》，提出努力建成西部知识产权人才高地的总目标，以大力培养知识产权基础人才、大力开发支撑知识产权强市建设的急需紧缺人才及突出培养和选拔高端引领的知识产权高层次人才为重点任务。该规划的一大亮点就是健全知识产权人才培养机制。加强知识产权学科建设，支持高等院校开设知识产权专业或者在管理学、经济学中增设知识产权专业。加强知识产权专业学位教育，鼓励有条件的高等院校设立与知识产权相关的二级学科硕士、博士学位授予点。鼓励理工类及综合类高等院校推行"理工本科＋知识产权研究生"本硕连读人才培养模式。在高等院校理工科本科生、研究生中开设"知识产权公共课程"教学，培育和增强理工类学生的知识产权及法学素养。完善产学研联合培养知识产权人才模式，推广知识产权人才订单培养模式。① 重庆人才政策的重点突出，充分发挥知识产权人才的支撑性、激励性和保障性作用。

**7. 郑州："1＋N"人才政策体系**

郑州入选国家中心城市行列以来，推出一揽子人才新政。2017年11月，郑州市政府发布了《关于实施"智汇郑州"人才工程加快推进国家中心城市建设的意见》，该意见涵盖7项人才计划、19条保障举措，提出了给予高层次人才创新创业扶持、鼓励青年人才来郑落户等30条等"人才新政"，还同步出台了《郑州市人才分类认定实施办法（暂行）》《郑州市重点产业人才支撑计划实施办法（暂行）》《郑州市青年人才储备计划实施办法（暂行）》等20个配套政策和具体服务事项办事指南，根据工作开展情况，又将陆续出台《郑州市人才工作目标责任制考核办法》《郑州市高层次人才服务绿色通道实施办法》等其他配套政策，围绕推动"智汇郑州"人

---

① 重庆市知识产权局：《关于印发〈重庆市"十三五"知识产权人才规划〉的通知》，http://www.cqipo.gov.cn/html/content/17/02/4710.shtml，2018年1月15日。

才工程实施，建立"1＋N"人才政策体系，面向全球招揽人才。① 不难发现，郑州的人才新政以"智汇"为核心，通过多项人才计划和具体措施形成完整的人才政策体系，这是郑州人才工程的实施基础和保障。

### 8. 西安：多层次人才培养体系

为打造"一带一路"人才高地，形成具有国际影响力的人才优势。2017 年 5 月，西安市政府发布了《深化人才发展体制机制改革打造"一带一路"人才高地若干政策措施》（"西安人才新政 23 条"）。其中，创新人才培养模式，构建多层次人才培养体系最为突出。一是加快人才培养载体建设。如：支持西安重点高校加快"双一流"大学建设，签订合作协议，实行"一校一策"；鼓励高等院校、职业学校和技能型人才培训机构面向产业和行业开设适用型专业，培养适应西安经济社会发展的创新人才和技能人才。鼓励科技创新型企业高级人才与高校导师联合培养研究生，具有高级职称的企业家可兼任大学教授。鼓励高校、科研机构与企事业单位等联合设立博士后工作站，根据规模和成效一次性给予设站单位 30 万 ~100 万元资助。鼓励高水平国际学术会议（学术组织）、专业论坛在西安举办或永久性落地，给予最高 300 万元资助。支持境外机构在西安设立具有独立法人资格、符合西安市产业发展需求的技术转移机构，给予最高 500 万元资助。二是优化企业家成长环境。如：建立有利于企业家参与城市管理、政策制定、行业规划等参政议政的渠道。培育完善职业经理人市场，建立企业培育和市场化选聘结合的职业经理人制度。合理提高国有企业经营管理人才市场化选聘比例，选择若干家市属中小企业开展经营班子整体市场化选聘试点。每年评选10 名有突出贡献企业家和 20 名优秀新星企业家并给予资金奖励。三是实施人才培养三大计划。如：实施"百名优秀人才培养计划"，在科技创新、产业发展、经营管理、金融服务、教育医疗等领域，每年遴选 100 名左右中青年骨干人才，给予每人 30 万元资助。实施"百名双创新星"计划，每年通过"双

---

① 网易新闻：《郑州出台 30 条史上最高"含金量"人才普惠新政》，http://news.163.com/17/1124/04/D3VU4UGK00018AOP.html，2018 年 1 月 15 日。

创"竞赛活动选拔和培育 100 名左右创新能力强、创业项目优、发展潜力大的青年（大学生）人才，根据项目评审情况给予每人 20 万～100 万元资助。实施"百名管理人才培训（交流）计划"，每年遴选 100 名左右相关岗位的业务管理骨干赴国外进行学习培训，赴国内发达地区进行挂职锻炼。四是加快培养"西安工匠"。如：支持西安市域内技工院校以市场需求为导向，培养实用型高技能人才；推动西安职业学校、技工院校、大型企业等与国际知名职业学校、国际知名企业等合作共建若干特色院系或专业，打造西安技工品牌。组织开展"西安工匠"和"西安工匠之星"评选活动，深入开展各类高技能人才技能大赛。① 由此来看，西安人才发展强调人才的培育，充分利用和发挥地方资源优势，构建具有激励性的多层次人才培育体系。

## （三）国家中心城市"人才强市"路径新挑战

### 1. 挑战城市发展吸引力

近年来，国家中心城市推行的人才新政中均凸显"引才方案"，特别是高层次人才引进，围绕"签证""落户""住房""资金配套"等措施展开了激烈的人才争夺战。然而，不难发现人才流动主要取决于流入城市的经济发展水平，即人才流动具有一定的"理性经济人"特征，如我国东部经济发达城市的人才流入，往往是中西部经济欠发达城市的人才流失。现有的 9座国家中心城市中，有 5 座城市位于中西部地区（中部地区 2 座：武汉、郑州；西部地区 3 座：重庆、成都、西安）。尽管以上 5 座城市都出台了较大力度的引才政策，但这些并非是长久之计、万全之策。相较于北、上、广等一线城市，可以看出引才远不能止于"短期刺激"，缺乏经济吸引力的人才政策将难以持续，因此要把握住经济这一核心引擎。

党的十九大明确提出建设现代化经济体系，着力加快建设实体经济、科技创新、现代金融、人力资源协同发展的产业体系。显然，这也是城市经济

---

① 西安市人民政府：《中共西安市委市政府关于印发〈西安市深化人才发展体制机制改革打造"一带一路"人才高地若干政策措施〉的通知》，http：//www.itl.gov.cn/qsyz/dzzc/34393.htm，2018 年 1 月 16 日。

发展的战略目标，特别是如何完善现代化产业体系、空间布局结构和协调程度成为亟待解决的城市发展问题，这直接关涉城市与人才的互动关系，以及城市经济对人才的吸引力。随着"四新"经济的提出，新技术、新业态、新产业、新模式正在成为经济转向高质量发展阶段的重要特征，只有更好地汇集产业人才、发展智慧经济，才能有效提升城市发展能级。同时，只有为人才搭好"产业舞台"才能更好地吸引他们立业兴城。总之，以经济活力吸引人才流入使国家中心城市人才发展面临严峻挑战。

**2. 挑战城市资源承载力**

吸引人才流入，只是完成了"人才强市"第一步。如何发挥好人才集聚效应，充分利用好人才资源效率，突出"1＋1＞2"的人才比较优势才是创新驱动城市发展的关键性命题。然而，这一命题必然引发城市承载力与可持续发展的问题，特别是城市的经济资源、社会资源、生态资源等，这直接对应人才发展的就业机会、成长平台、工作生活环境等。随着城镇化进程的推进，城市的人口规模将会越来越大，尤其是国家中心城市等特大城市，城市资源的有限性将会大大制约人才集聚发展，这对城市资源承载力提出了严峻挑战。因此，拥有大规模人口的北京已开始尝试通过实施京津冀一体化，疏解北京的非首都功能，这成为转移人才过度集聚、缓解城市承载压力的有效举措，同时促进了区域人才流动与协同发展。

当然，北京的这一方案是其城市化发展到一定阶段后的战略选择，对于不同城市应根据其资源承载情况因地制宜。面对我国多数特大城市，其首要挑战是城市资源是否有效开发，是否充分承载人才集聚，如城市化发展体系、城市发展空间与布局、产业结构调整等，特别是人才集聚载体的开发与建设。其次，非"一线"国家中心城市应该如何借鉴"北京方案"，在充分挖掘自身城市承载潜力的基础上，发挥国家中心城市的引领、带动和辐射作用，推进国家级城市群建设与发展，如成渝城市群、中原城市群、关中平原城市群等，由此进一步扩容国家中心城市的承载力。只有科学开发城市资源承载力，才能更好地聚天下英才而用之。

### 3. 挑战城市产教融合力

城市人才发展不仅要有魅力引才、有实力竞才、有能力聚才，还要有定力育才，因为人才培育绝非朝夕之功，需要投入一定人财物才能显现成效。对于城市人才发展而言，只有推行人才发展引育并举，才能保证城市发展永续活力。但从当前劳动力市场来看，人才供需存在较为严重的失衡，即培养出的人才无法满足经济社会之所需，其中大学生结构性就业矛盾尤为突出。随着我国产业经济升级转型，对接现代产业体系的人才培养体系还未完全建立起来，由此带来的人才供给乏力致使产业升级转型动力不足，譬如：我国战略性新兴产业整体创新水平不高、教育供给不匹配等。显然，产业需求与教育供给的脱离已成为人才培育问题亟待解决的难点，国家中心城市人才培育本土化的关键就在于促进产教深度融合。

尽管这一挑战具有相当的普遍性，但是对于国家中心城市而言，它们具有得天独厚的产业和科教资源优势，问题在于如何联动当地高等院校和科研院所，构建适于地方现代产业经济发展的人才培育支撑体系和发展机制。通过体系和机制创新，有效创建"教育链—人才链—产业链"融合发展的校地企创新网络。在此基础上，人才培育需要结合城市产业结构和科教资源特点，建立分层分类分级的立体化人才培育体系。正如党的十九大报告中指出，现代产业体系既需要"建设知识型、技能型、创新型劳动者大军"，还需要"培养造就一大批具有国际水平的战略科技人才、科技领军人才、青年科技人才和高水平创新团队"。

### 4. 挑战城市文化软实力

在人才争夺战中，"谁能留住人才"成为国家中心城市人才竞争无法回避的现实挑战，由于人才发展具有流动性，人才保持率成为各大国家中心城市关注的焦点。换言之，引才、聚才、育才的最终目标是留住人才，城市人才竞争不仅要"抢才"有策，还要留才有道。"留才之道"不仅在于制度安排，而且还在于"物化"制度基础上的文化涵育。经济是城市的身躯，文化则是城市的灵魂，它决定着城市发展的格局与气质。城市文化包罗万象、各有千秋，如何挖掘城市的文化底蕴，结合"双创时代"的文化朝气，营造温暖人才的文化氛围成为留住人才的关键所在。如果说引才需要经济硬实力，那么留才就需要文化软实力，甚至可以说文化软实力的打造要比经济硬实力更难，因为这需要文化的认同与积淀。

当前，国家中心城市的文化软实力建设还有待加强，"文化留人"的理念与制度还需不断完善。随着城市经济向高质量发展阶段的转轨，相应的城市文化建设也应进入内涵式发展轨道，全面提升城市的文化综合建设水平。"人才强市"的前提和基础是"文化强市"，打好"文化底色"，才能绘好"人才画卷"。特别是随着我国在全球治理中扮演的角色日益凸显，坚定文化自信，培育和践行社会主义核心价值观，坚守中华文化立场，立足当代中国现实，结合当今时代条件，发展面向世界的中国城市文化已成为国家中心城市文化软实力建设的重要目标与任务，这也是吸引海外人才来中国留学创业的国际性人才竞争挑战。

# 四　新时代成都人才集聚培育体系
## 建设策略

党的十九大报告指出："经过长期努力，中国特色社会主义进入了新时代，这是我国发展新的历史方位。"新时代，起航国家中心城市成都发展新征程；新时代，构筑成都人才集聚培育新体系。成都将坚定不移贯彻创新、协调、绿色、开放、共享五大发展理念，通过构筑人才集聚培育新体系，实行引育并举、以育促聚，推动各类各级人才充分集聚，助力建设全面体现新发展理念的国家中心城市。

### （一）新发展理念下成都的人才发展思路

#### 1. 贯彻创新发展理念，先导城市在于人才驱动创新

成都在创建国家中心城市进程中，始终把创新作为引领发展的第一动力，通过建立全面创新改革试验和自贸试验区的"双轮驱动"创新创造格局，建设创新驱动先导城市，引领新时代特大城市的经济体系和发展模式。

然而，创新的根基在于人才，"创新驱动实质上是人才驱动"，这是习近平总书记参加十二届全国人大三次会议上海代表团审议时提出有关创新与人才的科学论断。显然，成都的"先导城市"建设必须立足于人才发展，通过调动人才创新活力，持续释放人才驱动创新改革的红利。首先，牢牢树立"人才是创新驱动力"的新理念，积极转变经济工作组织方式，将人才投入置于成都社会经济建设的优先位置；其次，亟须建立具有"引、聚、育、留"功能融汇的城市人才集聚培育体系，通过人才工作体制机制改革促进人才发展，从而逐渐形成特大城市人才竞争比较优势和国际影响力。

**2. 贯彻协调发展理念，示范城市在于统筹人才资源**

国家中心城市是全国城镇体系金字塔的"塔尖"，肩负国家使命、引领区域发展。为此，成都以协调发展为理念，坚持统筹兼顾、综合平衡，不断提升区域协同、城乡融合发展层次和水平，推进新型工业化、信息化、城镇化、农业现代化同步发展，促进城乡要素平等交换和公共资源均衡配置，建设城乡统筹示范城市。特别是从现在到2020年，是全面建成小康社会决胜期，以城乡一体化协调发展实施精准扶贫工作和乡村振兴计划。人才作为协调发展的第一资源，成都要将各个部门的各类人才资源统合起来，聚力党政人才、科研人才、企业经营管理人才、服务人才和专业技术人才等资源，形成上下衔接、左右联动的人才发展与城乡建设协作效应与协创机制。因此，成都在发挥城乡统筹发展的全国示范作用时，强调以人才资源统筹推进城乡同步协调发展，着力构建城镇平衡结构。

**3. 贯彻绿色发展理念，典型城市在于构建人才生态**

成都在加快推动生产体系、生活方式、生态环境绿色化，改善大气、水、土壤环境质量，努力建成碧水蓝天、森林环绕、绿树成荫的美丽中国典范城市的同时，始终把生态文明建设放在城市发展的突出位置，并将绿色发展理念融入国家中心城市建设之中，将其思想精髓转移到城市人才发展中，旨在建立"绿色思维"的可持续发展的人才生态系统。所谓人才生态，就是在城市人才发展中要谋长远之策、行固本之举，不能只图"短平快"的眼前利益和短期效果。因此，成都要以国家中心城市为新高度新站位新起点，不拘一格引进人才，构筑平台培育人才，优化环境使用人才，涵养文化留住人才……若要聚天下英才而用之，必须以一流的人才生态系统为依托，因为人才政策容易模仿复制，而人才生态系统的构建才具有持久竞争力，只有人才发展永续生命活力，才能让城市青春永驻。

**4. 贯彻开放发展理念，国际城市在于打造人才平台**

成都建设国家中心城市，不只是谋划西部，而是要放眼全球，以国际化的视野整合全球资源，不断提升成都城市发展能级。以开放发展为理念，坚持以大开放促进大发展，在更大范围更高层次配置资源、拓展市场，着力打造以我为主的跨境跨区域产业链、价值链、创新链，以自贸试验区建设为引领，不断完善高水平开放型经济体系，基本形成法治化、国际化、便利化营商环境，打造进击世界的现代化国际大都市。城市的国际化首先在于人的国际化，这意味着要为国际性人才"蓉漂"提供更为广阔的发展平台，吸引各类各级人才来蓉创新创业、发展事业。一是打造"校地企"全方位人才合作平台，推动科教成果转化落地；二是打造"产企园"链条式人才发展平台，推动人才项目资本协同发展；三是打造"投融扶服"一站式人才孵化平台，推动人才创业精准支持、靶向对接、综合服务。

**5. 贯彻共享发展理念，生活城市在于营造人才环境**

成都始终将其城市建设的红利与人民大众共享，坚持以人民为中心是国家中心城市建设的价值追求，充分体现人民城市为人民，推进城市有机更新，营造高品质生活环境，促进人与城和谐共生；加大教育、卫生、文化、体育等优质公共服务供给，健全就业、社保、住房等保障体系，稳步提高城乡居民收入，提升民生净福利指数。只有将城市发展成果充分惠及人民大众，以共享发展理念建设和谐宜居生活城市，才能用温度营造环境，用温情留住人才、用温暖拴住人心。显然，人才竞争的关键在于营造环境：一是营造人尽其才的政策环境，通过"人才新政"使人才集聚规范、有序；二是营造以人为本的服务环境，优质的人才服务保障是人才放心、安心、舒心发展事业的生活基础；三是营造创新创业的文化环境，以德纳才，形成尊重人才、兼容并包、宽容失败的新时代社会风气和氛围。

## （二）新时代成都人才集聚培育体系建设

**1. 人才集聚体系**

（1）人才发展载体

人才集聚必须建立在一定的载体基础之上，推进人才发展载体建设势必有助于集聚人才，要把人才发展载体建设作为人才工作的重中之重，使其成为吸引人才的"磁场"、培养人才的"摇篮"、人尽其才的"舞台"。具体而言：一是要建立产学研用战略联盟，打造以高校为主体的人才发展载体。支持在蓉高校、科研院所、相关企业与海内外知名大学、研究机构和世界500强企业联合建立各级重点实验室、研发中心、工程技术研究中心和企业技术中心。鼓励在蓉高校、科研院所、相关企业设立院士工作站、师生协作工作站、研究生工作站、创新研发团队。推广"大学小镇"建设计划，加快打造成都环高校知识经济圈的特色区块。

二是要建立创新创业孵化基地，打造以园区为主体的人才发展载体。依托成都天府新区、高新技术产业开发区、经济技术开发区、先进制造业产业园、现代服务业和融合产业集聚区以及都市现代农业产业园等六大重点产业园区，加强人才创业基地、产业/科技园区建设，吸引优秀人才入园进行创新创业，加大研究生创新实践基地建设，促进高新技术的开发、融资、转让。支持先进制造业、现代服务业和融合产业以及都市现代农业这三大重点产业领域，开展人才与企业、人才与项目对接活动，支持建设一批机制灵活、功能齐全、配套完善的创业创新孵化器，把园区建设成成都人才最为密集的地区，打造成人才创新创业的示范区。

三是要建立优秀企业家俱乐部，打造以企业为主体的人才发展载体。加强吸引大型国有企业和富有竞争力的民营、外资企业入驻成都，带动更多的高层次企业经营管理人才和专业技术人才来蓉发展。围绕成都的三大重点产业领域，加快集聚一批具有国际视野、市场开拓精神、管理创新能力和社会责任感的优秀企业家，建立具有全球竞争力的世界一流企业家俱乐部，通过政策支持、项目支撑、重点对接和精准培训等方式，培育一批联系成都城市产业经济的高水平企业集群。

（2）人才交流平台

人才集聚不仅需要载体支撑，还需要创造契机，只有通过"地利"＋"天时"双管齐下，才能营造出"人合"的集聚景象。如：历经22年精心打造的中国西部海外高新科技人才洽谈会（简称"海科会"）始终坚持立足四川、服务西部、面向国际，现已成为中国西部规模最大、规格最高、影响力最广的科技与人才交流盛会。基于这一实践经验，成都可以凭借国家中心城市的新站位，以政府为主导，充分发挥社会力量（企事业单位、社会团体以及个人自愿组成的非营利性专业组织等），通过支持、协作、共建等方式，搭建多种样式、多措并举的人才交流平台，促进国内外人才感受成都、了解成都，实现人才集聚效益最大化。

一是定期举办人才交流盛会。围绕成都城市产业升级转型和新型战略产业发展需求，举办具有国家中心城市定位的国际性人才交流盛会，着重吸引高层次人才及团队来蓉创新创业；二是推行"人才＋"交流计划。根据在蓉单位的人才需求和培育目标，探索多种形式的人才交流计划，如科研成果交流会、青年人才主题沙龙、区域人才交流活动、产学研联盟人才交流等；三是积极承办国际议题会议。通过承办国际议题会议，吸引国内外优秀人才汇集成都，亲身体验成都的城市环境和人才氛围；四是建立网络人才交流群。借助互联网信息技术手段，如人才社交平台、微信群、QQ群等媒介方式，搭建便捷、高效的网络人才交流平台。

（3）人才流动特区

人才集聚是人才流动过程中特殊行为，是人才由于受到某种因素影响，从各个不同的区域流向某一特定区域的过程。[①] 显然，人才集聚必须遵循人才的区域流动这一基本规律，只有不断挖掘区域经济发展潜力，扩容国家中心城市的承载力，就能在人才合理流动中寻求新的人才集聚效应。随着成渝

---

① 刘春梅、陈国华：《基于人才集聚载体的人才集聚对策研究》，《企业技术开发》，2009年12月。

城市群格局的逐渐形成，以及西成铁路的成功贯通，成都、重庆、西安三大国家中心城市形成了国家地理版图的西部"金三角"，未来三座城市的发展不再是争夺"西部之首"，而是通过人才区域流动，形成"成渝西一体化"的"人才特区"发展格局，这可充分借鉴"京津冀人才一体化"发展模式，打造人才协同发展新引擎。

一是打造成渝西区域人才发展共同体。根据京津冀人才一体化经验，使"成渝西"三城达到人力资源配置合理、各尽其能，与其城市产业发展相适应，与其城市功能定位相契合的区域均衡状态，"成渝西"不再是单兵作战的"抢人"城市，而是协同发展引领西部的"人才库"；二是打造成渝西区域人才发展极。根据"成渝西"城市产业经济发展特色，如成都的电子信息产业、重庆的装备制造业、西安的航空航天产业等，建立差异化、多样化的人才集聚中心；三是打造成渝西区域人才联动帮扶计划。建设"成渝西"人才特区是通过人才流动，带动更多的西部城市共同发展，解决人才分布不合理，建立智力资源再分配的新机制。

**2. 人才培育体系**

（1）人才供需链条

人才培育与市场需求不匹配导致结构性就业矛盾，其破解之道就在于深化教育与人才供给侧改革，培育地方经济发展新动能，实现新时代背景下的高质量就业。简言之，就是要打造人才供给与需求对接的链条，形成"教育链—人才链—产业链"三链合一，推进人力资源供给侧结构性改革，通过促进人才培育与城市产业的有机衔接，为成都集聚人才拓展新路径。所谓"教育链"一般是指学校组织开展人才培养的规定性活动，如课堂教学、实习实训、考查考试等；所谓"人才链"主要是指根据不同类型人才的培养规格，努力达成人才培养目标的过程；所谓"产业链"通常是指从原材料一直到终端产品制造的各生产部门的完整链条。

"教育链—人才链—产业链"三链合一，催生出了人才集聚培育的乘法效应，在高等教育、职业教育领域中，三链具有内在的一致性和对应性。基于此，一是把握人才链这一核心链条，即要明确究竟培养什么样的人才，这主要来自产业链的需求分析，再通过人才链传导至教育链；二是遵循教育链运作的基本规律，由于教育本身具有延迟性特征，培养出来的人才一般有3~4年的周期，因此教育链必须把握适度超前发展规律，引领或调节产业链发展；三是根据产业链实际需求，建立三链合一对接度指标，包括人才链对接产业链的人才总量与质量，教育链对接产业链的知识与技能含量，教育链对接人才链的毕业生学业成果测评等。

（2）人才分类模块

人才培育不仅要瞄准"高精尖缺"人才，还需要对接各行各业各层次各类人才。人才类型的划分需要进一步明确和细化，建立有梯度、多层级、差异化的人才培育模块。正如党的十九大报告中指出，新时代亟须"建设知识型、技能型、创新型劳动者大军"。基于此，人才培育对象可基本分为知识型人才、技能型人才和创新型人才三类，三类人才既有共性特征，又有个性要求。如：知识型人才培育侧重于知识传播，泛指接受系统专业教育的人的统称；技能型人才培育侧重知识应用，强调能解决生产一线操作难题的专业技术人员；创新型人才培育侧重知识创新，具有创新思维、创新精神和创新能力的高层次人才。

根据成都现代化经济体系建设的战略布局，在研判人才需求基础上，实施针对性强的人才分类培育模块计划。一是普及化知识型人才培育模块。适应高等教育普及化阶段的人才培养新要求，深化产教融合与校企合作改革，大力发展应用型本科教育和高等职业教育，培养面向地方产业经济需求的应用型知识人才；二是工匠型高技能人才培育模块。促进"工匠精神"融入职业教育、成人教育和岗位培训中，打造政校企联动、课岗证贯通、学教赛一体的高素质高技能人才培育模块；三是高精尖创新型人才培育模块。推行引育并举、以引带育，充分利用已有和引进人才资源，实施诸如"院士培育计划""企业家培育工程"等项目。

（3）人才储备基地

人才培育过程，也是人才储备积累过程。相反，人才储备就是为了城市的长远发展战略，实行长期性、持久性和针对性的人才培育与库存，保证人才资源的充分供给。储备人才往往都是"高精尖缺"类别的潜在人才，然而这一培育模式不同于单一的人才培养或传统的人才引进，而是强调引育协作、共同发力。譬如：近年来，国内沿海城市以扩大博士后设站和人员规模作为建设人才储备基地的重要选择，鼓励有资质的高校、科研机构和大型企业设立博士后流动站、工作站和创新实践基地。显然，各大城市纷纷争夺博士后，将其纳为储备人才行列，就在于博士后人才既具备较高的专业知识素养，又正值风华正茂之时，具有相当大的潜力。

成都在扎实推进国家中心城市建设中，将"人才发展"作为政府工作"一号工程"，人才集聚成效显著。为了保证成都人才集聚效应可持续性，可从以下方面加强人才战略储备、打造人才储备基地：一是加快在蓉高校、科研院所和大型企业博士后流动站、工作站和企业科技创新机构的载体建设，为吸引海内外优秀博士来蓉发展搭建平台；二是加大博士后设站单位的资助力度，提高博士后人才的生活补贴及相应的配套标准，并对出站留蓉工作的博士后给予一定的科研奖励；三是加强企业博士后工作站、科技创新机构等新经济产品的研发，突出企业在产学研用中的主体地位，为成都新经济、新动能、新战略发展集聚新人才。

# 人才培养篇

Talent Cultivation

# B.2
# 国际小学期外籍教师自我效能感研究

## ——以四川大学实践及国际课程周为例*

温松岩　李仞量**

**摘　要：** 本文以四川大学2016年"实践及国际课程周"（University Immersion Program，UIP）中165名外籍教师为研究对象，对他们的个人教学效能感和一般教学效能感两个维度六个方面进行调查研究，以了解国际小学期中外籍教师自我效能感现状、分析成因并挖掘影响外籍教师自我效能的主要因素，并从教学管理层面提出针对性的意见及建议：优化课程设置；完善教学

* 基金来源：四川省科学技术厅项目"高校国际交流合作项目管理探析——以川大UIP为例"，（项目编号：2017ZR0194）。

** 温松岩（1967～），四川大学"双一流"建设与质量评估办公室副教授，硕士生导师，研究方向为比较高等教育；李仞量（1991～），四川大学中美大学战略规划研究所高等教育学专业硕士研究生，研究方向为比较高等教育。

管理及其实施保障；设置灵活、多样化的课程考核标准；加强师生交流以及监控教学质量等。以教师自我效能感这个全新的角度对国际小学期展开研究，在一定程度上丰富了教师自我效能感研究的内涵，拓展了国际小学期的研究视角。

关键词： 国际小学期　教师自我效能感　实践及国际课程周

# 一　绪论

在经济全球化的背景下，高等教育国际化进程不断加快，我国高校在国际化办学理念以及构建一流大学目标的指引下，掀起了一股国际小学期热潮。

第一，我国高校国际化进程加快。全球化背景下，国际层面的经济、政治、文化等领域竞争愈加激烈。高等教育作为一个与社会发展密切相关的子系统，其理念、目标、模式等不可避免地受到全球化进程的影响。我国在《国家中长期教育改革和发展规划纲要（2010～2020年)》中对教育对外开放提出了新的目标和要求，指出要提高我国教育国际化水平，促进我国教育改革发展，提升我国教育的国际地位、影响力和竞争力①。党的十八届五中全会通过的《中共中央关于制定国民经济和社会发展第十三个五年规划的建议》明确要求："提高高校教学水平和创新能力，使若干高校和一批学科达到或接近世界一流水平"② 在高等教育国际化的背景下，国内高校提出建设一流大学的发展理念。在建设"双一流"的进程中，国际化是一项重要评估指标。

第二，国际小学期热潮。近年来，不仅走出国门参加国外高校小学期的

---

① 国务院：《国家中长期教育改革和发展规划纲要（2010～2020年)》，2010年7月。
② 国务院：《中共中央关于制定国民经济和社会发展第十三个五年规划的建议》，2015年10月。

学生人数逐年上升，同时到中国参加国际小学期的教师以及学生人数也在逐渐增多。自 2004 年开始，北京大学、山东大学在全国高校中率先开设国际小学期。此外，中国人民大学、南京大学、厦门大学、浙江大学、上海交通大学、上海大学、四川大学等高校也先后尝试举办国际小学期，面向全球聘请海内外知名教授来校授课，欲与国际接轨。至今已有 14 年的国际小学期实践，拓宽了学生教育国际化的渠道，使学生不用走出国门，也可享受到优质的学习资源，社会反响良好。

第三，四川大学实践及国际课程周开展规模大、学生数量多、影响深远。四川大学"实践及国际课程周"（University Immersion Program，UIP）自 2012 年首次举办至今，已成功实行 6 年。就国内而言，UIP 开设课程数量、参与学生以及外籍教师人数最多，规模最大，且呈稳定上升趋势。因为研究对象为 UIP 期间的外籍教师，故仅摘取 UIP 期间的国际课程部分加以研究。UIP 是四川大学国际化发展的重要教育实践，是师生获得国际化视野、参与科学研究和创新的重要平台。

（一）相关概念

**1. 国际小学期**

（1）国际小学期与短学期的关系

短学期（又名小学期）起源于美国，后逐渐发展为一种比较普遍且独具特色的学制。短学期制传入国内，高校在实践中给短学期注入国际化的内涵，形成了国际小学期。

短学期与国际小学期是在传统两学期模式外另设的一种短期学制形式，二者在学制、教学周数、学分认定等方面相同。区别在于短学期在内容上，以小学分课程为主，以学科前沿动态、交叉学科和边缘学科为主要内容；形式上包括专业选修课、跨学科、跨年级选修课等[1]。而国际小学期主要是邀

---

① 匡中芹：《小学期教学效果测评研究》，《黑龙江教育》（高教研究与评估）2015 年第 12 期，第 76～78 页。

请了国外专家学者前来开课讲学。因此，国际小学期实际上是短学期的一种形式，二者为包含关系。

（2）国际小学期与暑期学校的区别

由于寒假时长较短，大部分高校将国际小学期都开设在了暑假，因此许多人都将国际小学期称为"暑期学校"。二者容易混淆。

什么是暑期学校？刘圣楠将暑期学校的概念分为广义和狭义两种：广义上的暑期学校指在举办时间为暑假，目的是传授知识或拓展能力，是一种有明确计划与组织的，进行系统教育的组织形式；而狭义的暑期学校则是指学校的教育资源在暑期向社会开放，目的是传授知识，但是开设的课程并不在教学计划之内①。本文中与国际小学期进行比较的暑期学校指的是狭义的暑期学校。

胡莉芳总结国际小学期具备以下四个特点：①大部分在暑期举办；②属于学校的正常教学计划，学生必须通过参加国际小学期修满足够的学分；③封闭式，只针对本校学生（少数学校对校外人士开放）；④免费，针对本校学生免费开放。而暑期学校的四个关键特征：①在暑期举办；②开放，课程面向全球开放；③多样化，课程、师生、教学组织形式等均具有多样化的特点；④收费，包括注册费、学杂费等各类费用②。

综上所述，国际小学期与暑期学校虽然均开设在暑期，举办载体均是学校，且均具备四要素：学校、教师、学员、课程，但二者在教学制度、开放程度、费用等方面存在本质区别。

**2. 教师自我效能感**

国外自20世纪70年代开始，对教师自我效能感（teacher efficacy）方面的研究逐渐增多。国外的研究流派以登博（Dembo）和吉布森（Gibson）为代表。登博（Dembo）和吉布森（Gibson）基于班杜拉社会认知理论，将教师自我效能感定义为"教师相信他们可以影响学生学习的程度"，包括两

---

① 刘圣楠：《我国研究型大学暑期学校现状研究》，《南昌大学》，2012。

② 胡莉芳、郝英：《研究型大学暑期学校：开放、国际、市场》，《国家教育行政学院学报》2011年第4期，第22~26页。

个维度：一般教学效能感（GTE）和个人教学效能感（PTE）。[①] 国内研究者对于教师自我效能感的定义，也倾向于登博（Dembo）和吉布森（Gibson）以及阿什顿（Ashton）的观点。因此，他们普遍接受教师自我效能感是由一般教学效能感（GTE）和个人教学效能感（PTE）两个维度构成这一理论。这是因为教师自我效能感是一种抽象的概念，只有在某一教学环境中，才会成为具体的研究对象，否则会由于无法把握其概念从而缺乏可操作性。结合国内外广为接受的观点，本文主要调查外籍教师的自我效能感和一般效能感两部分。

## （二）可研究空间

目前国内逐渐出现一些对国际小学期的研究，主要集中在对国际小学期学制的实施目的、开展现状以及学制介绍等问题的简单探讨，较少基于对"国际小学期效果"的实证分析，很少有研究者从学生和教师角度进行研究，更多的是从学校管理的角度，泛泛地提出一些应注意的问题，缺乏针对性和实效性。毋庸置疑，国际小学期对国内许多高校来说仍然是新鲜事物，怎样制定国际小学期中的课程教学内容，怎样开发和统筹所拥有的教学资源，怎样去组织实施，怎样去有效发挥教育主管部门的作用以及教师的主观能动性，如何进行科学有效的学习考核评估；等等，都是全新的课题。要深化国际小学期的研究就要在借鉴国外已有经验、完善理论体系的基础上，从教育主体（教师、学生等）出发，开展全面而深入的实证研究。

在教师自我效能感方面，从总体上看，国内对教师自我效能感与课堂教学关系的研究，整体上还是以理论探讨居多，通过课堂观察和个案研究深入了解这两者之间关系的研究比较匮乏。

因此，本文试图进一步探讨在复杂且不断变化的国际小学期课堂教学环境中，教师的自我效能感与教师的教学行为以及教学效果之间的关系，以及

---

① Bandura, A. Self-efficacy: Toward a Unifying Theory of Behavioral Change, *Psychological Review*, 1977 (3): 191 – 215.

有哪些关键因素在教师自我效能感的构建过程中发挥作用，并据此从教学管理角度得出一些意见及建议，从而提高外籍教师自我效能感，最大化发挥国际小学期的作用。

## 二 问卷设计与分析

本文围绕两个问题进行探讨：

问题一：目前国际小学期中外籍教师的自我效能感的现状及成因。

问题二：与教师自我效能感相关的因素，以及这些因素如何对教师自我效能感的形成产生影响。

在本文的两个问题中，第二个问题是第一个问题的延续和挖掘。研究国际小学期中外籍教师的自我效能感，主要是为了认识 UIP 外籍教师自我效能感现状，分析其成因，进而挖掘 UIP 外籍教师自我效能感的主要影响因素。

基于这两个问题，问卷设计以查能·莫兰（Tschannen-Moran）的《教师效能感量表》（TSES）作为基础量表，并根据四川大学 UIP 的具体情况对问题进行了修改和增补，问卷共由六个分量表组成，包含31题，具体结构详见表1。

表1 教师问卷组成部分

| 第一部分：基本情况 | 性别、教龄、职称、学历、是否参加过往届 UIP、是否有过海外授课经历 | | 共6题 |
|---|---|---|---|
| 第二部分：外籍教师自我效能感现状问卷 | A. 个人教学效能感 | （1）前期备课 | 共8题 |
| | | （2）教学策略与技巧 | 共8题 |
| | | （3）学生参与 | 共4题 |
| | | （4）课堂组织与管理 | 共5题 |
| | | （5）师生交流 | 共2题 |
| | B. 一般教学效能感 | | 共4题 |

本问卷共发放165份，回收165份，其中，有效问卷151份，有效回收率91.52%。问卷第二部分的 Cronbach's Alpha 值为0.891，说明量表部分具有较高的内在一致性，信度较高。

## （一）研究对象的基本情况

问卷调查反映了本届 UIP 外教的相关背景信息：性别方面，男性教师占比高达 80.8％，女性教师仅占 19.2％；职称上，拥有副教授以上职称的教师占 84.7％；学历方面，拥有博士学历的教师占 92.1％；在教龄方面，被邀请的教师中拥有 20 年以上教龄的占到 48.3％；而对 "是否参加过其他海外交流项目"，外教分别占 47％ 和 53％；而就 "是否参加过往届实践及国际课程周" 展开调查显示，39.1％ 的外教参加过川大 UIP。UIP 外籍教师的整体上以男性、较高教龄与职称、高学历教师为主，一半的教师有过海外交流项目经历，有过往届实践及国际课程周经验的外教教师占到五分之二。

## （二）教师个人教学效能感

2016 年四川大学 UIP 外籍教师的自我效能感整体平均值为 3.76，下文对五大方面的自我效能感均值进行分析时，将以此作为动态参考。

### 1. 备课

在备课方面，外籍教师的自我效能感平均值为 3.19，远低于整体效能感。此分量表中低于平均值的题项共有三项（1、3、6 题）。第 1 题是第 3、第 6 题的基础，在不了解川大学生的知识水平、求知需求的前提下，导致了外教无法制订出相应的教学计划、无法准确了解学生的真实情况（见表 1）。

高于平均值的共有 5 项。其中，第 4 题、第 8 题效能感最高，反映出外教对到四川大学以前是否能较为准确地预测课堂中可能出现的问题以及教师对课堂人数多少的态度。而第 2 题（对课堂可能出现的情况的预判）、第 5 题（对教材的使用）及第 7 题（根据学生的学习效果及时调整教学计划）的得分较为接近。

总体上，教师在备课方面的效能感较低，从侧面反映出外籍教师与学校的沟通不畅，导致信息掌握不够详尽充实（见表 2）。

表2　外籍教师前期了解方面的自我效能感

| 题项 | 1 | 2 | 3 | 4 | 5 | 6 | 7 | 8 |
|---|---|---|---|---|---|---|---|---|
| 平均值 | 2.75 | 3.31 | 3.01 | 3.38 | 3.37 | 3.04 | 3.26 | 3.38 |
| 总体平均值 | 3.19 | | | | | | | |

**2. 教学策略**

教学策略方面，外籍教师的教学效能感总平均值达到3.98，处于较好的状态。在这8个题项中，高于平均值的为第10、第11和第13题，内容涉及教学活动的设计、教学资源的利用、语言表述的准确性以及灵活性四个方面。可见，外籍教师在教学技巧与策略方面的效能感较高。低于平均分的共有4道题。分值最低是第14题（教师对学生学习态度的处理能力）和第9题（运用积极有效的教学方法促进学生学习）；第10题（教师教学方法的使用能力）和第14题（教师对学生学习效果的判断能力）的分值较为接近；第16题是对教师的考核方式进行设问，科学、合理、多样化的考核方式可以对学生的学习效果进行评估（见表3）。

表3　外籍教师教学策略方面的自我效能感

| 题项 | 9 | 10 | 11 | 13 | 14 | 15 | 16 |
|---|---|---|---|---|---|---|---|
| 平均值 | 3.94 | 3.97 | 4.04 | 4.05 | 3.97 | 3.94 | 3.95 |
| 总体平均值 | 3.98 | | | | | | |

**3. 学生参与**

教学成功的关键，在于激发学生学习动机。全英语语境的教学环境中，教师采取何种教学策略激发母语为非英语的学生的学习动机（尤其是学习不够主动、精力不够集中的学生）显得十分重要。学生参与方面的教师教学效能感平均值为3.68，比整体效能感平均值略低。高于本分量表平均值的题项仅有第20题"引导和鼓励学生用英语表达自己的观点"，反映出外籍教师在课堂上采取措施鼓励学生大胆地表达自己的观点。而低于平均值的三个题分别是学生使用不标准的英语提问造成疑惑、关注每个学生的情感和个性特点以帮助其建立学习自信心以及在全英文课堂上提升学生注意力三个方面（见表4）。

表4　外籍教师学生参与方面的自我效能感

| 题项 | 17 | 18 | 19 | 20 |
|---|---|---|---|---|
| 平均值 | 3.58 | 3.66 | 3.64 | 3.85 |
| 总体平均值 | 3.68 | | | |

### 4. 课堂管理

教学组织与管理是课堂教学得以成功的重要保障，教学组织和管理的科学性极大程度上取决于课堂中教师的教学态度、组织艺术。外籍教师在课堂组织和管理方面的总平均分为4.09，在五个分量表中平均分值最高，说明外教在这一方面的教学效能感处于较好的状态。其中分值最高的为第22题"在授课中把握好自己的语调和节奏，以便于学生理解"，在学生母语为非英语的全英语语境课堂上，教师组织、管理好课堂教学，使学生更易理解吸收知识，实现教学目标。第23题调查学生在全英语教学环境中的课堂行为准则情况，该题是此分量表中分值最低的一题，反映出UIP课堂亟须制度化管理（见表5）。

表5　外籍教师课堂管理方面的自我效能感

| 题项 | 21 | 22 | 23 | 24 | 25 |
|---|---|---|---|---|---|
| 平均值 | 4.13 | 4.25 | 3.88 | 4.14 | 4.07 |
| 总体平均值 | 4.09 | | | | |

### 5. 师生交流互动

教学过程中，师生间的交流应以情感为纽带。与学生进行沟通交流的平均值为4.07，高于总平均值3.99，教师的自我效能感相对较高。可见教师具有较为积极的与学生进行沟通的意识，重视与学生之间的对话，营造融洽的学习氛围。

外籍教师与川大本校教师之间沟通的教学效能感平均值为3.92，相对较低。在访谈中发现，外籍教师分别受学校和学院邀请参加UIP。学院邀请的大部分外籍教师因与学院有长期合作，与本校教师的沟通较为频繁；而由学校邀请的外籍教师则缺少与本校教师沟通的机会（见表6）。

表6　外籍教师师生交流方面的自我效能感

| 题项 | 26 | 27 |
| --- | --- | --- |
| 平均值 | 4.07 | 3.92 |
| 总体平均值 | 3.99 | |

## （三）教师一般教学效能感

一般教学效能感主要是指在UIP中，外籍教师对教与学的关系及其在学生发展中的作用等问题的一般看法和判断。教师的一般教学效能感平均值为3.93，高于教师的个人教学效能感平均值。其中低于平均分的题项有两题，最低的是第29题，有近50%的教师认为UIP开设时间过短，两周的课程无法对学生的学习产生实质影响；第28题，40%的外教认为学生外语水平参差不齐，语言障碍影响师生双向沟通，进而对教师一般教学效能感造成负影响。

高于平均值的两题中，分值最高的第31题"教师对自己的整体教学情况的满意度"，135名教师的效能感都处于较高状态，教师对自己的教学效果满意度较高；其次是第30题，有74.2%的教师认为自己的教学对学生的传统学期的学习起到了拓展以及加深的作用（见表7）。

表7　外籍教师一般教学效能感

| 题项 | 28 | 29 | 30 | 31 |
| --- | --- | --- | --- | --- |
| 平均值 | 3.72 | 3.66 | 4.06 | 4.29 |
| 总体平均值 | 3.93 | | | |

## （四）教师个人教学效能感与教师背景信息相关变量的关系

探究教师个人教学效能感与相关背景信息中各个变量的关系，变量包括性别、教龄、职称、学历、是否参加过往届 UIP、是否有过海外交流授课经历。研究时根据教龄、职称、学历的不同进行了再分组，以便进行样本之间的比较分析。

表 8　教师自我效能感与教师背景信息相关变量的关系

| 背景信息 | 教师自我效能感平均值 | | Sig（2-tailed）p 值 | 人数 |
|---|---|---|---|---|
| 性别 | 男 | 3.791380233 | 0.071 | 122 |
| | 女 | 3.612903221 | | 29 |
| 教龄 | 10 年以下 | 3.497983893 | 0.004 * | 32 |
| | 10 年以上 | 3.82678233 | | 119 |
| 职称 | 较低组 | 3.35624123 | 0.001 * | 23 |
| | 较高组 | 3.829133075 | | 128 |
| 学历 | 较低组 | 3.493087551 | 0.104 | 7 |
| | 较高组 | 3.788582049 | | 139 |
| 是否参加过往届 UIP | 是 | 4.061235649 | 0 * | 59 |
| | 否 | 3.562061724 | | 92 |
| 是否有过海外项目交流经历 | 是 | 3.80372558 | 0.261 | 71 |
| | 否 | 3.715725821 | | 80 |

通过独立样本 T 检验，发现教师自我效能感在性别、学历、是否有海外项目授课经历这几个变量间不存在差异；而教师的教龄、职称、是否参加过往届 UIP 对教师的自我效能感产生正向显著影响。

研究的结果显示教师学历对其个人教学效能感并不产生影响，这与朱华华的研究结果是不一样的。原因可能有：第一，不同于国内研究者直接采用吉普森（Gibson）等的 TES 量表或查能·莫兰（Tschannen-Moran）等的 TSES 量表，本文所使用的量表以其为基础并结合 UIP 教学的实际情况重新设计了量表；第二，本文仅以四川大学 UIP 的外籍教师为研究对象。

研究发现，UIP 外籍教师的自我效能感处在中等水平。在 UIP 全英语授课环境下，教师在课堂组织与管理和师生交流这两个方面的自我效能感最高，但是前期备课以及学生参与两个方面的效能感相对较低。说明在 UIP 开始前，与外籍教师进行前期接洽工作时，需要向其提供详尽充分的背景信息。

一方面，作为课堂教学环境的组织者，教师需要充分调动有关经验，包括知识经验和教学经验，去分析、组织新信息，通过对这些知识信息的整合与理解，运用于教学中。整合信息的过程中，教师作为教学的主体，是课堂教学过程中的决策者和组织者，如何设计和开展教学行动是教师主观意志的表现，教师面对教学情况都拥有一套自己独特的教学方法，当面临教学中出现的问题时，往往可以基于相关经验，依靠自己的判断能力，形成对问题的不同角度的理解[①]。

另一方面，国际小学期这样一种不同于传统学期的教学存在形式，对于学生语言能力的要求相对较高，在学生提高语言水平的前提下，同时教师自身也要通过各种方法不断缓和这种语言问题。这既需要教师自身丰富的教学经验作为支撑，也需要教师充满责任感与跨文化的包容能力和理解能力。但正是由于不同于传统学期中教师的稳定性、长期性以及系统性，国际小学期中的外籍教师是短期的、临时的，因此无法像对本校教师那样，通过提供进修机会、建立系统的培养体系的角度来提升教师的自我效能感，基于此，校方更应从教学管理的角度加强管理，为提升外籍教师自我效能感服务。

# 三　对策与建议

## （一）优化课程设置

课程是国际小学期的关键所在，直接决定小学期的办学效果。

---

① 陈美芳、项国雄：《信息技术整合在教师课堂教学活动中的体现》，《南昌高专学报》2006年第1期，第59~62页。

首先，要明确课程目标，构建合理的课程体系。四川大学 UIP 旨在让川大学子不出国门、在校园内就可以接触高水平国际课程，培养具有"深厚的人文底蕴，扎实的专业知识，强烈的创新意识，宽广的国际视野"的国家栋梁、社会精英①。因此，学校首先应该注意统筹规划、合理构建课程体系。赵燕妮等人认为短学期课程应"小型化、研讨化、精品化"②；应该开设出更为灵活、多元、丰富的课程，并不断完善和优化课程整体结构，处理好长短学期课程设置的关系③；在此基础之上将课程做好系统归类，如：自然、社会、人文、艺术等，明确教学目标，确定一批系统性的课程主题；教学组织以专题讲座、分组教学等形式进行。

其次，制定灵活的课程筛选机制。建立课程审查委员会以保证国际小学期课程体系构建、课程筛选；教师筛选方面，根据申请教师的学术背景以及课程内容筛选教师，优先考虑职称为教授或副教授，教龄在十年以上的外籍教师；课程内容方面，定位在学科前沿，难度适中，注重考查教师课程申请表内容的全面性，包含对教学目标、教学进度、教学内容、教材选择、教学方法、考核方式等；课程管理上，不论外教通过何种方式被邀请，根据课程内容将课程下设到相应的学院，相关管理单位需要严格评估鉴定该门课程的内容，确保与学院相匹配。

## （二）完善教学管理及其实施保障

如果说课程体系构建是国际小学期工作的顶层设计，那么课堂教学就是具体实施。第一，预先提供相关教学信息。校方面向全球教师发出的第一轮邀请函中应向教师详细说明 UIP 的宗旨、课程要求等。当教师申请的课程最终入选后，学校需在 UIP 开始前两周左右，告知教师其课程选课学生的人

---

① 四川大学：《高水平国际交流　优质化国际教育——四川大学 2016 年"实践及国际课程周"圆满落幕》，四川大学国际合作交流处网页。

② 赵燕妮、陆自强、田东林：《高校学期制改革现状与对策研究》，《经济研究导刊》2012 年第 26 期，第 228~230 页。

③ 周伟：《短学期制课程设置的利弊分析——以上海大学的调查为例》，《大学》（研究与评价）2008 年第 6 期，第 34~38 页。

数、知识专业背景以及英语水平等相关信息。第二，设置合理的班级规模。尽管无法做到每位教师的每一门课程都进行小班教学，但在现有基础上，校方需要优化整个 UIP 课程体系、充分考量课程的性质以及教师的教学安排等因素，对班级教学规模合理设置，使班级人数尽量控制在一个合理范围之内。第三，配备合适的教学设备设施。教学基础设施既是高等学校教育教学活动的重要前提和基本保证，也是评价高校教学工作水平的重要指标。通过提供良好的校园环境、硬件设施并完善各项配套设施及后勤服务，将学校教学基础条件建设与课程周国际化氛围以及特色品牌打造相结合，提升校园文化品位，改善育人环境，为教师更好地进行教学提供保证，从而提升教师自我效能感。第四，完善课堂行为准则。UIP 期间学生的逃课、旷课、上课精力不集中等现象增加。为规范学生的学习行为，保证学习效率，校方应采用以人为本的原则，充分考虑课堂教学的多样性等因素，使教学活动最终能够在纪律保证之下，教有所乐，学有所思。但制定教学行为准则时，要注意避免采用传统的教学管理理念，不能过于僵硬地维护学校的运行秩序而过度强调教学管理、忽视学术以及教学地位。

## （三）设置灵活、多样化的课程考核标准

科学合理的考核方式和标准是保证课程质量的关键，是实现教育目标的重要手段，是检验教师教学效果、学生学习效果的重要尺度[①]。由于学校在 UIP 成绩考核方面，仅有"每门课的考核成绩采取百分制"一条说明，且没有相关解释，导致部分课程考核过于简单，在一定程度上会弱化考试的评定、诊断、反馈等功能。

UIP 的考核原则、考核形式、考核标准以及成绩评定也应呈现自身特点。考核原则可与国际小学期"时间短、内容丰富、方式灵活"的特点相对应；考核形式需结合课程类型进行灵活设定，考核方式简便、灵活易操

---

① 李楠：《美国大学通识教育课程考核的特点及其对我国高校思想政治理论课考试改革的启示》，《思想理论教育导刊》2011 年第 5 期，第 65~69 页。

作；考核标准方面，需充分体现考核目的以及教学目标。总体来说，需侧重考核学生运用所学知识分析问题、解决问题的能力；成绩评定方面，应注重平时成绩考核（包括随堂小测验、课堂参与度、作业等）以及期末考试两个部分。

（四）加强师生交流

研究显示，课堂上师生互动会对外籍教师的自我效能感呈正相关。仅有课堂时间进行师生沟通明显不够，学校可尽量创造学生课下与教师深入交流的机会，如：课后交流活动的举行、教学网站的互动等。师生交流不仅包括与学生的沟通，也包括与本校教师的交流。调查显示，外籍教师认为与本校教师的交流合作对效能感有很大影响。借国际小学期这一契机，校方应积极为外籍教师与本校教师搭建一个可以相互沟通交流的平台，促进学术交流。

（五）监控教学质量

国际小学期教学活动也需要加强教学质量监控。学校教学管理的相关部门应制定在国际小学期间课程教学活动的管理办法；教学督导要深入课堂、实验室以及活动现场听课检查；可通过问卷调查、学生座谈会、学生对教师教学效果进行评价打分等形式了解和评估教学情况。同时，由于 UIP 时间紧凑，学校应建立动态考评机制，把握考评的时效性，及时对外籍教师给予评价反馈。另外，校方对外教的评价应该档案化，将学生评教、教务处对外教的认定等各种评价性资料整理成册，保留档案，作为今后举办 UIP 时对外籍教师筛选的参考依据之一。

## 四　结论

通过编制的教学效能感量表来探究国际小学期中外籍教师的自我效能感，在此基础上探讨外籍教师的自我效能感现状以及影响因素，通过调查研究和理论分析，得出如下结论：UIP 中外籍教师自我效能感处于中等水平，其中一般教育效能感（3.9321）比个人教学效能感（3.793）高。个人教学效能感中的六个要素的平均值从高到低为课堂组织与管理、师生交流、教学策略与技巧、学生参与、前期备课、学生参与以及前期备课。同时，教师的教龄、职称和是否参加过往届 UIP 对教师自我效能感有显著性影响。基于此，可通过优化课程设置、完善教学管理及其实施保障、设置灵活、多样化的课程考核标准、加强师生交流及监控教学质量等措施，从教学管理层面上帮助国际小学期中的外籍教师提升自我效能感。

本文对丰富我国高校国际小学期办学理论和实践，拓宽高校国际小学期的研究视野具有积极的促进作用，并可以为我国高校国际小学期的发展提供参考。本文自身存在一些不足之处，比如学生视角的缺失、研究仅局限于四川大学 UIP 的外教等，还需要在后续的研究中进行补充和改进。

# B.3
# 高校人才国际交流合作激励机制研究

## ——基于四川高校教师出国访学的实证调查*

李 颖 郑小乐 王远均**

摘 要： 教师出国访学作为高校参与国际交流合作的主要方式，对实现高校人才国际化和高等教育国际化具有重要意义。为提高四川高校教师出国访学的积极性，根据需求激励理论将教师访学的需求、收获及两者间差异进行对比，发现已有访学项目未充分考虑不同教师的需求差异，教师访学未从学习输入阶段转向成果输出阶段，访学管理服务质量仍有待提升。为此，高校可探索建立差异化需求导向、专业化咨询培训、项目化绩效评价、信息化管理服务的"四位一体"教师访学激励机制。

关键词： 高校教师 国际交流合作 出国访学 激励机制 四川

在高等教育国际化的浪潮下，参与国际交流合作成为高校提升办学质

---

\* 基金项目：中央高校基本科研业务费专项"高校教师出国访学的绩效评估模式与激励机制研究"（JBK1703108）。

\*\* 李颖（1990~），女，江西鹰潭人，西南财经大学教师教学发展中心教师，主要从事大学教师发展、人力资源管理研究；郑小乐（1993~），女，湖北广水人，西南财经大学统计学院应用统计专业硕士研究生，主要从事大数据分析研究；王远均（1967~），男，四川武胜人，西南财经大学教师教学发展中心主任，教授，主要从事大学教师发展、高等教育质量评估研究。

量、高校人才追求专业发展的有效手段，其效果直接影响着高校的国际竞争力乃至高等教育事业的持续发展。出国访学作为参与国际交流合作的主要方式之一，已成为高校人才提高国际化素养和能力的重要途径，政府与高校也在不断加大对出国访学的支持力度。高校教师作为促进高等教育内涵式发展的重要人力资源，他们通过出国访学等方式参与国际交流合作，有助于高校紧跟国际科学研究前沿、竞争国际资源、引进教学新方法新理念，进而对提升高校人才培养、科学研究与社会服务的国际化水平产生重大影响。然而，西部地区的高等教育国际化缺乏地缘优势，与中东部地区仍存在较大差距，为此，我们选取西部地区最具代表性的四川省作为研究样本，以教师出国访学为切入点，通过问卷调查的方式，对教师的需求、收获和两者间的差异进行了探讨，并针对不同类型教师进行了比较研究，从而对已有激励机制的有效性进行验证并提出改进建议，以期为四川高校教师国际化发展营造公平、合理的环境氛围，进一步提高教师参与国际化的积极性和热情，最终达到提高教师国际化素养、促进高校资源合理优化、实现人才国际化与教育国际化的目的。

# 一　研究背景

## （一）高校教师出国访学研究

在高等教育国际化持续深入推进的影响下，有关高等教育国际化的研究已相对成熟，包含国际化的内涵、发展历程、问题、经验借鉴、对策等方面。[1] 作为高等教育国际化的核心和动力，学术职业与高等教育国际化的融合问题逐渐受到学界的关注，包含教师参与国际化的趋势、学术职业国际化

---

[1] Knight, J. Internationalization Remodeled: Definitions, Approaches and Rationales, *Journal of Studies in International Education*, 2004, 8（1）: 5 - 33；叶芃、沈红：《中国高等教育国际化的发展对策》，《中国高等教育》2002 年第 7 期，第 18 ~ 21 页；刘江南：《美国高等教育国际化动向及其战略意图》，《中国高等教育》2011 年第 9 期，第 60 ~ 62 页；Wang Li, Internationalization with Chinese Characteristics, *Chinese Education & Society*, 2014（1）: 7 - 26.

活动的方式、实践中面临的问题、学术职业国际化的实现途径等方面。① 然而，出国访学则较多作为国际化研究中的子问题仅被少部分学者关注，相关研究主要集中在出国访学的经验总结与建议、访问学者的跨文化适应研究、项目经费执行情况的实证研究、项目收益的调查研究等方面。② 近年来，少部分学者开始关注教师出国访学的收益问题，包含访学收益的维度、访学收益及其意义的质性研究、访学效果及其影响因素的量化研究等方面。③ 陈学飞（2004）把教师出国访学收益分为个人收益和社会收益两个方面，Sanderson（2008）则分为工具性收益和人文性收益，Biraimah 和 Jotia（2013）认为教师收益主要体现在知识收益和态度收益两方面。蒋玉梅等（2015）的研究发现访学教师取得了显著的内部和外部收益，表现在理念提升、教学和科研创新以及国际化交流合作上，这些收益不仅促进了教师国际化的可持续

① Chandler, A. Paying the Bill for International Education: Programs, Partners and Possibilities at the Millennium, Washington, DC: NAFSA: Association of International Educators, 1999; Engberg, D. &Green, M. F. Promising Practices: Spotlighting Excellence in Comprehensive Internationalization, Washington, DC: American Council on Education, 2002; Finkelstein, M. J., Walker, E. &Chen, R. The Internationalization of the American Faculty: Where are we? What drives or deters us? in Report of the International Conference on the Changing Academic Profession Project, Japan: Hiroshima University, 2009: 113 – 144; 李碧虹、涂阳军：《论高等教育国际化中大学教师的有限参与》，《复旦教育论坛》2012 年第 6 期，第 54 ~ 58 页。

② 刘婵娟：《高校教师发展研究初探——"出国访问学者"模式实证考察》，《学术论坛》2011 年第 15 期，第 240 ~ 241 页；张宇斐、杨阳：《高校英语教师出国访学跨文化适应研究——以黑龙江科技大学英语教师加拿大访学为例》，《林区教学》2013 年第 11 期，第 57 ~ 58 页；姜琴琴、宋春艳：《2006 ~ 2012 年博士生出国访学专项资助项目执行情况统计与分析——上海交通大学博士生出国访学资助项目分析》，《教育教学论坛》2014 年第 48 期，第 72 ~ 73 页。

③ 陈学飞：《改革开放以来大陆公派留学教育政策的演变及成效》，《复旦教育论坛》2004 年第 3 期，第 12 ~ 16 页；Sanderson, G. A foundation for the Internationalization of the Academic Self, *Journal of Studies in International Education*, 2008, 12 (3): 276 – 307; Biraimah, K. L. &Jotia, A. J. The Longitudinal Effects of Study Abroad Programs on Teachers' Content Knowledge and Perspectives: Fulbright-hays Group Projects Abroad in Botswana and Southeast Asia, *Journal of Studies in International Education*, 2013, 17 (4): 433 – 454; 蒋玉梅、刘勤：《高等教育国际化视野下教师出国访学收益研究》，《开放教育研究》2015 年第 1 期，第 62 ~ 70 页；黄明东、姚建涛、陈越：《中国出国访问学者访学效果实证研究》，《高教发展与评估》2016 年第 5 期，第 50 ~ 61 页。

发展，还有利于我国高等教育国际化的全面提升。黄明东等（2016）发现访学效果与访学动机、访学过程之间呈显著的正相关关系，因此加强和树立正确的访学动机、严格审查访学申请书、拓展合作范围与内容、持续加大投入等途径可以巩固和提升访学效果。由此可见，当前关于"高校教师出国访学"的研究尚不多见，且集中在访学收益及其维度或访学效果的研究范畴。

## （二）高校教师激励研究

高校教师激励是高校教育管理的重要内容，合理激励不仅能调动教师工作的积极性，更是影响着高校长期战略目标的实现。当前关于高校教师激励的研究主要包括：激励问题与激励对策两方面。其中，激励问题体现在理念、制度、方式、政策制定与执行等方面。马嘉友（2009）认为激励观念存在不同程度的"工具理性"问题。[1] 吕挥等（2012）认为激励制度存在岗位聘任制度不健全、激励作用不明显、考核制度不完善、缺乏及时的激励反馈机制、考核指标不合理、考核过程流于形式、考核手段单一等问题；在政策制定与执行方面，激励机制不能兼顾不同层次教师需求，重外来人才的引进，轻现有人员的激励。[2] 翁光聪（2010）则将问题概括为：学校激励方针重结果轻过程；学校激励方案重报酬轻自我评价；激励方案实施时缺乏激励弹性。[3] 由此，研究者主要从更新激励观念，改进薪酬、职务聘任与绩效考核制度，丰富激励方式，教师参与管理，教师成长等方面提出了相应对策。[4] 此

---

[1] 马嘉友：《高校教师教学潜能的激发》，《山西财经大学学报》2009 年第 11 期，第 173 ~ 274 页。

[2] 吕挥、许开轶：《高校教师激励机制的现实困境与改善路径分析》，《中国成人教育》2012 年第 4 期，第 50 ~ 53 页。

[3] 翁光聪：《关于高校教师激励机制的研究》，《科技管理研究》2010 年第 14 期，第 119 ~ 122 页。

[4] 何沐蓉、黎莉：《高校教师激励机制探讨》，《中国高等教育》2010 年第 22 期，第 58 ~ 60 页；邓大松、朱德友：《我国高校教师激励机制研究》，《学校党建与思想教育》2009 年第 8 期，第 46 ~ 48 页；蔡志文：《国内高校教师激励管理机制研究综述》，《山西师大学报》（社会科学版）2011 年第 9 期，第 153 ~ 155 页；李春阁、张艳芳：《高校教师激励策略研究——以职业发展阶段理论为视角》，《教育理论与实践》2010 年第 10 期，第 49 ~ 51 页。

外，国外学者在已有经济学、管理学理论的基础上，从教师激励对高校发展的作用、激励与工作绩效的关系、激励因素等方面进行了质性或量化研究。Majumdar（1983）从投资主体的公共性角度研究了高校教师激励的必要性及其对投资收益目标和高等教育组织战略目标实现的重要作用。[1] Bailey（1999）研究发现了高校教师激励与高校教师工作绩效具有相关关系。[2] Stembridge（1989）认为教师成就感和职业认同感是正面激励因素，高校管理系统和内部同事关系是负面因素。[3] 总之，已有研究所取得的成果为本文提供了扎实的理论支撑，但学者们对教师出国访学这一提升国际化素养的行为的激励则较少关注，这为本文留下了探索空间。

## 二 研究设计

### （一）研究工具设计

根据需求激励理论，需求是激励过程的起点。只有在确切了解被激励对象需求的前提下，才能因人制宜、因时制宜地采取相应的激励手段，达到激励管理的目的。此外，这类理论认为人的积极性和受激励的程度主要取决于需要的满足程度。[4] 因此，教师的需求、收获以及两者间的契合度成为本文的主要观测点，结合已有学者对访学收益的维度划分，以及高校三大职能与组织目标，本文在实证调查中进一步将需求和收获的观测内容细化为认知、教学、科研、社会服务四个维度。

① Majumdar T. Investment in Education and Social Choice, New Delhi: Orient Longman, 1983.
② Bailey, J. G. Academics' Motivation and Self-Efficacy for Teaching and Research, *Higher Education Research & Development*, 1999, 18 (3): 343 –359.
③ Allen F. Stembridge. Teacher Motivation: An Essential Requirement in the Integration of Faith and Learning in Seventh-Day Adventist Colleges, *Institute for Christian College Teaching Education Department of Seventh-day Adventist*, 1989: 169 –189.
④ 王勇明：《中国高校教师激励机制实证研究》，南京农业大学，2007，第16～18页；马跃如：《高等学校教师激励研究》，中南大学，2006，第14～20页。

根据国内高校的实际情况，我们编制了《高校教师出国访学激励机制调查问卷》，由 34 题组成。第一部分为教师基本信息（共 12 题）。第二部分为教师出国访学的需求和收获（共 13 题），其中包括认知、教学、科研和社会服务四个方面。第三部分包含教师对目前访学管理工作的认识与评价（共 9 题）。问卷以线上线下相结合的方式进行，共计回收 110 份调查问卷，其中有效调查问卷有 95 份，有效回收率为 86.36%。样本覆盖四川省"985工程"高校、"211 工程"高校、"双一流"建设高校及其他普通全日制本科院校，具有较强的代表性和随机性。本文基于最终回收的 95 份有效问卷，采用统计软件 SPSS 进行分析。

### （二）研究对象基本情况

研究对象的基本情况见表 1，从出国访学的目的地来看，以发达国家为主，排名前 7 的国家依次是美国（24.21%）、英国（11.58%）、日本（8.42%）、德国（6.32%）、加拿大（5.26%）、澳大利亚（3.16%）、法国（3.16%）。从教师所在的学校类型来看，"985 工程"院校占 7.37%，"211 工程"院校占 73.68%，一流大学建设高校占 5.26%，一流学科建设高校（教师所属学科为一流学科）占比 27.37%，一流学科建设高校（教师所属学科为非一流学科）占比 33.68%。从教师的访学形式来看，有 12.5%的教师访学形式为学者进修，有 43.75%的为短期交流访问，14.58%的为合作科研，18.75%的为联合培养，27.08%的为攻读学位。从访学经费来源来看，主要集中在国家留学基金委（占比 16.84%）和学校与学院项目（占比 20%），其次是个人课题经费和自筹资金，分别占比 8.42%和 7.37%。

表 1　研究对象基本情况

| 性别 | 男 | | 女 | |
|---|---|---|---|---|
| 人数 | 44 | | 51 | |
| 比例(%) | 46.32 | | 53.68 | |
| 年龄 | 30 岁及以下 | 31~40 岁 | 41~50 岁 | 51 岁及以上 |
| 人数 | 22 | 55 | 14 | 4 |
| 比例(%) | 23.16 | 57.89 | 14.74 | 4.21 |

续表

| 学历 | 博士 | | 硕士 | | 学士 | |
|---|---|---|---|---|---|---|
| 人数 | 72 | | 22 | | 1 | |
| 比例(%) | 75.79 | | 23.16 | | 1.05 | |
| 职称 | 正高级 | 副高级 | | 中级 | 初级 | |
| 人数 | 7 | 42 | | 34 | 12 | |
| 比例(%) | 7.37 | 44.21 | | 35.79 | 12.63 | |
| 学校类型 | 985 | 211 | 一流大学 | 一流学科（所属为一流） | 一流学科（所属为非一流） | 其他 |
| 人数 | 7 | 70 | 5 | 26 | 32 | 1 |
| 比例(%) | 7.37 | 73.68 | 5.26 | 27.37 | 33.68 | 1.05 |
| 访学国家 | 美国 | 英国 | 日本 | 德国 | 法国 | 加拿大 | 澳大利亚 | 其他 |
| 人数 | 23 | 11 | 8 | 6 | 3 | 5 | 3 | 14 |
| 比例(%) | 24.21 | 11.58 | 8.42 | 6.32 | 3.16 | 5.26 | 3.16 | 14.74 |
| 海外留学/访学经历 | 有 | | | 无 | | |
| 人数 | 48 | | | 47 | | |
| 比例(%) | 50.53 | | | 49.47 | | |

根据对样本群体的初步统计分析可以看出：调查对象所涉及的男女比例、年龄阶段、学历等基本情况符合出国访学教师的整体情况，具有一定的代表性，可以在某种程度上反映真实情况。

## 三　研究发现

### （一）高校教师出国访学的需求现状与对比

#### 1.四大需求重要性排序

由图1可知，从提高认知能力、提高科研能力、提高教学能力和提高社会服务能力这四大需求来看，教师出国访学最看重认知能力和科研能力的提升，其次是提高教学能力，重要性最低的是提高社会服务能力，这四大需求的平均综合得分分别为3.18、3.18、2.26、1.38。其中，未访学教师对四

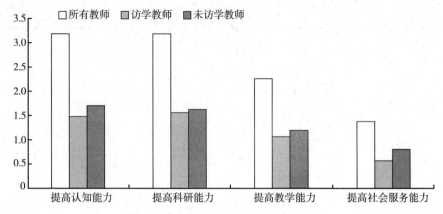

**图1 教师四大需求的平均综合得分**

大需求重要性的排序是：认知＞科研＞教学＞社会服务，且总体得分均略高于访学教师；访学教师的需求重要性排序是：科研＞认知＞教学＞社会服务。可见，未访学教师有更强的访学需求，且更希望提升自己的认知水平，而已访学教师则更希望通过访学提升自己的研究水平。

2. **所有调查对象的访学需求情况**

从图2的认知、科研、教学、社会服务四大需求来看，教师对提高科研能力和提高认知能力均有较大需求。将四大需求进行细化，比较发现教师对开拓学术视野、了解学术前沿，建立学术联系或国际学术网络、加入国际科研团队，发表高水平论文、提出新的学术观点，与国外专家和教师保持或推进学术合作，学习新的教学内容、融入国际化知识和视野，了解先进教学理论、树立先进教学理念，增进对不同国家人士思维方式的理解，增加对于全球化和国际化的理解，学习新的教学方法和技术这9方面的需求较大，占所有需求的70%以上，且排在前4位的需求都与学术研究相关。

3. **访学和未访学教师的需求对比**

从图3中四大需求整体情况来看，两类教师均对科研和认知需求较大。在发表高水平论文、提出新的学术观点，开拓学术视野、了解学术前沿，学习新的教学内容、融入国际化知识和视野，建立学术联系或国际学术网络，与国外专家和教师保持或推进学术合作这6方面的需求均超过70%。通过

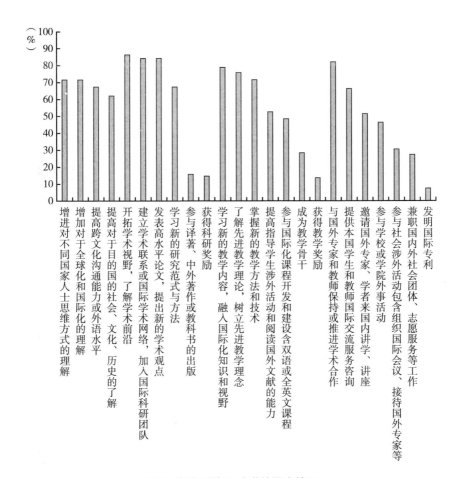

**图2　教师对出国访学的需求情况**

将未访学教师和已访学教师进行对比，发现未访学教师在提高跨文化沟通能力或外语水平，了解先进教学理论、树立先进教学理念，提高指导学生涉外活动和阅读国外文献的能力，兼职国内外社会团体、志愿服务等工作这4方面的需求显著高于已访学教师（相差20％以上）。总体上，未访学教师的需求普遍高于已访学教师，且存在一定差异：首先，未访学教师在认知和教学方面的需求显著高于已访学教师；其次，从需求比例超过80％的具体项来看，已访学教师的科研需求显著高于其他三个方面，未访学教师的科研和教学需求大致相当。

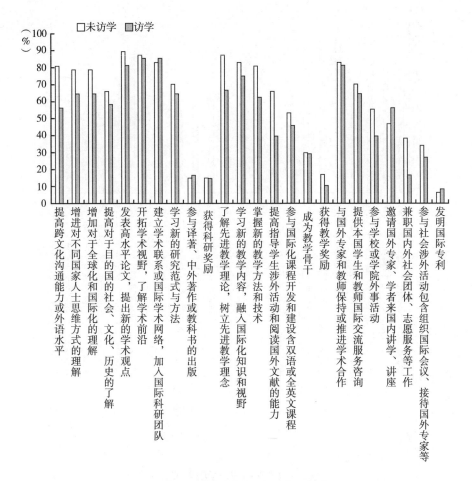

**图3　访学和未访学教师的访学需求对比**

## （二）高校教师出国访学的收获现状与对比

从图4来看，出国访学教师在提高认知能力上的各项收获均较大，而在提高科研能力、教学能力和社会服务能力三个方面，访学教师在开拓学术视野、了解学术前沿，学习新的教学内容、融入国际化知识和视野，与国外专家和教师保持或推进学术合作等方面收获较大，而在参与译著、中外著作或教科书的出版，获得科研奖励，成为教学骨干，获得教学奖励，兼职国内外社会团体、志愿服务等工作，参与社会涉外活动方面收获较小。

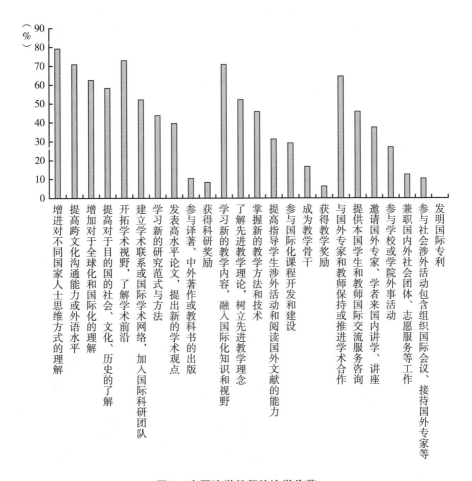

**图4 出国访学教师的访学收获**

在教学效果方面，通过分析教师访学前后的教学效果，发现有59.52%的教师在访学后的教学效果要优于访学前，有26.19%的教师访学前后的教学效果无明显变化，访学前的教学效果要优于访学后的教师占比为14.29%。

在科研成果方面，从图5可知教师访学期间或回国后发表的学术论文中，最多的是国内核心刊物和国际核心刊物，发表在核心刊物上的论文数量占比72.63%，说明教师访学后发表论文的质量均有较大程度的提升；其中英文论文占比35.79%，在英文论文作者排序上（见图6），受访教师是第一作者且是与国外学者合作完成的占比为36.17%，这在一定程度上反映了教师国际交流合作能力仍有较大进步空间。

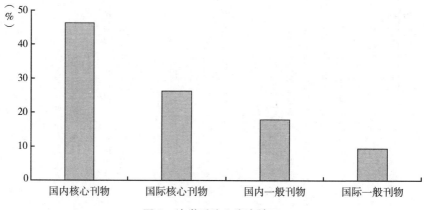

**图5　访学后论文发表情况**

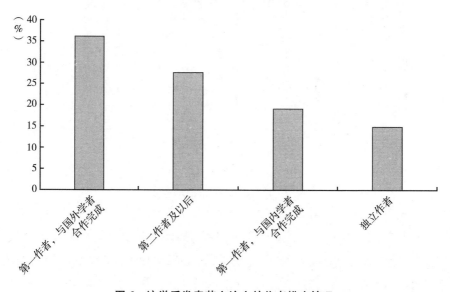

**图6　访学后发表英文论文的作者排序情况**

　　另外，通过分析教师访学对个人绩效考核或职位晋升的影响，发现55.79%的教师认为访学对个人绩效考核或职位晋升有很大影响，44.21%的教师认为影响较小。表明一半以上的教师认为出国访学经历对个人职业发展会产生较大影响。

## （三）高校教师出国访学的需求与收获对比

通过图7将访学需求与实际收获情况进行对比分析，发现已访学教师在提高认知能力方面收获最大，需求满足程度最高，具体表现在提高了跨文化沟通能力或外语水平，增进了对不同国家人士思维方式的理解，提高了对于目的国社会、文化、历史的了解，增加了对于全球化和国际化的理解。其次是学习了新的教学内容、融入了国际化知识和视野，开拓学术视野、了解学术前沿，与国外专家保持或推进学术合作等。需求满足程度最低的是提高科

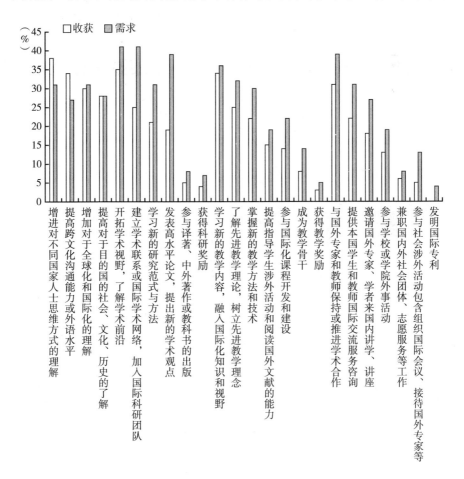

**图7 访学教师的访学收获与需求对比**

研能力，具体表现在建立学术联系或国际学术网络、加入国际科研团队，学习新的研究范式与方法，发表高水平论文、提出新的学术观点，这三项需求与其对应收获相差 10 人次以上。

### （四）高校教师对访学管理工作的认识与评价

在所有受访教师中，47.37% 的教师对访学管理工作感到很满意，43.16% 的教师认为访学管理工作一般，9.48% 的教师对访学管理工作不太满意。

**1. 教师访学遇到的障碍**

从图 8 来看，教师访学遇到的最大障碍是申请程序或手续繁杂的问题，其次是资助力度不足或范围受限、语言交流障碍、访学期限不灵活等问题。对比访学教师和未访学教师遇到的障碍，发现在语言交流障碍和申请条件不符上，未访学教师遇到的困难要远大于访学教师。

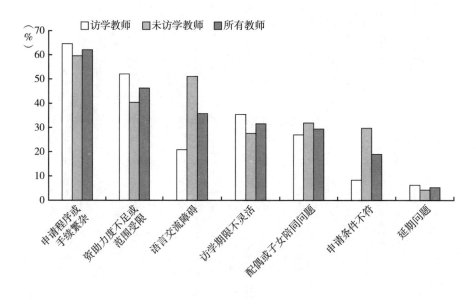

**图 8　教师访学遇到的障碍**

**2. 访学管理工作存在的问题**

由图 9 可知，目前高校访学管理工作的最大问题是激励机制尚未建立，其次是信息传递不够及时，多以个人形式派出、缺乏学术团队形式等问题。其中已访学教师认为访学管理工作存在的最大问题是激励机制尚未建立和绩效评价体系不健全，而未访学教师认为访学管理工作的最大问题是信息传递不够及时和多以个人形式派出、缺乏学术团队形式，并且访学管理工作在机会公平与过程公平上也存在较大问题。

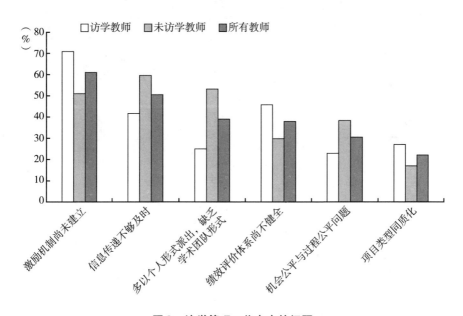

**图9　访学管理工作存在的问题**

### 3. 学校激励访学的已有措施

从图10来看，目前高校激励教师访学的措施主要有加大经费支持力度、多渠道筹措经费，提供及时、多样、全面的访学资源或信息，增加与国际一流大学的合作项目数量等，只有不到40%的教师认为高校在激励教师访学上采取了简化申请程序、提供专业咨询或培训项目、纳入教师个人或学院年终绩效考核等措施。在激励措施的有效性方面，20%的教师认为学校已有激励措施非常有效，47.37%的教师认为已有措施效果一般，6.32%的教师认为激励措施较无效，7.37%的教师表示不清楚学校有哪些激励措施。

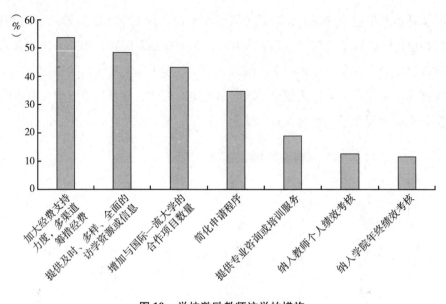

图 10  学校激励教师访学的措施

# 四  研究结论

## （一）存在的问题

**1. 未根据不同教师群体需求提供差异化访学项目**

从教师的需求现状来看，未访学教师的需求普遍高于已访学教师，且存在一定差异，包括已访学教师的科研需求显著高于认知、教学、社会服务等其他方面，而未访学教师的科研和教学需求大致相当，且他们在认知和教学方面的需求显著高于已访学教师。但目前已有访学项目或激励措施未充分考虑这两类教师的需求差异，不利于教师访学需求的满足，难以提高甚至维持访学动机。值得注意的是，当前高校教师的访学动机主要源于提高科研能力和提高认知能力，这主要受当前高校评价体制和文化氛围的影响。已有访学项目或激励机制包含着学校在追求质量提升时的价值导向，若能增加教学类或服务类访学项目，相对平衡科研类与教学类、服务类的项目数量，不仅有助于扭转高校"重科研、轻教学和服务"的现状，帮助一部分教师纠正访学观念，还能为另一部分热爱教学或社会服务的教师，提供更多访学机会。

**2. 教师访学仍处于学习输入阶段，未进入或难进入成果输出阶段**

从教师需求与收获的对比来看，访学教师在提高认知能力方面收获最大，需求满足程度最高，具体表现在跨文化沟通能力或外语水平，对不同国家人士思维方式、社会文化、全球化和国际化的理解等方面。其次是更新教学内容、开拓学术视野、推进学术合作等方面，需求满足程度最低的是建立学术联系或国际学术网络、加入国际科研团队，学习新的研究范式与方法、发表高水平论文、提出新的学术观点这三项。造成此现象的原因可能与取得这些收获需要较长的积累周期，而教师实际访学时间相对较短有关，即成果积累周期与访学期限之间存在矛盾。这导致教师在前沿知识或理念的内化方面效果还不突出，访学投入和产出难成正比，仍处于学习输入阶段，未进入或难进入成果输出阶段。

**3. 出国访学的管理服务质量仍有待提高**

从教师对访学管理的认识评价来看，超过一半的教师对当前管理工作并不满意，仅有20%的教师认为学校已有激励措施非常有效。教师普遍认为访学管理工作存在诸多问题，突出表现在激励机制尚未建立，信息传递不及时，多以个人形式派出、缺乏学术团队形式，申请程序繁杂，资助力度不足和范围受限，绩效评价体系不健全，访学期限不灵活，机会公平与过程公平等方面。对比访学教师和未访学教师在访学问题上遇到的障碍，发现学校在帮助教师提升语言能力上缺乏制度保障。从长期来看，出国访学给学校发展带来的正面效益不言而喻，对教师个人职业发展也产生着较大影响，但在实际工作中，学校对教师的引导服务和监督评价多半流于形式，包括访学计划审批、过程管理与服务、回国后绩效考核等方面，需警惕由此引发的诸如教学质量下滑等负面效应。

（二）改进建议

为解决上述问题，高校可探索建立包含差异化需求导向、专业化咨询培训、项目化绩效评价、信息化管理服务的"四位一体"激励机制。第一，学校应以需求差异为导向，开发多样化的访学项目。增加教学类、社会服务类项目数量，并在政策上向未访学教师倾斜，以给予访学动机强的教师更多机会和选择；同时丰富访学形式，积极鼓励团队形式的访学活动，并提高访学期限的灵活性。第二，进一步拓宽经费筹措渠道，加大资助力度，增加资助的持续性。教学、科研、服务等方面的创新成果需要较长的积累周期，短期资助难以保障成果质量。因此，可采取设立项目基金等后续资助方式对回国教师开展持续性经费支持，以促进教师产出高质量成果，最大限度地发挥回国后对学校或团队的辐射作用。第三，为教师提供相关专业咨询或培训项目。包括：外语培训、访学计划制订培训、访学规范与程序培训等，帮助教师解决住房交通、医疗保险、家属陪伴、子女教育等生活问题。第四，采用"项目化"的绩效评价模式，保障教师出国访学的质量与效果。即以访学项目完成的全过程为核心，以项目预期目标的实际完成情况为考核内容，根据考核结果对项目负责人及项目团队予以评价和奖惩。但应遵循适度原则和正向激励原则，避免将出国访学作为教师职称晋升的必要条件，对在教学或社会服务方面取得成果的教师及团队应加大奖励力度，并与学校已有教学奖励或科研奖励相结合。第五，利用信息技术优化服务水平。提供及时、多样、全面的访学资源或信息，实现访学管理服务信息化、智能化，简化办事流程，同时兼顾访学机会与过程的公平性。

# B.4
# 四川省外国留学生的现状与发展

陆毅茜*

摘　要：　随着四川经济全球化的水平和需求日益增强，四川社会日趋
多元化和国际化，随着四川高校的国际化水平提升，四川对
国际化的知识型人才的需求大大增加。其中，来川学习的外
国留学生已经逐渐成为这一知识型人才的准备力量。报告将
在川留学生的现状和发展作为重点，介绍了目前四川吸引外
国留学生状况，从招生政策、鼓励就业创业机制、高校国际
化、蜀中社会和文化魅力等方面深入分析了四川在吸引外国
留学生方面的优势。同时，以在西南财经大学就读的 12 位留
学生为初步探索性研究样本，对他们来川学习的原因、现状
以及结业后志愿进行了考察和分析，既凸显了四川高校在吸
引留学生方面的特点和优势，同时也反映出一些问题。据此，
报告在最后提出了五点政策性建议。

关键词：　留学生　国际人才　四川

进入 21 世纪以来，中国经济持续增长，全球化水平不断提升，经济结
构正在从劳动密集型向科技知识密集型转变，这一过程对国际化的知识型人
才需求大大增加，同时中国社会亦日趋开放，对多元文化的包容性持续增

---

＊　陆毅茜（1982～），女，天津人，西南财经大学发展研究院副教授，社会学博士，博士后，
主要从事国际移民、知识和技术移民、发展与全球化、移民与健康，以及华人华侨研究。

强，中国高等教育的国际化也在深化发展；与此同时，世界主要发达国家的经济则进入了一个"新平庸"阶段，对外来知识型劳动人口的吸收能力正在收缩。在这样的大环境下，中国对外国留学生的吸引力逐渐增强。在2016年，中国已成为全球第三大留学目的地，其间共有来自205个国家和地区的442773名外国留学生来到中国的高等院校和其他教学机构学习，这一数字比2015年增长了11.35%。到2020年，中国政府预期来到中国的外国留学生人数将超过50万。

# 一　在川留学生的现状

虽然来到中国的留学生主要集中在东部沿海地区，尤其是北京、上海、广州等国际大都市，但是中国内陆省份的外国留学生人数也在增长。四川，作为中国西部地区发展最快，亦是最有发展潜力的省份，正在吸引越来越多的外国留学生。

四川作为西部教育的传统强省，聚集了强有力的高校资源。地处四川的109所高校发挥其磁石作用，使四川成为中国西部地区主要的来华留学生聚集地之一。图1显示，2010年以来，到四川省就读的外国留学生正在逐年

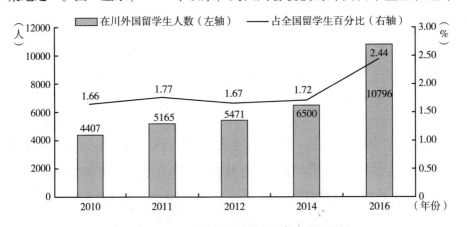

图1　2010～2016年在川外国留学生人数及比重

资料来源：根据教育部《中国教育年鉴》和教育部公布统计资料整理。

增加，尤其是 2014 年以后，增加趋势愈加明显。2010 年，四川省仅有 4407 名外国留学生在四川学习，这一人数也仅占全国留学生人数的 1.66%。到了 2016 年，四川省的外国留学生人数已经达到 10796 人，在六年间增长了近 2.5 倍。并且在川留学生人数占全国留学生总数的比率也在上升，达到了 2.44%。四川首次成为外国留学生人数过万的省份，在全国范围内位居第十四位，在西部地区位居第三位。这说明近年来四川省对外国留学生的吸引力有了显著的增强。

## 二 政策创新增强四川对外国留学生的吸引力度

### （一）四川加大来华留学的资助力度

近年来，为了促进外国留学生来华学习和交流，中国政府加大了对来华留学生的资助力度。2014 年，教育部和财政部完善了来华留学生的政府奖学金资助体系，细化并明确了资助标准，推出了多项奖学金项目，如中国政府奖学金、中国政府长城奖学金、优秀生奖学金和 HSK 优胜者奖学金等。

除了全面推进中央提供的奖学金发放工作，为了吸引更多外国留学生到四川高校学习和从事科学研究，四川省在 2013 年首次设立外国留学生政府奖学金。从 2013 年秋季学期开始，四川省为正在申请或已经在四川相关高校学习的优秀外国学生，提供每人每年 1 万~3 万元人民币的奖学金，年度奖学金总额达到 600 万元。同时，为了进一步提升四川省属高校的国际化水平，此外国留学生政府奖学金适用于四川省所有招收外国留学生的省属高校，奖励对象为包括了外国博士研究生、硕士研究生、本专科生以及就在中国长期（就读一学年以及以上）进修的优秀外国留学生。到 2015 年，四川全省学校新招收留学生 1500 多名，其中 212 名外国留学生获得了四川省政府奖学金。

此外，为深入推进成都市与国际友好城市间的交流与合作，成都市在全国率先设立"成都市国际友城留学生政府奖学金"。2014 年 3 月 18 日，四川成都市出台了《成都市国际友好城市留学生政府奖学金项目管理暂行办法》，办法决定从 2014 年起，成都市政府每年拿出 500 万元，用于支持友好城市学生来成都留学。这就意味着目前与成都市缔结的 22 个国际友好城市和 33 个友好合作关系城市的留学生，可以享受成都市政府奖学金。此项奖学金的金额高达每人每年最高 3 万元人民币。奖学金资助对象包括了正在申请或已在四川高校学习的来自成都友好城市的博士研究生、硕士研究生、本专科生和进修生。更重要的是，此项奖学金资助对象实现了全覆盖，不仅包括在四川的教育部直属普通高校、四川省属普通高校和成都市属高校的友城留学生，还涵盖了从专科直到博士的学历学生，以及三个月以上的长期进修生。截至 2015 年 12 月，友城奖学金发放了四次，共计 329 名友城留学生获得奖学金，累计发放金额 560.5 万元。其中，2014 年 112 名留学生获得奖学金 186.9 万元，2015 年 222 名留学生获得奖学金 373.6 万元。2015 年较 2014 年，申请奖学金人数出现大幅增长，其中包括众多来自"一带一路"沿线国家和地区的友城留学生。该项奖学金确实促进了成都市与国际友城的交往工作与教育交流项目的充分结合，并且扩大了成都在国际上的知名度和教育国际影响力。

近年来，不仅成都市这样的省会中心城市，四川省其他地方城市也在积极设立奖学金吸引优秀的外国留学生。例如，2017 年初，四川省自贡市为了增强该市高等教育的国际吸引力，吸引和鼓励更多优秀外国留学生来自贡高校学习研究，扩大该市留学生的招生规模，提高留学生的层次，增进留学生对自贡市的了解和友谊，自贡市教育和财政等部门联合出台了《自贡市外国留学生市长奖学金项目资金管理暂行办法》，正式设立外国留学生市长奖学金。奖学金的标准为每人每年 1 万元，覆盖较为广泛的同时重视对优秀留学生的吸引和激励作用，覆盖率原则上控制在外国留学生总数的 20% 以内。

除了各类政府层面提供的奖学金，四川省内部分高校还自设学校奖学金以吸引外国留学生。例如，四川大学设立了"一带一路"来华留学生奖学金，自 2016 年起，学校每年提供 2000 万元招收来自"一带一路"沿线国家的留学生，并计划 5 年内累积提供 1 亿元奖学金。西南科技大学也由学校出资，在 2016 年提供了 500 万元奖学金招收来华留学生。同时，西南财经大学也专门设立了为本校留学生提供的"留学生校长奖学金"以及"留学生综合奖学金"，以提高学校对留学生的吸引力，进一步规范留学生的管理，激励留学生努力学习，成为品学兼优的学生。

## （二）不断推进四川高校国际化水平

虽然地处西部地区，四川高校在推进国际化水平建设方面也取得了显著成绩。一方面，四川大学在通过与东部沿海地区大学的各种合作机制，提升国际化水平，例如，四川大学与复旦大学、清华大学、华东师范大学和浙江师范大学一起成立了"金砖国家大学联盟"，并在此机制下接受和培养留学生。另一方面，四川各高校也在积极引进国际化师资，强化高校国际交流合作，优化高校国际化建设。以西南财经大学为例，自 2006 年以来，西南财经大学引进了来自世界十多个国家和地区，包括牛津大学、剑桥大学、哈佛大学、斯坦福大学等国际知名大学毕业的海外年薪制全职教师 247 人。这些海外年薪制教师承担了 80% 以上的双语教学课程。

为了更有效地提升国际化水平，四川高校对国际化水平的评估工作也十分重视。自 2013 年至今，西南交通大学已经发布了五次"教育部直属高校国际化水平排行榜"。经过广泛征求管理以及研究方面专家的意见，学习借鉴国内外研究成果，目前该排行榜所确定的大学国际化水平评价指标体系包括了 7 个一级指标、19 个二级指标、48 个观测点以及 1 个特色项目指标，一级指标包括学生国际化、教师国际化、教学国际化、科研国际化、文化交流、国际显示度、国际化保障等。根据 2017 年 12 月 29 日西南交通大学国际化评价研究中心发布的最新《大学国际化水平排名（2017URI）》报告，在 118 所上榜高校中，四川省有四所大学位列前 60，包括四川大学、电子科技大学、西南交通大学以及西南财经大学。其中，四川大学以 82.93 分位居全国第 17 位；电子科技大学以 78.37 分位居全国第 26 位；西南交通大学以 73.07 分位居第 47 位；同时，西南财经大学的排名有大幅度提升，以

68.09 分位居全国第 58 位，比前一年进步 17 位，显示了西南财经大学近年来引进国际人才的政策效果十分显著。此外，四川农业大学位居全国第 108 位。

### （三）鼓励外国留学生在川就业和创业

**1. 鼓励来华留学生在川就业政策**

2016 年 9 月，四川省启动了四川高校外国留学生直接留川就业试点工作。根据《四川省系统推进全面创新改革试验方案》，四川省行政区域内所有高等学校中取得硕士及以上学位的外国留学生毕业后，可以直接在国家批复确定的四川省系统推进全面创新改革试验区域内就业。此项试点是四川全面创新改革试验里面的一个重点实验中的一项工作，也是四川省按照国家规定，与人社部、外专局进行沟通后，和北京、上海、广州同时开展的外国留学生在中国就业的试点工作。

根据此项试点工作实验方案，高校外国留学生在川就业需满足三个限定条件。一是限定了生源，必须是在四川省高校学习的外国留学生；二是限定了学历，必须是硕士及以上学位的留学生；三是限定了区域，必须在四川省开展全面创新改革试验区域内就业。同时，由于刚毕业的外国留学生不具备相应工作经历，不熟悉四川就业环境，因此用人单位提供的岗位与拟聘的外国留学生的专业须对口或直接相关。对于此项方案是否会影响在川本地大学生就业的问题，四川省人社厅相关部门经过认真研究考察指出，此项试点主要是为了满足全面创新改革试验区对优秀外籍人才的需求，如此既增强了四川省高等教育资源对外国生源的吸引力，亦不会对四川省就业特别是大学生就业产生影响和冲击。

**2. 鼓励留学生积极参与"双创"事业**

除了鼓励外国留学生在四川就业之外，相关政府部门还通过组织各种活动，积极帮助留学生与在四川的创新企业对接，并鼓励他们在四川创业。2017 年 11 月底，来自成都六所高校的 160 余名外国留学生参加了"家在成都·双创之旅"的活动。留学生们在天府软件园参观了创业公司极米科技；

在菁蓉国际广场"创业集市",观看了十余家高新企业的创新产品;后又参观了硅谷和微软等孵化器、创新创业中心、高新技术服务超市;并聆听了在川留学生的创业分享会,了解了外国留学生毕业后在四川创业的经历和故事。同时,这些外国留学生还对现场招聘的企业充满了兴趣,他们表示希望毕业后可以留在成都就业。

## 三 四川的文化魅力和国际化水平吸引着外国留学生

近年来,随着四川国际化水平的不断提升,经济的蓬勃发展,商业投资环境的日益完善,越来越多的外籍人士来四川工作、学习甚至创业。以成都为例,作为西部最重要的国际化城市,有半数世界 500 强企业落户于此,同时大量的国际高科技公司也都聚集在成都。2010 年,在《福布斯》杂志发布的全球"未来 10 年发展最快的城市"排行榜中,成都位居第一。2013 年,在"魅力中国——外籍人才眼中最具吸引力的中国城市"评选中,成都成为工作环境最受关注的城市。在 2016 年和 2017 年"魅力中国——外籍人才眼中最具吸引力的城市"评选中,成都连续两年在"中国西部城市引才引智分榜单"上得分最高,成为西部城市引才引智第一名。这些评选的成绩和数据都毋庸置疑地显示着四川和成都的优势地位和发展前景,使它成为对外国留学生最具吸引力的中国西部城市之一。

与东部沿海城市相比,四川成都的优势还体现在她的文化魅力方面。成都历来就是一座具有开放和包容气质的城市,如今,这种气质更扩展到了国际性层面。前来中国学习的外国留学生看重的不仅是城市的国际化程度,更是一个城市独特的文化底蕴和魅力。蜀地文化的包容与热情,有张有弛的工作节奏,乐观从容的生活态度,高绿化度的城市环境,中西方饮食和文化的多元融合,以及四川省内数不胜数的自然与人文景观胜地,都强烈地吸引着来自世界各地不同国家的年轻人,很多人游学至此,便不舍得离开。

# 四 个案初步调查——在川外国留学生的
## 学习生活状态与毕业意向

虽然近年来在川外国留学生明显增多，但是目前学界以及决策领域对这一群体的了解还是十分有限的。因此，此项报告选择了成都一所高校西南财经大学，作为个案，通过结构式访谈，对 12 位在该校就读的外国留学生的学习和生活状态以及他们的毕业意向进行了初步的了解。此项初步调查希望为今后进一步深入并扩大对在川外国留学生了解的相关研究提供一定的借鉴和基础。

### 1. 来成都留学的原因

这 12 位外国留学生中，有 9 位正在西南财经大学的国际教育学院学习中文，另外 3 位在西南财经大学读本科。他们分别来自芬兰、韩国、加纳、加拿大、肯尼亚、泰国、印度和以色列。其中 2 位来自芬兰的留学生是通过获得他们自己国家的政府资助来中国学习中文的，来自韩国（1 位）和加拿大（1 位）的留学生获得了中国政府奖学金，来自泰国（2 位）的留学生获得泰国和中国合作项目资助，其他 6 位留学生均为自费来中国留学。

表 1 初步调查留学生样本基本信息分布

| 国别 | 人数 | 资助来源 | 人数 |
|------|------|----------|------|
| 泰国 | 2 | 中外合作资助项目 | 2 |
| 芬兰 | 2 | 自己国家资助 | 2 |
| 韩国 | 1 | 中国政府提供奖学金 | 2 |
| 加纳 | 1 | 自费 | 6 |
| 加拿大 | 1 | 中国政府提供奖学金 | |
| 肯尼亚 | 2 | 自费 | 7 |
| 印度 | 1 | 自费 | 2 |
| 以色列 | 2 | 自费 | 2 |
| | | 自费 | 1 |

当被问及他们来中国四川留学的原因时，所有的留学生都首先提到了中国经济发展的前景和中国企业不断提升的国际化和全球化水平。他们都提到，在世界经济发展相对低迷的情况下，中国经济的前景却很乐观。很多留学生发现，已经有一些中国的跨国公司在他们的国家和地区设立了地区总部，中资企业与他们国家的企业之间的合作项目越来越多，在中国生活和工作的经历以及中文能力可以给他们带来更多更广阔的就业和发展机会，这使得他们愈加觉得中文已经成了现在以及将来至关重要的一项语言技能，因此来中国学习也成了必然选择。其次，12 位留学生都提到了中国的传统文化、名胜古迹、自然景观、悠久的历史等是吸引他们来中国的主要原因之一，也是他们选择成都的重要原因之一。除此之外，还有 5 位留学生提到将自己沉浸在中国社会和文化中，与当地人进行直接的交流，使他们获得了书本上学不到的知识、视野和技能。

除了以上来华学习可以获得的各种收益因素之外，留学生们也提到了来华留学的投入成本因素。6 位留学生都提到相比北美、欧洲国家以及日本和韩国，中国大学的学费和生活费用要低很多。很多留学生也敏锐地注意到，中国政府和很多高等院校非常重视吸引国际化的高等教育人才，积极努力建设世界一流大学和一流学科，因此来华的留学生可以在投入较低教育成本的基础上获得质量很高的教育资源，这在很大程度上得益于中国政府对高等教育的重视与投入。来自加纳、肯尼亚、泰国和印度的留学生还提到，中国一些大学的声誉在他们国家是很好的，这也是他们综合考虑之后选择来中国留学的原因。一些留学生还提到，中国的经济发展很快，他们希望到西南财经大学来学习相关的经济和管理知识，为他们自己国家的经济建设提供借鉴。

此外，社会网络关系对留学生来华学习也有很明显的影响。来自加纳、肯尼亚、泰国、印度和以色列的留学生都提到曾经有亲戚或者是朋友来到中国学习或工作，是他们发现中国是个很好的选择。来自以色列的留学生强调他很高兴地发现，在成都有以色列犹太人社区，这是他考虑来成都的主要原因之一。来自加拿大的留学生是因为有亲属在成都工作。

综合分析发现，来自发达国家的留学生和来自发展中国家的留学生选择中国的原因有不同的侧重点。来自发达国家的留学生更看重中国高等教育的性价比以及奖学金相关的政策性激励，而来自发展中国家的留学生选择到中国留学的原因则侧重于亲戚朋友对中国的推荐，中国高等教育的质量和中国政府对高等教育的投入，以及中国与他们国家的双边关系以及教育或经济合作项目。

**2. 如何适应成都的学习和生活**

来自不同国家的留学生体现出不同的适应性方式。来自较发达国家的留学生更倾向与来自不同国家的留学生以及成都本地人进行交流。如来自芬兰和加拿大的留学生与不同国家的留学生组成学习小组，互相帮助学习中文，同时寻找机会与成都本地人做朋友，通过与他们不断交流来提升中文水平。来自以色列的留学生虽然与其他以色列同学交流较多，同时对与成都本地人交流也十分热衷。他们另一种学习语言和提高适应性的方式还包括在学习生活之余，利用各种假期游览成都以及中国其他地区的旅游胜地，在此过程中既亲身体验了在中国的文化与生活，又不断在社会实践中学习和练习了中文。他们能够选择这种方式融入中国的学习与生活，一方面是由于他们自身的积极性和主动性，另一方面也因为他们有比较好的经济基础作为支撑。

来自发展中国家的留学生在早期更倾向与自己国家或文化相近的同学相处。他们容易形成自己的小社交网络，与来自其他国家和文化的留学生交流较少，对与成都本地人交流的工具性较强，并存在焦虑心理，通过交流来学习的效果十分有限。同时，他们的生活轨迹也相对局限于成都或者校园附近等熟悉地区，对探索陌生地区存在恐惧。尽管如此，进入大学本科学习的来自发展中国家的留学生，在逐渐适应了成都生活后，为了进一步提高自己的学习效果，则开始重视与成都本地人，尤其是与本地大学生的交流。

除了留学生对在成都学习和生活适应方式的不同之处，他们也都在生活中遇到一些相同的困难和问题。10位留学生都提到目前成都各种服务性行业中对待外国人的区别性服务较多。比如，虽然中国的手机支付方式十分便捷，但他们都有过在不同的银行遭到拒绝的经历，有的银行直接拒绝为外籍人员办理借记卡，有的银行拒绝为外籍人员办理网上银行，几乎所有银行拒绝为外籍客户办理信用卡。这些区别对待使得他们在需要使用非现金支付方式时面临种种困难。其他事例还包括，手机相关的业务办理也需要专程到特定的营业点办理，无法在遍布各地的营业点进行处理，即使是最普通的业务也不例外。一般此类营业点与他们的居住地有一定距离，加之此类营业点会集中办理特殊性事务，办理业务的人数众多且等候时间较长，留学生们常常为了办理很普通的业务而耗费大量时间。

据此，留学生们反映虽然成都的国际化程度日益提升，尤其是在基础设施建设和国际化教育和企业发展等硬件方面，但城市国际化的一个重要指标还包括社会服务等软件方面。尤其是中国的公共领域服务，如通信和金融类服务，更应该在政府的支持和监督下提升其服务的国际化水平。只有在成都的外籍人员的日常生活更加舒适便利，才会有更多的外籍人才来到成都，享受成都生活，并长期留在成都发展，而城市的国际化和全球治理水平才会进一步提升。

### 3. 结业意向

调查还向这些留学生询问了他们的结业意向，也就是他们完成了语言学习或获得学位之后的打算。在3位正在攻读学位的留学生中，有2位提到希望毕业后继续留在中国，一位希望在中国其他大学读研究生学位，另一位希望可以留在成都工作，第三位留学生决定回到自己的祖国，将在中国所学的经济学知识学以致用，帮助自己的国家发展。此外，在语言预科项目的留学生中，有2位将在通过汉语考试之后，进入西南财经大学读研究生学位。在7位交换留学生中，来自发达国家的留学生和来自发展中国家的留学生体现出一些不同趋势。来自发达国家的留学生更倾向于学习好中文之后回国，而来自发展中国家的留学生主要在考虑如何继续留在中国，包括学习语言、攻读学位和就业。

## 五　政策性建议

根据对四川省外国留学生的现状与发展状况，报告提出了五点政策性建议。

**1. 为吸引更多的留学生来川学习制定凸显四川特色的创新性策略**

近年来，四川省在吸引留学生来川方面做了很多工作，也取得了重要的成绩，尤其是2014年以来，来四川高校的外国留学生人数有了明显增长，在全国范围内的比重也有了显著提升。因此，四川省应进一步加大力度，保持这种明显上升的趋势，甚至有所突破。根据此次初步调查，可以看出，来自发达国家的留学生和发展中国家的留学生对来中国以及来四川留学的原因有着不同的侧重点，因此建议将招收留学生的工作进一步细化，可以考虑面对不同类型的国家采取不同的招收策略。一方面，对来自发展中国家的留学生，尤其是"一带一路"沿线国家，可实行"走出去，招进来"策略。可通过与他国当地教育系统合作，大力宣传四川高校的特点和优势领域，强调四川的经济发展在中国以及全球层面的显著地位，以及四川在中国"一带一路"战略中所扮演的角色。同时，成都作为中国西部传统的教育重镇，以及当前西部引才引智的模范性城市，应进一步宣传其优秀的教育资源，国际化的师资队伍和教学质量，以及成都对留学生在川工作的优惠政策。以上因素是很多来自发展中国家的留学生的关注点，当他们在中国有非常积极的经历，并对中国的教育与在中国的就业发展有比较乐观的评价时，他们可影响和带动更多的留学生来四川学习。

另一方面，对于从发达国家来的留学生，招收和宣传策略可侧重于同时强调四川高等教育的质量和较为低廉的教育和日常生活费用，以及多样化的奖学金发放。同时，四川的传统文化以及自然景观魅力在国际层面已经开始获得越来越多的关注和积极评价，对四川这方面特点的大力宣传也会是吸引发达国家留学生到四川来的重要原因之一。

**2. 进一步开发和利用好外国留学生的人力资本**

外国留学生在留学前接受了自己国家的教育投入，在中国留学过程中为了提升自己的人力资本，又投入了大量的时间、精力和物质资源，并为了适应和融入中国社会做出了巨大努力，因此他们的人力资本既具备了国际性又具备了中国性，二者的融合是宝贵的人力资本。留学生这一日益壮大的群体，可以为中国开拓全球市场，促进与其他国家经济文化交流，尤其是增强与"一带一路"沿线国家的联结，提供人才储备和人力资本的支持。因此，建议根据四川企业和经济国际化的需求，进一步加大关于留学生的签证制度的灵活度，逐步扩大留学生就业的地域范围，让更多的优秀留学生可以直接将学习签证转化为工作签证。

### 3. 为留学生在四川就业和创业提供信息和搭建平台

目前，四川省和成都市的相关部门已经开始组织一些活动，为留学生提供关于就业和创业的信息。尽管如此，留学生在学习和生活中可以获得相关信息的渠道依然十分有限，这使得他们很难了解到如何将自己所学的知识以及优势与中国企业和中国市场需要进行对接。因此，建议从政府层面建立两类信息交流和合作的平台，一类是针对希望就业的留学生，帮助他们与用人单位搭建起互相交流互相了解的平台；另一类是针对有创业意愿的留学生，为他们和其他在川从事创新创业活动的人员进行交流、学习和合作打造平台。

### 4. 提升四川和成都国际化的软件指标

成都的国际化程度已在日益提升，尤其是在基础设施建设、城市建设、国际化教育、跨国企业合作和发展等硬件方面。但是，根据留学生们的评价，作为城市国际化的重要指标之一，在社会服务的国际化方面，四川还有所欠缺，尤其是对生活至关重要的公共领域方面的服务，如通信和金融服务等。因此政府应落实相关政策，进一步方便在川外籍人员的生活，减少甚至消除对他们的区别对待。一般此类区别对待与外籍人员没有中国公民身份证有关，因此办理手续相对复杂，这就需要相关部门进一步提升公共领域服务人员对外籍人员身份的尽责有效的认知和处理，并且就外籍人员的合法身份如何与公共服务所需的身份信息有效联网，做出更多的努力和工作。只有不断提升外籍留学人员在四川的归属感，才会更加激励他们长期留在四川，为四川的社会和经济发展做出贡献，同时四川城市的国际化和全球治理水平才会进一步提升。

### 5. 积极改进教育教学方法促进来自不同国家的留学生之间以及留学生与当地中国人的日常交流

一些留学生存在与其他国家留学生或当地中国人交流较少的现象。虽然很多留学生可能因为知道会在中国长期学习，因此没有急于适应中国语言和社会环境的紧迫感，但如果这种缺少交流的现象成为群体惯性，则不利于对留学生教育质量的保障和提升。因此，建议各教学单位可通过一些方法和策略来激励和促进来华留学生尽快融入四川的语言和社会环境，比如定期性地组织外国留学生与本地大学生进行各式各样的交流活动，或者以提供一定资助的方式鼓励留学生独立性地结伴旅行等。此类寓教于乐的活动可帮助他们提升语言学习效果，使他们进一步了解并热爱中国文化，同时还可增强他们使用中文的自信心和适应性，帮助他们克服对陌生环境、语言和文化的焦虑和恐惧心理，尽快地融入四川社会生活中去。

# B.5
# 四川省职业教育产教融合
# 人才培养模式创新研究

李晖　罗燕　魏会超　邓玉婷*

摘　要：　产教融合是在广泛借鉴和吸收发达国家职业教育的人才培养
经验，并结合中国实际提出的，是加快现代职业教育发展的
重要指导思想。在职业教育整体不适应产业需求和发展的大
背景下，多方教育行业的研究人员针对四川省的现状，通过
近几年产教融合的成功案例，提出了创新人才培养模式，"多
层次""多元化"和"多维度"的解决措施。

关键词：　产教融合　职业教育　人才培养　模式创新

《国家中长期教育改革和发展规划纲要（2010～2020年)》确立了职业
教育发展目标："到2020年，基本实现教育现代化，基本形成学习型社会，
进入人力资源强国行列。"在职业教育初期，探求职业教育人才培养模式成
为当今的热点。国家为此也推行了一些举措，2006年教育部出台了《关于
全面提高高等职业教育教学质量的若干意见》（教高〔2006〕16号)，归纳
和指导职业教育发展目标和方向，职业教育也得到了蓬勃发展，并趋向统一

---

* 李晖（1981～），男，四川阆中人，深圳国泰安教育技术股份有限公司四川分公司总经理；
罗燕（1986～），女，重庆铜梁人，深圳国泰安职业教育与产业发展研究院研究员；魏会超
（1981～），男，河北邢台，四川交通职业技术学院讲师；邓玉婷（1993～），女，四川眉山
人，深圳国泰安职业教育与产业发展研究院助理研究员。

化。但近几年职业教育在发展中也遇到了瓶颈，生源质量严重下降，人才培养的技能标准脱离了市场岗位需求，人才培养质量达不到行业和企业用人标准。传统职业教育也不适应"中国制造2025"下对复合技能型人才的需求①。为了实现"两个一百年"奋斗目标提供人才保障，进一步推动职业教育健康发展，2014年5月国务院下发了《关于加快现代职业教育的决定》（国发〔2014〕19号）。明确"加快现代职业教育体系建设，深化产教融合、校企合作，培养数以亿计的高素质劳动者和技术技能人才"，"到2020年，形成适应发展需求、产教深度融合、中职高职衔接、职业教育与普通教育相互沟通，体现终身教育理念，具有中国特色、世界水平的现代职业教育体系"。② 产教融合是在广泛借鉴和吸收发达国家职业教育的人才培养经验并结合中国实际提出的、加快现代职业教育发展的重要指导思想。中共十九大报告提出：完善职业教育和培训体系，深化产教融合、校企合作。这给中国职业教育的未来发展做出了清晰的定位，也意味着职业教育的新时代来了。

## 一 "产教融合"的内涵

产教融合中"产"是指"产业"，"教"是指"教育"，这里特指职业教育，即产教融合是产业系统与教育系统相互融合而形成的有机整体。具体来讲，产教融合是教育部门（主要是院校）与产业部门（行业、企业）在社会范围内，充分依托各自的优势资源，以互信和合约为基础，以服务经济转型和满足需求为出发点，以协同育人为核心，以合作共赢为动力，以校企合作为主线，以项目合作、技术转移以及共同开发为载体，以文化共融为支撑的产业、教育内部及之间各要素的优化组合和高度融合，各参与主体相互配合的一种经济教育活动方式。产教融合就是职业教育与产业深度合作，是

① 鲁昕：《引领职业教育科学发展系统培养高端技能型人才——高等职业教育引领职业教育科学发展战略研讨班的讲话》，2011年6月8日。
② 国务院：《国务院关于加快发展现代职业教育的决定》，国发〔2014〕19号。

职业院校为提高其人才培养质量而与行业企业开展的深度合作①。

近 20 多年教育界有关于职业教育发展的文件中提到过"校企合作""产学合作""产学研合作"和"产教结合"等诸多与"产教融合"相关的概念，从提法上的不同也反映了中国教育跟上了社会的发展，与时俱进。从合作到结合、结合到融合，认知的深度和广度在不断提高。"融合"反映了主体之间关系更加密切，是合为一体、相互融化成为一体的关系。反映了产业升级转型和高职教育内涵式发展进程中"产业"与"教育"水乳交融、互为因果的逻辑必然。"产教融合"传达出一些新的理念和导向，在合作主体上，企业、产业的人才培养的作用定位上不应再处于配合和支持地位，而应该和院校是平等关系，双方负有同样的培养高职教育人才的责任（尽管企业的责任目前还缺乏明晰的法律约束，并在一个相对较长的时间内难以实现）；在合作层次方面，无论是一个产业还是一个具体的企业，与教育的合作将不仅仅是培养技术技能人才的合作，将由此延伸到产业的整个价值链，是两类具有高度互补性资源之间的全要素、全方位的集成整合和一体化合作，是利益共同体和发展共同体。

我国的职业教育的宗旨是培养一批围绕生产、服务一线的技能型人才，这批人才投入行业、企业，不单单拥有知识技能，还要有适应职业变化的素质能力。当今的社会是瞬息变化的，产业在不断转型升级，科技在不断进步，在国家提出的"一带一路""中国制造 2025"的战略，国家对职业教育人才的需求是迫切的。同时，在职业教育人才培养中自然而然出现了新定义——多元化技能应用型人才，势必产教深度融合，成为职业教育发展的必经之路。产教融合的举措一直受到党中央国务院和各地政府的关注，产教融合多年以来还只是各级教育部门和各级院校的主动行为，而产业、行业、企业缺乏主动性，被动地参与进来。理所当然，国家出台的新举措，没有得到法律层面的机制保障，行业企业缺乏动力在职业教育方面作出努力，难以达

---

① 杨善江：《产教融合：产业深度转型下现代职业教育发展的必由之路》，《教育与职业》2014 年第 33 期。

成双方的"切入点"和"需求点"①。

近年来，国家对职业教育日益重视，为了更好地实现产教融合工程建设，从中央到地方搭建了产教融合平台，2010～2013年，由国家教育部牵头，成立了53个职业教育的行业指导委员会，主要负责研究经济发展和产业不断升级下行业岗位变化和人才需求的影响，提出新的职业教育发展思路和理念，共同指导职业院校与企业合作，校企一体化和职业教育集团建设，从国家层面搭建了产业与院校融合的渠道。

当前，职业教育的产教融合迎来更好的发展机会，从过去的教育部门为主搭建产业与职业教育融合平台，演变到从中央政府层面来着手规划产教融合实质性的下一步。

## 二 四川省职业教育领域产教融合的现状分析

四川省是一个职业教育大省，拥有近500所的职业院校资源，近几年国家发布多次关于职业教育发展的文件，引导地方进行职业教育改革大浪潮，而产教融合这一举措成为职业教育改革发展的重要手段。四川省内的许多院校纷纷与企业开展了不同层面的合作，利用企业的资源优势，将专业、课程设置与企业实际工作紧密结合，解决人才培养、实习就业问题，在一定程度上提高了职业教育的质量与学生的职业能力。

在各地方，各级院校依托当地的行业指导委员会、职教集团、创新职教园区建立产教融合、校企合作的通道，在区域职业教育与产业对接、人才培养模式改革等方面做出了一定的成效，例如：四川工程职业技术学院先后与德阳市政府、中科院成都分院共建"德阳中科先进制造创新育成中心"，与中航工业北京航材院、中国二重共建"航空材料检验检测中心"，与德国KUKA、成都环龙共建"四川省工业机器人应用创新中心"；四川工业科技学院以建立生产性实训基地的方式推进产教融合，如建立独立法人，工商注

---

① 陈凯：《职业教育产教融合现状分析》，《教育导刊月刊》2015年第9期。

册的一类汽车大修企业川工汽车大修厂、川工汽车检测公司、山水美地电子商务公司、四川盈佳置业公司等企业，让学生置身于真实的生产经营环境，实现了工作和学习、授业和生产的无缝对接。

## （一）四川省内职业院校产教融合校企合作的方式

### 1. "单一"校企合作

企业在校企合作方面处于"提供方"，"单一合作"主要是指提供生产要素和契约式合作，一方面，为职业院校提供单一的生产要素，如资金支持、设备、技术、场地等。这更多是根据校方的需求而设定的。不参与整个教学计划及教学课程的制定，学校仍然承担大部分的培养任务。比如校内外实训基地、生产性实训基地建设中，会引入企业进入实训实践。如成都工贸职业技术学院。另一方面，与学校达成"订单"合作模式，以企业的用人标准与学校人才培养达成无缝链接，双方签署协议，即契约式合作。四川城市职业学院以企业需求为主导，学校以"招生即招工、入校即入企、校企双师共同培养"为主线，先后开设"四川蓝光嘉宝订单班""成都地铁订单班""蒙牛集团订单班""京东订单班"等20个知名企业订单班，订单培养学生人数约占学生总数的20%，受益学生已达3000多人。解决了部分学生实习就业问题。

### 2. "多层次"校企合作

产教融合参与的两主体，共同担任培养育人的任务，企业要参与研究和制定培养目标、教学计划、课程设置和教学方式，而且企业还承担重要的环节——与生产部门结合的实践培养任务。企业方站在产业的角度提出人才的培养需求，结合学校方现有的教学资源，形成课程改革与创新，制定适合当前经济发展的人才标准。达成企业和学校深入融合的局面。成都职业技术学院就是典型代表。

成都职业技术学院与成都国际商贸城共建的"城中校"电子商务人才培养模式，"城中校"是在成都国际商贸城内建设一所电商大学，将教学、实训、实习、创业等放到商城内进行。通过3年骨干高职院校建设，成都职业技术学院与伊厦成都国际商贸城共同完成了"城中校"。商城方提供建设面积约 700 平方米的两间场地，配套的办公、教学桌椅、电话、网络、住宿等，学院提供教学电脑、商品摄影棚、教学触摸屏、教学及管理团队等。"城中校"成立理事会组织架构，对学校采用多主体共同育人运行机制，"O2O"（线上＋线下）校企教育团队培训机制、"商铺 E 店"实训基地共建共享机制、基于项目孵化器的技术服务合作发展机制充分发挥企业和院校的多方优势，开展共同育人，有力推动了教学、科研、创业、服务等项目，促进传统商贸业态的升级换代。

3. "政、行、企、校"联动合作

打破部门、行业、地域和所有制界限，人才共培共育为基础，以政、行、企、校四方互助为目的，整合各方资源服务当地经济社会发展，在财政、土地、招生、就业、税收、贷款等方面政府予以政策扶持，积极创新体制机制和探索与实践人才培养模式，走出一条"合作办学、合作育人、合作就业、合作发展"的政校企融合办学的新路子，实现了地方、园区、企业、学院、学生的多方互利共赢。四川工程职业技术学院经济和信息化工作委员会和德阳市政府组织学校与四川 100 个大企业和 10 个特色产业园区对接，牵头组建全国行指委高端装备制造业职教集团，建立由行业企业和学校组成的专业（群）建设指导委员会。实现"政府主导，专业设置与产业发展对接；行业引领，人才培养方案与岗位职业要求对接；企业参与，教学内容更新与企业技术进步对接"。在省经信委和德阳市委、市政府的支持下，按照"体制创新、省市共建、产业对接、校企合作"原则，规划 497 亩地，投入 6 亿元，与行业、企业共建"四川工程产学研园"，将行业技术中心、中小企业服务平台、小微企业孵化器、研试中心等公共服务平台引入园区，建立人才培养、技术服务、科技创新和大学生创新创业等协同服务体系。

四川工业科技学院、德阳通用职教集团，依托罗江县政府将产教融合作为当地高等职教园区的发展理念，积极顺应德阳重装基地、绵阳科技城产业发展的需要，加快科技成果转化，促进职业教育与社会需求紧密对接，为学生未来发展奠定基础，为院校持续发展注入活力，为企业人才需求提供保障，为经济社会发展提供动力源泉。

## （二）四川省内职业院校产教融合校企合作的成效和特色

**1. 从示范型院校特色专业出发，大举实现校企合作，引领其他院校效仿学习**

这几年国家教育部在职业教育中的举措大家是有目共睹的，从全国示范校提出，到省市高职示范校、骨干校，这些示范校代表着职业教育的发展方向，而产教融合工程也率先由他们开始探索、总结、创新。四川职业教育的高职示范校充当了重要角色，如四川交通职业技术学院与中兴通讯合作建设智慧交通云服务数据监控与应用开发系统及基于射频识别技术（RFID）的电子车牌系统项目、与北汽银翔合作建立校内实训室，企业赠予学校 5 辆汽车，已投入教学使用；四川工业科技学院电子信息工程学院与成都达内科技有限公司合作开展"优才成长计划"项目，在学生专业能力培养、实习实训、课程转换、线上线下学习辅导、创新能力培养、就业保障等方面深度合作，并在校内建立专用实验实训室，共同提升电子信息工程专业办学特色；四川工业科技学院旅游学院与岷山饭店、龙之梦酒店双方签订校企合作协议，并在人才培养、实习实训基地建设、实践教育教学和企业文化教育平台搭建等多个方面展开了合作。特色的专业与企业共同，才能充分实现资源的最优配置，起到引领作用。四川职业教育产教融合工程在一边探索一边效仿中慢慢实现，截至目前，大部分院校围绕地方特色产业开展从浅到深、从单一专业到多个专业进行校企合作，在一定程度上解决了职业教育问题。

**2. 以"工匠精神"推进产教融合，开展校企合作，共同育人**

工匠精神的目标是打造其他行业无法匹敌的卓越产品。四川职业教育在人才培养方面注重"工匠精神"，四川建筑职业技术学院以培养与市场相匹配的高素质职业人才为目标，如何改善"工艺"、雕琢"精品"，学校引企入校，开展联合培养。迅达（中国）电梯有限公司是世界第一大自动扶梯生产商、第二大电梯生产商。2012 年，四川建筑职业技术学院开办电梯工程技术专业引企入校，企业投入了 430 万元设备建立了电梯实训室。目前世界最新一代器材和产品，都可以在四川建筑职业技术学院看到。双方共建共管的这个实训室，不仅能"工学结合"培养学生，同时，又开展职业技能竞赛、培训及鉴定。近三年多来，培训学生和员工共计5260余人次。从这个实训室走出的学生考取"电梯操作证"，过关率接近100%。通过校企之间的"绿色通道"，连续三届毕业生中的80%去了迅达（中国）电梯有限公司就业。该公司成都分公司总经理对这些学生给予了高度的认可，与迅达公司的联合培养模式，被新华社记者作为职业教育与产业深度融合、改革创新的经典案例，写进调查报告，认为其"建立了以市场为导向的共担机制，结成事业发展、利益共同体，解决了企业参与合作'缺动力'的根本性问题"。

**3. 围绕四川特色产业，积极探索创新模式，建设职教园区，促进产教融合**

近年四川大力发展现代职业教育，推进职业教育向规模化、集约化发展，积极探索新的校企合作模式，包括高职综合改革试验区建设、职教园区建设，职教联盟集团建立，部分地市区域已经积极推进。

四川德阳以当地企业产业为依托，大力推进产教融合进程，成为四川唯一的职业教育改革示范区，国家高等职业教育综合改革试验区。主要设立了以四川建筑职业技术学院为主体的四川建设职教集团、以四川航天职业技术学院为主体的四川航天职教联盟、以四川工业科技学院为主体的四川现代服务职教联盟、以四川司法警官职业学院为主体的四川安防职教联盟、以四川省商贸学校为主体的德阳汽车职业教育联盟，吸纳行业协会、大中型企业、科研院所共同参与，成为政府推动、行业指导、企业社会参与、中高职衔接的职业教育集团化发展的典型范例，增强了职业院校服务经济社会的能力。

达州地区加大建设职教园区力度，规划建设西南职教园区，逐步整合、吸纳各级职教资源入园办学，成立了川东职业教育联盟，吸收川渝两地"政、行、校、企"成员单位53家，逐步建立职业教育优势互补、互惠互利、共同发展的合作交流机制，积极引进和吸收联盟职业教育成果。

泸州地区由泸州职业技术学院牵头组建泸州商贸职教集团，由泸州市及周边区域开设商贸类专业的中高职院校、培训机构、商贸企业自愿加入形成多边合作组织，以推进泸州商贸发展为目标，以人才共培共育为基础，以政、行、企、校四方互助为目的，整合各方资源，形成整体优势，提升商贸类专业职业教育的综合实力，为泸州市和周边区域商贸业发展服务。

自贡市职业教育也以"产教融合"为主线，建立"政府主导、行业引领、政校企互动"办学机制，全面整合校企优势资源，通过协作、参股、转让、托管、租赁、捐赠等方式，引导企业参与建立职业教育集团。

## （三）四川省职业院校产教融合、校企合作存在的问题

### 1. 合作双方在校企合作上并没有完善的人才培养体系

大部分院校与企业达成校企合作并没有从根本上改变人才的培养模式，把人才的培养停留在表面，学校引进企业，很大目的是提高学生就业率，并没有真正解决校企协同育人的人才培养创新模式，没有完善人才培养体系，双方的融合并没有达到预期的效果。

### 2. 学校与企业合作意愿高，合作质量低

与低认知密切相关的是，校企合作意愿高于实际情况，合作质量低。这主要表现在两个方面。首先，校企双方均表现出较高的合作意愿，但实际参与合作的企业较少，学校的积极性高于企业。其次，校企合作程度低、质量低，即部分企业虽然表现出较高的参与意愿，却由于参与程度低，导致合作质量低，满意度同样低，均未达到双方期望值。

### 3. 有效供给不足，政策实施不力，缺乏协调服务平台

从供给的角度考察，校企合作的有效实施，需要学校与企业积极参与，还需要外部组织或中介为合作营造环境、提供平台等众多条件，保障有效供给。然而，在目前情况下，除政府政策供给充足外，其他条件尚在建设之中，无法满足校企合作的需要。即便有充足的政策供给，但存在与实践融通的问题，实施效果有待检验。加之，学校与企业之间缺少协调服务平台，使得合作双方各行其是：学校考虑的是解决学生实习与就业问题，企业考虑的则是获得对口劳动力、降低生产成本；合作虽然在进行，却有偏离育人方向之虞，给长期、深入、有效合作埋下隐患。同时，由于缺乏协调服务平台，无法对整个行业进行统筹，校企合作多以企业与学校的点对点的形式存在，

成功经验难以有效推广。总体而言，校企合作虽然得到认可，有效供给却明显不足，降低了校企合作的普及性和实效性。

纵观四川省职业教育改革发展来看，近几年提出的国家级示范校、省高职示范校、骨干院校等建设，促使职业教育有了新的改观，但在产教融合方面远远低于预期的效果，并没有真正地实现产业和教育的深度融合，地方区域要实现产教融合人才培养的最大痛点就是"融合"，融合并不是单一的企业、院校和政府三方参与进行人才的培养，更多的是深层次地融入专业与产业对接、课程内容与职业标准对接、教学过程与生产过程对接等，实现人才培养的内涵建设。停留在表面上的融合只是形式，并没有根本性地解决当前职业教育的瓶颈。参与两主体必须要从观念和行动上突破，结合人才培养创新模式，才能改变这样的局面。

## 三 四川省产教融合人才培养模式创新

### （一）构建多层次灵活的知识体系

职业教育培养的对象是生产型技能型应用人才，满足当前产业发展所需要的人才。当今社会，企业和学校面临一个头痛的难题"企业招不到合适的人才，学生找不到适合的岗位"，人才的供需严重失衡，矛盾日益尖锐，根本性的问题出现在哪？是我们人才教学标准还处于传统的人才培养，对人才的定位与产业发展出现脱节。大数据、人工智能、移动互联、3D打印等新兴产业的出现，产业的"重新定义"倒逼必然使职业教育迭代升级，高职院校的传统专业，如市场营销、电子商务、计算机技术、机械制造，在大数据时代必将脱胎换骨，人才与产业的对接这就决定了产业与教育如何实现真正的"融合"。产业的更迭发展是通过企业反映，学校的人才培养要与企业密切对接，产业的不断发展，同样要求学校人才需求的变化，从而归结在学校的人才培养的知识体系，面对这样发展迅猛的经济环境，企业与院校展开真正的合作，对传统的人才培养定位进行修订，调整课程结构，制定多层次灵活的知识体系，除了加大实训实践的课程外，融入新概念。比如，"专业＋互联网""专业＋创新创业""专业＋大数据"，这样才能真正做到产教融合。近两年比较火热的金融＋互联网、养老医疗＋互联网、金融＋大数据等等。

（二）重视技能实操，强调职业素养培养，制定多元化的评价体系

在第四届中国职业教育创新发展大会暨"一带一路"与职业教育国际峰会上，全国人大常委会委员、全国人大教科文卫委员会副主任委员、民进中央副主席王佐书在会上指出，所谓的工匠精神培养，即是技能与人的品格两部分构成，强调"一全二精"职业教育人才培养，"一全"指全人格，职业综合素养。当今社会，对人才的需求并不是单一的专业技能，而是具备职业综合素质能力，在院校传统教学上，一般开设的课程分为通用或基础课程、专业课程、核心课程，传统的教学方式是重视专业核心技能课程的培养，对我们现在社会需要的综合素质能力培养却很弱化，对素质综合培养的素质培养并不是单单开设一些课程就能实现，当前提出的与企业合作协同育人，更大程度是为了解决职业教育专业技能培养问题。大部分学生毕业后一般会进入企业工作，脱离学校单纯的学习环境而投入复杂的工作环境中去，然而在企业的工作环境下，除了专业技能，更多的是职业素质能力，能够适应工作的千变万化。同样，这也决定了学生的职业生涯。正因如此，在院校人才培养模式下，选择与企业合作，给学生提供一个新的环境，在真实的工作环境中真刀真枪地实干真做，这是教学计划的组成部分，是在教师指导下有目的、有组织、有要求的教学活动。在实践过程中，专业能力的学习和通用能力的学习融为一体，使全面素质教育和综合职业能力培养真正落到实处。企业不以产品质量和成本效益为测量学业水平的主要依据，而是加入职业综合素质能力的评估，建立多元化的以实践技能为主要评价维度的学生评价结构。

（三）多维度"专业＋岗位群"实训实践模式

国内现在产教融合人才培养模式提的比较多的是"校内外生产性实训

基地""校中厂""厂中校"，体现的是做中学、学中做，工学一体化的人才培养模式，提升学生专业技能。无可厚非，实现了产业与教育的融合。回望当今社会的人才需求，对技能复合型人才需求才是真正所需，而学生要适应千变万化的社会，掌握的技能并能支撑在企业中长期走下去的，就是职业岗位群能力的培养。在教学上就是专业+岗位群。所谓职业岗位群，是指职业岗位群体所包括职业岗位互相联系的一个职业系统。当今世界的知识更迭迅猛，岗位也随之变动，2010年在百度搜索当前最热门的岗位，在2016年，所有的岗位都被取代。作为企业，快速敏感抓住市场适应的岗位，对岗位技能标准和岗位设置提出人才培养新要求，学校和企业共同策划学生的教学目标、课程设置、实训实践。在实训实践中重视岗位群的培养和训练，用完善的人才评价机制做保障，培养技能复合型人才。

（四）企业与学校多方位合作，实现职业终身教育

经常提到的职业教育，一般是指对在校学生进行生产技能及知识的教育。培养的学生能够投入企业中去，为企业创造价值，进而为中国的经济发展做出贡献。为了培养与社会需求相匹配，与产业无缝对接的人才，国家提出了产教融合的发展思路。确实职业教育需要改革和创新，需要企业加入共同努力，其实这个概念有它的界限，针对的是在校学生的培养，却忽略了职场上职业人的再继续培养。所谓"职业"就是工作，在校学生培养的工作并不是在毕业后投入工作就终结，其实这才是职业的开始，而职业教育也同步存在。现在地方人社部门发布的人才再就业培训、岗位技能培训、返乡农民工培训等等，都是解决当前人口就业、技能提升问题。而人社部门把这样重要的培养工作一般下放到部分院校，共同完成任务。而学校仍保持的教育人的本职来接收任务，学校的优势是培养学生，对职业人、社会人的技能培训应该依靠企业，企业在衡量人才评价中占有重要的地位，学生的在校培养需要与企业共同完成培养，而职业教育再继续培养更需要企业，职业教育才会可持续地发展下去，才会创造更多的人口红利。

### （五）打造新型职教产校融合园区，实现"1+5模式"

结合"一带一路"职教高铁计划，在四川省内建立多个新型职教产校融合园区，并全面实施实现"1+5"人才培养模式。"1"就是职业教育体系的创新，构建区域创新的现代职业教育体系，创新办学理念、体制机制、人才培养体系等。"5"就是"产学研训创"联动。产，是职业院校与产业相结合，院校建设在产业园区里面，或者职业院校里面形成产业园区；学，是教学；研，是产业或技术研究及研发中心；训，是技能人才实训与培训基地；创，是创业创新孵化基地。职业院校办在产业园里面或者产业园区直接进入职业院校，这就真正抓住了"工学"融合。通过产校融合模式，建立产校协同创新体系，打造区域产业发展与职业教育深度融合的新平台，建立以职业教育、以区域产业发展为目标；以创新职业院校管理机制，调动教师与学生积极性和主动性为驱动；以创新政校企新型合作模式，整合各类资源深入运营、合作发展为关键点和落脚点的共赢平台。

### （六）职业教育必须与最新技术，产业发展相适应并具有前瞻性

伴随着中国制造要从合格制造向精品制造、优质制造的转变，中国的职业教育也必须完成从粗放、低端向精品职教和优质职教的上升过程，不仅要使学生适应今天的岗位、工种或职业的要求，而且还要让他们适应未来技术发展的趋势，用明天的技术来武装今天的劳动者，培养能够满足我国新型工业化、信息化、城镇化和农业现代化的"新四化"要求，职业教育也同样必须满足面向未来的总体要求。

当前科学技术飞速发展，"互联网+"颠覆众多传统产业，云计算、大数据、物联网、人工智能等新兴产业技术，正在引领各个产业与行业变革，当前背景下职业教育专业建设和课程体系必须随之转变。新技术时代除了对传统的学习方式产生巨大冲击之外，对在这一大背景下的职业教育专业建设和课程体系也产生了巨大的冲击，职业院校同样要顺应技术发展趋势，自觉理解吸收消化"新技术+产业"的产业发展新思路，开辟职业

院校专业建设和课程体系开发的新篇章，满足最新技术与产业发展的人才需求。

## 四　四川省产教融合人才培养保障机制

在近几年的职业教育发展过程中，产教融合仍然处于表面形式，而离真正的融合相差甚远，参与两主体"企业"和"院校"缺乏融合的主动性和信心，两主体在融合中扮演的角色定位很模糊。企业在职业教育中主体作用还没有得到充分发挥，由于缺乏明确的、具体的产教融合、校企合作政策规定，对企业的责权利界定不清，企业对职业教育的支持难以得到应有的回报，还要承担师生在实习环节发生安全事故的风险，造成大多数企业参与的积极性并不高。职业院校引企入校同样面临政策障碍。由于缺乏国有资产管理、利益风险分担等实施细则，一些院校开展的引企入校探索和构建"校中厂"模式在审计中被质疑存在国有资产流失等问题，诸多的问题都需要解决，要实现真正的产教融合，必须要有完善的保障机制。

### （一）改变参与主体的观念

在产教融合过程中，学校仍然承担职业教育重任，企业加入人才培养的过程中，能否真正起到人才培养质量的作用，学校和企业能真正和平共处支持职业教育吗？而企业作为一个经济单位，必然要追求自身利益的最大化。企业需要的是合格的人才，并为他们提供报酬，培养人才在他们看来似乎应该是国家和社会的事情。这种社会责任感的缺失导致整个社会缺乏将"人才培养视为己任"的大环境，从国家"计划"到"市场"经济转型下，传统的旧体制已经不适应当前市场经济的发展，而我们的教育理念也应该随之改变，而企业需要的人才不再是标准化人才，更多是适应当前产业发展的新型人才，所以企业和学校要破旧陈新，支持职业教育改革。

## （二）法律和政策的保障

加快推进《职业教育法》《公司法》《国有企业法》相关内容在实施中的协调；有关部门要加快研究职业教育校企合作办学的具体模式，明确政府、学校和企业应该承担的发展职业教育的责任和权利，细化鼓励企业参与职业教育办学的激励政策。如对参与职业教育办学的企业进行信誉资质评估，授予"教育企业"的荣誉；通过减税、补贴、减免等措施，用于企业对职业教育做出支持和贡献的补助和奖励；通过设立校企合作专项资金，对企业建立职业教育实训基地给予一定经费支持；企业招收职业学校学生可免一年社保费等[1]。

## （三）借助地方政府力量，牵线搭桥促进校企合作

当前部分职业院校缺乏行业资源，而且也缺乏对合作企业的评估标准，以致造成部分院校校企合作方面存在表面形式，并没有从根本上解决职业教育人才培养问题。在这个问题上，作为地方政府在产教融合中扮演"指导"角色，利用地方的资源优势和政府层面的影响力，帮助学校引进产业、行业、企业，结合各级院校的特色专业进行资源配置，共同完成职业教育人才培养任务。

## （四）完善地方产教融合绩效评价体系和评估机制

地方政府可设立政产学合作的专门管理机构，统筹管理、统筹资源配置，建立稳定的投入机制。围绕区域和学校产教融合绩效目标，形成以学生、企业、学校、社会满意度和区域经济贡献度为主要标准的产教融合绩效评价体系和评估机制，注重引入第三方机构（如：教育行业）参与绩效评估，并将评估绩效与政府对院校拨款投入和校企合作专项奖励挂钩，与政府对企业的优惠激励政策和项目优先支持等挂钩。

---

① 杨进：《产教融合、校企合作需要切实机制和政策保障——在中华职业教育社"职业教育与企业发展座谈会"的发言》，2015 年。

（五）校企人力资源共享平台

校企实现人力资源的共享。校企双方根据工作需要，在一定时期内将高校教师安排到企业从事某项具体的工作或项目，将企业人士安排到高校从事学生专业技能课程的讲授工作。这样一方面为高校培养"双师型"人才提供平台，另一方面可填补企业人力资源短缺。

产教融合工程的任务任重而道远，随着近几年的职业教育改革发展，学校和企业也会面临诸多的问题，但是我国经济发展需要大量的应用技术型人才，校企联合实现产教融合始终是实现职业教育改革有效促进的途径。院校与企业在承担各自的使命与社会责任的同时，通过更加深入地融合实现双方优势的互补和互利，能够大大提高整个社会的人才培养与使用的效率，从而为社会创造出更大的财富。

# 人才引进篇

Talent Introduction

# **B**.6
# 四川国际人才竞争力对比研究

李庆　杨薇*

摘　要：　从20世纪开始，主要发达经济体便相继制定和实施了关于留
学、工作与移民等方面政策措施，以吸引国际人才，尤其是
高端国际人才。在经济飞速发展背景下，中国区域国际人才
竞争已经拉开了序幕，成都、西安、武汉等新一线城市纷纷
打响人才争夺战。当前，国际人才竞争进入新阶段，呈多元
化格局，四川正成为国际人才寻求长期发展，甚至落户安家
的新选择。四川国际人才竞争力对比研究采用综合指数评价
方法，选取相关定性指标和定量指标，与北京、上海、广东、
江苏四省份的国际人才竞争力进行比较，进而反映四川在国

---

* 李庆（1986～），男，全球化智库（CCG）人才国际化研究总监，主要从事国际人才、国际
移民、国际教育以及人才创新发展等相关领域的政策和社会研究。杨薇（1989～），女，全
球化智库（CCG）助理研究员。

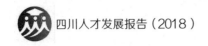

际人才竞争力的相对水平，并就四川如何提升国际人才竞争力提出相关政策建议。

关键词：　国际人才　竞争力　四川

# 一　区域国际人才竞争力的研究背景

## （一）国际人才竞争进入新的阶段

20 世纪 90 年代以来，在市场经济、互联网技术与国际合作等多方面力量的共同促进下，经济全球化发展迅速、影响广泛，极大地调动了处于不同发展阶段经济体参与全球经济发展的积极性，也为世界各国的发展与合作提供了良好的平台。然而，经济全球化所带来的资源再配置与市场化流动，给世界各国发展带来了新的挑战。一方面，发达经济体占据产业链高端区域，在经济全球化发展中具有显著的支配优势；另一方面，资源优化配置也会使全球的高端资源不断向发达经济体聚集。作为知识、技术和资本等要素的重要载体，人才资源成为衡量一个国家经济活力、创新能力和综合竞争力的重要指标。根据联合国《国际移民报告》数据，2015 年全球国际移民人数已达到 2.44 亿（见图 1），其中 20 ~ 64 岁的劳动力人口占 72%，约 58% 的人口流向高收入国家。①

党的十八大以来，以习近平同志为核心的党中央高度重视人才工作，中国引进国际人才的政策措施也取得了多项重大突破。2013 年 7 月《中华人民共和国外国人入境出境管理条例》开始实施，首次为外国高层次

---

① Table 6, International migrant stock at mid-year by age and sex and by major area, region, country or area, 2015, International migrant stock by age and sex, United Nations Global Migration Database. http：//www.un.org/en/development/desa/population/migration/data/estimates2/estimates 15.shtml.

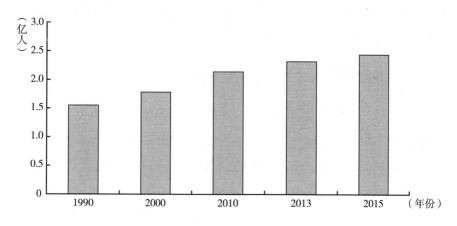

**图1　全球跨国流动人员**

资料来源：联合国经济与社会事务部 International migration。

人才设立 R 字人才签证；2016 年 2 月，中共中央办公厅、国务院办公厅
印发《关于加强外国人永久居留服务管理的意见》，对外国人永久居留
服务提出了明确要求；① 2016 年 3 月，中共中央印发了《关于深化人才发
展体制机制改革的意见》，着眼于破除束缚人才发展的思想观念和体制机
制障碍，既有对老问题的纾困指导，又有对新挑战的应对举措，是当前
和今后一个时期全国人才工作的重要指导性文件。② 习近平主席更是在不
同场合提及"人才"百余次。他在党的十九大报告中指出："人才是实现
民族振兴、赢得国际竞争主动的战略资源。要坚持党管人才原则，聚天
下英才而用之，加快建设人才强国。实行更加积极、更加开放、更加有
效的人才政策，以识才的慧眼、爱才的诚意、用才的胆识、容才的雅量、
聚才的良方，把党内和党外、国内和国外各方面优秀人才集聚到党和人
民的伟大奋斗中来，努力形成人人渴望成才、人人努力成才、人人皆可

---

① 新华社：《中共中央办公厅　国务院办公厅印发〈关于加强外国人永久居留服务管理的意
　见〉》，http://news. xinhuanet. com/politics/2016 – 02/18/c_ 1118089053. htm，最后访问时
　间：2016 年 11 月 8 日。
② 王辉耀：《聚天下英才，发力"十三五"》，http://www. gov. cn/zhengce/2016 – 04/06/content
　_ 5061499. htm，最后访问时间：2016 年 11 月 8 日。

成才、人人尽展其才的良好局面，让各类人才的创造活力竞相迸发、聪明才智充分涌流。"①

## （二）区域国际人才政策创新呈现追赶之势

经济全球化下快速发展的中国正在成为国际人才寻求长期发展，甚至落户安家的新选择，而区域国际人才竞争也已经拉开了序幕，尤其是以创新集聚或者经济特区为主的区域，更是成为国际人才突破的桥头堡。

以上海为例，为提供便捷的出入境环境、优良的居留待遇和高效的人才服务，2015 年 7 月 1 日，公安部出台支持上海科创中心建设的 12 项出入境政策，通过畅通人才申请永久居留的市场化渠道、完善从就业居留向永久居留资格的转化机制、支持外国留学生在我国高等院校毕业后直接在上海创新创业和扩大长期居留许可签发范围等措施以吸引海内外高层次人才和创新创业人员集聚上海。② 2015 年 9 月 26 日，上海《关于进一步深化人才发展体制机制改革加快推进具有全球影响力的科技创新中心建设的实施意见》（简称"人才三十条"）正式颁布，在确立更积极、开放、有效的海外人才引进政策的同时充分发挥户籍政策（居住证积分政策、居住证转办户籍政策、人才户籍直接引进政策）在国内人才引进集聚中的激励和导向作用，健全人才引进的便利化服务机制，还通过深化"双自联动"建设国际人才试验区，创建科学高效的人才管理制度，强化人才创新创业激励机制，优化创新创业的生态环境。③ 2016 年 12 月，为进一步吸引海外创新创业人才和投资者，公安部在上海再推"新十条"出入境政策新措施，在吸引海外人才创

① 习近平：《决胜全面建成小康社会　夺取新时代中国特色社会主义伟大胜利——在中国共产党第十九次全国代表大会上的报告》，中华人民共和国人民政府网，http：//www.gov.cn/zhuanti/2017-10/27/content_5234876.htm，最后访问时间：2017 年 11 月 8 日。
② 公安部出入境管理局：《公安部推出系列出入境政策支持上海科技创新中心建设》，http：//www.mps.gov.cn/n2254996/n2254999/c5013353/content.html，2015 年 8 月 24 日。
③ 《关于进一步深化人才发展体制机制改革加快推进具有全球影响力的科技创新中心建设的实施意见》，http：//www.shanghai.gov.cn/nw2/nw2314/nw2315/nw4411/u21aw1163613.html，2016 年 9 月 26 日。

新创业、方便外籍华人安居乐业、为外国学生就读和创新提供便利等方面促进上海吸引和集聚更多海外高层次人才、创新创业人才和投资者。①

在北京，2016年3月1日起，公安部推出支持北京创新发展的20项出入境政策，从外国人签证、入境出境、停留居留等方面为北京提供优良便捷的出入境环境。② 在这20项出入境政策措施中，有10项针对中关村创新发展的定位、特点和实际需求量身打造，并在中关村国际自主创新示范区先行先试，包括设立永久居留"直通车"、设立专门服务窗口、缩短审批期限、对外籍华人提供长期居留便利和实施申请永久居留优待政策、对外籍人才提供入境便利、实施外籍人才申请永久居留积分评估制度等。③ 为进一步促进开放，让更多国际人才了解北京及京津冀地区的发展情况，2017年12月28日，过境免签政策从北京航空口岸对51个国家人员实施72小时过境免签提升至在京津冀三省市出入境口岸对53个国家外国人实施144小时过境免签政策。④ 2018年2月27日，北京市出台《关于深化中关村人才管理改革构建具有国际竞争力的引才用才机制的若干措施》，从便利国际人才出入境、开放国际人才引进使用、支持国际人才兴业发展和加强国际人才服务保障四个方面出台了20条政策措施，旨在让国际人才进得来、留得下、干得好、融得进。⑤

作为改革开放的前沿和重要侨乡，广东也是区域国际人才政策突破的桥头堡之一。2016年7月，公安部推出支持广东自贸区建设及创新驱动发展

① 公安部：《"公安改革两年间"：出入境新政有力服务国家发展大局》，http：//www. mps. gov. cn/n2254098/n4904352/c5626163/content. html，2017年2月5日。
② 公安部：《公安部推出支持北京创新发展20项出入境政策措施 涉及外国人签证、入境出境、停留居留等方面将于3月1日起实施》，http：//www. mps. gov. cn/n2253534/n2253535/n2253537/c5129880/content. html，2016年1月12日。
③ 北京市人民政府：《公安部推出支持北京创新发展20项出入境政策措施解读》，http：//zhengce. beijing. gov. cn/library/192/34/35/436047/102611/index. html，2016年3月15日。
④ 公安部出入境管理局：《部分国家外国人144小时过境免签有关政策解读》，http：//www. mps. gov. cn/n2254996/n2254999/c5977739/content. html，2018年1月18日。
⑤ 新华网：《北京出台20条服务国际人才新政》，http：//www. xinhuanet. com/2018 - 02 - 27/c _ 1122461803. htm，2018年2月27日。

的 16 项出入境政策措施，涉及外国人签证、停留居留等多个方面，并首次对外籍华人申请长期签证打开了渠道。政策第 12 条规定，"在广东出生或原户籍为广东的外籍华人，可以凭探望亲属、科教文卫交流活动、洽谈商务及处理私人事务的相应证明或担保，签发有效期为 5 年以内的多次入出境签证；对在广东学习、工作、探亲以及处理私人事务需要长期居留的，可以按最新的规定签发有效期为 5 年以内的居留许可"①。可以说，这是我国出入境政策对于外籍华人认可度最高的一项突破性政策，既可以良好地延续外籍华人对祖国的思念，又可以在华人的身份上得到更多的认同感，是一次良好的尝试。

各个区域在出入境及国际人才政策方面的相继突破，既表明了各区域对国际人才的重视、有利于区域内部吸引和留住国际人才，也可见国家对国际人才的认可，推动了国家层面政策的进一步开放和创新。2017 年 1 月，人力资源和社会保障部联合外交部、教育部共同发布《关于允许外籍优秀高校毕业生在华就业有关事项的通知》（以下简称《通知》），对没有工作经验的外籍高校毕业生放开了在华就业的限制。《通知》规定，优秀外籍高校毕业生，包括在中国境内高校及境外知名高校"取得硕士及以上学位且毕业一年以内的"外国留学生和外籍毕业生，发放外国人就业许可证书，就业有效期限最长达五年。② 2017 年 3 月，为全面支持区域创新发展，公安部借鉴上海科创中心、北京中关村和广东自贸区建设经验，推出 7 项出入境政策措施，将支持来华留学生和外籍学生到中国创业实习的政策范围拓展到天津、辽宁、浙江、河南、湖北、重庆、四川、陕西自贸区、京津冀、安徽省、广东省、四川省及沈阳市、武汉市和西安市全面创新改革示范区，③ 并

---

① 中国广东政府：《16 项支持广东省自贸区建设及创新驱动发展的出入境政策措施解读》，http：//www.gz.gov.cn/gzgov/s5823/201608/67c6a237750a49528dbf30160d5a75b9.shtml，2016 年 8 月 3 日。

② 人力资源和社会保障部：《人力资源和社会保障部外交部教育部关于允许优秀外籍高校毕业生在华就业有关事项的通知》，http：//www.mohrss.gov.cn/gkml/xxgk/201701/t20170111_264214.html，2017 年 1 月 6 日。

③ 公安部：《公安部推出 7 项出入境政策措施全面支持国家有关自贸区等区域创新发展》，http：//www.mps.gov.cn/n2253534/n2253535/n2253537/c5657109/content.html，2017 年 3 月 9 日。

将私人事务类居留许可（加注"创业"）的有效期延长到两年至五年,[1] 为吸引外籍（留）学生的智力资源、促进我国高等教育产学链全球延伸提供了政策保障。2018 年 2 月 1 日起,公安部开始为外籍华人提供 5 年以内多次入境有效签证或 5 年以内居留许可,相当于 5 年"准绿卡"[2],为外籍华人提供签证、居留便利的政策"从部分试点地区上升到全国层面,体现了外籍华人受惠群体的普遍化"[3]。2018 年 3 月 13 日,十三届全国人大一次会议《国务院关于提请审议国务院机构改革方案的议案》第七条提出,将组建国家移民管理局,整合公安部出入境管理、边防检查等职责,建立健全签证管理协调机制。[4] 组建国家移民管理局,将建立规范、完善的移民体系,推动更多的国际人才来华工作、投资和创新创业。整体而言,全国层面的国际人才政策与管理机制在近两年取得一系列重大突破,为跟上国家的脚步,各区域需要进一步先行先试,促进区域国际人才竞争力的进一步提升。

## （三）四川国际人才竞争力具有较大提升空间

从中国区域国际人才竞争力综合指数来看,在 6 个维度上各 1 分（满分 6 分）的情况下,上海作为本次评估国际人才竞争力最高的区域,也仅得到 3.91 分,按照百分制来换算,仅为 65.17 分,可以说刚刚跨过及格线。北京、广东和江苏分列 2~4 位,得分分别为 3.67、3.52 和 3.37,与首位上海共同形成了中国区域国际人才竞争力的第一梯队（综合得分为 3 分及以上,见图 2）。第一梯队有一些共性,例如其区域经济发展水平都相对较高,其中江苏和广东长期位列中国 GDP 省份排名前两位,而北京、上海、广州、

[1] 中国侨网:《公安部推出 7 项出入境政策措施 实施细则在这里!》,http://www.chinaqw.com/jjkj/2017/03-10/130577.shtml,2017 年 3 月 10 日。
[2] 中华人民共和国公安部:《公安部集中推出八项出入境便利措施解读》,http://www.mps.gov.cn/n2254098/n4904352/c5983401/content.html,2018 年 1 月 22 日。
[3] 凤凰网:《中国突然宣布:外籍华人可无条件获 5 年"准绿卡"!》,http://news.ifeng.com/a/20180125/55447164_0.shtml,2018 年 1 月 25 日。
[4] 腾讯新闻:《最全国务院机构改革方案（附详细名单及职责）》,http://news.qq.com/a/20180313/017803.htm,2018 年 3 月 16 日。

深圳分别为中国经济发展的四大中心，其开放程度和发展程度都是全国最好的。因此，这四大省份对于国际人才的吸引力是不言而喻的。

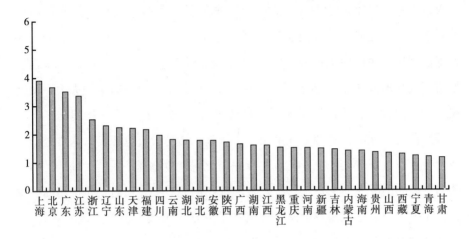

**图 2　中国区域国际人才竞争力综合指数**

资料来源：王辉耀：《中国区域国际人才竞争力报告（2017）》，社会科学文献出版社，2017。

　　四川是推动我国中西部地区发展的重要省份。在人才规模指数和人才生活指数两项二级指标上较上海、北京、广东、江苏低，作为西部地区发展较好的城市，归为竞争力第二梯队。截至 2014 年 12 月，落户四川省省会成都的《财富》世界 500 强企业达 262 家，其中境外企业 193 家、境内企业 69 家。凭借经济发展和环境优势，四川在引进国际人才方面有着相对较好的表现。四川在国际人才政策方面拥有一定基础，在国际人才结构指数、国际人才创新指数和国际人才生活指数上有较好表现。四川作为我国中西部地区国际人才综合发展情况最好的区域，应当在国际人才政策措施方面突破创新，争取成为我国中西部地区国际人才发展的破局点。四川国际人才竞争力排名第 10 位。其中，国际人才规模指数 0.07，国际人才结构指数 0.55，国际人才创新指数 0.47，国际人才政策指数 0.40，国际人才发展指数 0.03，国际人才生活指数 0.45。

　　四川省地处我国西部，川文化久负盛名，经济快速发展，对国际人才的

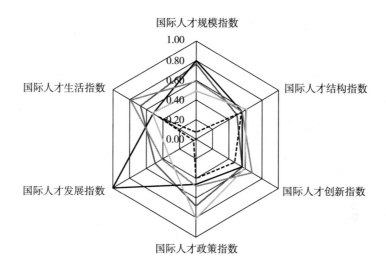

**图 3 区域人才竞争力总指标对比**

资料来源：王辉耀：《中国区域国际人才竞争力报告（2017）》，社会
科学文献出版社，2017。

吸引力日益增强，在区域人才竞争力的各项指标中表现优异。但与北京、上
海、广东、江苏等东部发达省份相比，人才竞争力排名第 10 位的四川，在
国际人才创新、国际人才发展等方面尚存不足，人才竞争力还有较大的提升
空间（见图 3）。

# 二 四川国际人才竞争力对比研究

## （一）国际人才规模指数对比

### 1. 来华留学生规模指数

四川来华留学生规模指数得分为 0.08，在全国排名第 18 位。规模指数
处于中等水平，远高于江苏和广东（见图 4）。据统计，2014 年四川来华留
学人数为 7124 人，总在校大学生人数为 75 万，比例为 0.95%。事实上，当

前来华留学生仍主要集中在北京和上海，同期来华留学生分别为74342人和55911人，分别占当地在校大学生人数的14.89%和15.33%。可以看到，在来华留学生规模方面，尤其是在建设"双一流"高校的背景下，四川高校仍有待进一步发展提升（见表1）。

表1　来华留学生人数与规模

| 项　目　　　　省　份 | 四川 | 江苏 | 上海 | 广东 | 北京 |
|---|---|---|---|---|---|
| 来华留学生数量（人） | 7124 | 23209 | 55911 | 21298 | 74342 |
| 在校大学生数量（人） | 749100 | 1012600 | 364700 | 998200 | 499300 |
| 来华留学生占当地在校大学生比例（%） | 0.95 | 2.29 | 15.33 | 2.13 | 14.89 |

资料来源：王辉耀：《中国区域国际人才竞争力报告（2017）》，社会科学文献出版社，2017。

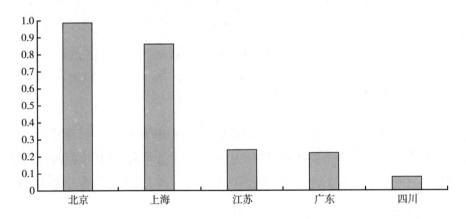

图4　来华留学生规模指数

资料来源：王辉耀：《中国区域国际人才竞争力报告（2017）》，社会科学文献出版社，2017。

**2. 境外来华工作专家规模指数**

四川境外来华工作专家规模指数为0.07，在全国排第12位。据统计，2013年四川来华工作的外国专家数量为9832人，占当地城镇单位就业人员比例为0.12%。广东得分为0.82，全国居首位，上海、江苏、北京分列第2～4位，境外来华工作专家规模指数得分分别为0.77、0.64和0.63。广东、上海、江苏、北京分列引进境外专家前四强，境外专家引进数量占全国引进总量的约70.0%（见表2，见图5）。广东作为中国改革开放的策源地，在引进境外专家数量，尤其是港澳台专家上稳居全国首位。江苏省不断加大引智力度，以科技园区为发展特色，吸引了一大批创新创业的境外专家。上海和北京作为国际化大都市，具有强大的文化和经济影响力，与国际社会交往密切，在引进国际人才方面基础实力雄厚。四川地处西部，地理位置优势较弱，要引凤来栖，需要进一步挖掘自身优势，对人才政策进行持续创新。

**表2  来华工作专家情况**

| 项目　　　　　　　省份 | 四川 | 北京 | 上海 | 广东 | 江苏 |
|---|---|---|---|---|---|
| 来华工作外国专家数量（人） | 9832 | 78093 | 88035 | 135800 | 99606 |
| 城镇单位就业人员（人） | 8462500 | 7422600 | 6188400 | 19669800 | 15032500 |
| 境外专家占当地城镇单位就业人员比例（%） | 0.12 | 1.05 | 1.42 | 0.69 | 0.66 |

资料来源：王辉耀：《中国区域国际人才竞争力报告（2017）》，社会科学文献出版社，2017。

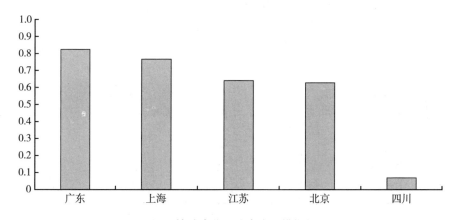

**图5  境外来华工作专家规模指数**

资料来源：王辉耀：《中国区域国际人才竞争力报告（2017）》，社会科学文献出版社，2017。

## （二）国际人才结构指数对比

### 1. 国际人才学历结构指数

国际人才学历结构指数是基于来华留学生中学历学生和境外来华工作专

家的数据基础上进行分析的，其学历结构在一定程度上反映了各省份国际人才引进的质量（见表3）。其中，该指数北京为0.52，上海为0.34，江苏为0.30，广东为0.18（见图6）。虽然四川在国际人才学历结构方面表现突出，但实际上北京、上海、广东和江苏国际人才因引进更趋市场化，且具有多样性等特征，故其国际人才学历结构指数被相应地稀释。

表3　国际人才学历结构情况

| 项　目 ＼ 省　份 | 四川 | 北京 | 上海 | 广东 | 江苏 |
|---|---|---|---|---|---|
| 硕士学历人数(人) | 545 | 5451 | 12717 | 13180 | 10826 |
| 博士学历人数(人) | 688 | 2284 | 4191 | 4317 | 2325 |
| 学历学生占来华留学生比例(%) | 47.94 | 46.15 | 29.35 | 37.64 | 47.94 |
| 境外专家硕士及以上学历人数占比(%) | 20.05 | 36.29 | 29.23 | 14.77 | 20.05 |

资料来源：王辉耀：《中国区域国际人才竞争力报告（2017）》，社会科学文献出版社，2017。

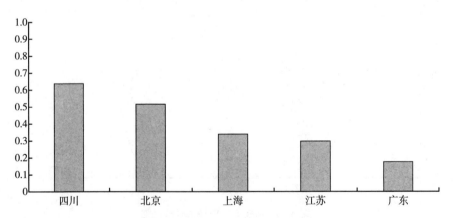

图6　国际人才学历结构指数

资料来源：王辉耀：《中国区域国际人才竞争力报告（2017）》，社会科学文献出版社，2017。

### 2. 国际人才职业结构指数

四川省境外人才职业结构指数为0.74，高于北京。北京在国际人才职业结构指数得分方面处于相对较低的位置，为0.49。江苏、广东、上海作为国际人才集聚的区域，其国际人才职业结构相对较好，其指数得分分别为0.72、0.70和0.64（见图7）。四川合同聘请境外专家占比为37.17%，北京该比例为28.94%，低于四川。北京国际人才的工作周期更多为中短期，故在聘请方式、签证类型和岗位情况在数据的反映上会有一定差距，如短期聘用过程中的引进方式、签证类型和岗位情况都会趋于便利化而从简（见表4）。

表4　国际人才职业结构

| 项　目　　省　份 | 四川 | 北京 | 上海 | 江苏 | 广东 |
|---|---|---|---|---|---|
| 合同聘请境外专家占比（%） | 37.17 | 28.94 | 58.85 | 63.44 | 65.81 |
| 工作签证入境境外专家占比(%) | 30.94 | 26.72 | 66.92 | 73.70 | 69 |
| 企业负责人、高级管理（技术）人员、科研人员占长期专家的比例(%) | 48.23 | 54.00 | 75.05 | 81.29 | 83.32 |
| 供职内资企、事业单位人数占比(%) | 88.24 | 88.39 | 20.36 | 25.46 | 16.39 |

资料来源：王辉耀：《中国区域国际人才竞争力报告（2017）》，社会科学文献出版社，2017。

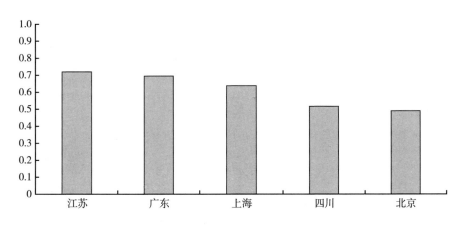

图7　国际人才职业结构指数

资料来源：王辉耀：《中国区域国际人才竞争力报告（2017）》，社会科学文献出版社，2017。

### （三）国际人才创新指数对比

#### 1. 国际人才创新基础指数

国际人才创新基础指数是对国际人才来源国的创新能力、国际人才就职行业领域的创新能力进行的评估。四川省的国际人才创新基础指数为0.4，在全国竞争力较弱。北京、广东和江苏在国际人才创新基础指数的评分也保持在相对靠前的位置，分别为0.60、0.53、0.50，四川省该指标为0.4。长期专家中31～50岁这部分人才较具有创新活力，在该年龄层人才占比中，四川为55.42%，低于以上四省份62%的平均值（见图8，见表5）。

**表5　国际人才创新基础情况**

| 项目＼省份 | 四川 | 北京 | 上海 | 广东 | 江苏 |
|---|---|---|---|---|---|
| 最具创新性国家人才占比(%) | 37.88 | 37.58 | 21.81 | 8.21 | 12.21 |
| 最具创新性行业人才占比(%) | 21.03 | 48.94 | 40.61 | 78.04 | 69.34 |
| 31～40岁年龄层人才数量(人) | 712 | 5938 | 17397 | 32422 | 17201 |
| 41～50岁年龄层人才数量(人) | 775 | 7271 | 20087 | 47500 | 23440 |
| 长期专家中31～50岁年龄层人才占比(%) | 55.42 | 61.97 | 64.79 | 67.46 | 61.97 |

资料来源：王辉耀：《中国区域国际人才竞争力报告（2017）》，社会科学文献出版社，2017。

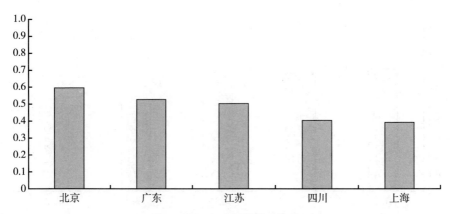

**图8　国际人才创新基础指数**

资料来源：王辉耀：《中国区域国际人才竞争力报告（2017）》，社会科学文献出版社，2017。

### 2. 国际人才创新贡献指数

国际人才创新贡献指数是对境外来华工作专家中，工作周期在 3 个月及以上的国际人才进行评估的指数，主要反映其对于行业的贡献预期。广东、上海、江苏在国际人才创新贡献指数中排名靠前，其中广东相关指数居首位，为 0.75，上海和江苏分别为 0.65 和 0.63，四川为 0.5，在全国排名靠后。据统计，2013 年在川工作时间达 6 个月以上的人才数量为 2417 人，总体比例也低于北京、上海（见图 9，见表 6）。

**表 6　国际人才创新贡献情况**

| 项　目　＼　省　份 | 四川 | 北京 | 上海 | 广东 | 江苏 |
|---|---|---|---|---|---|
| 工作时间在 6 个月以上人才数量（人） | 2417 | 20640 | 54281 | 111897 | 61895 |
| 长期专家中工作时间在 6 个月以上占比（％） | 90.09 | 96.84 | 93.83 | 94.45 | 94.38 |

资料来源：王辉耀：《中国区域国际人才竞争力报告（2017）》，社会科学文献出版社，2017。

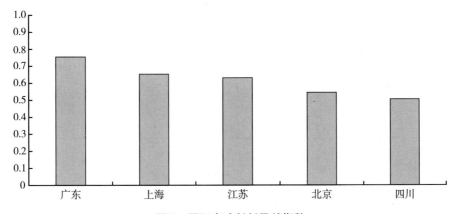

**图 9　国际人才创新贡献指数**

资料来源：王辉耀：《中国区域国际人才竞争力报告（2017）》，社会科学文献出版社，2017。

### （四）国际人才政策指数对比

#### 1. 国际人才政策创新指数

国际人才政策创新指数是对区域引进国际人才的政策创新情况进行评估

的指数，主要包括区域对于国家人才政策的顶层设计的最新落实情况，以及高层次人才引进计划和关于外国人出入境与永久居留政策突破创新的情况等，关注国际人才政策的创新突破的情况。四川该指数为0.57，在全国排名第7，处于上游水平。江苏、上海、北京在国际人才政策创新方面分数相对较高，分别为0.83、0.77和0.62，均高于四川（见图10）。

表7　国际人才政策创新情况

| 项目＼省份 | 四川 | 北京 | 上海 | 广东 | 江苏 |
|---|---|---|---|---|---|
| 引智政策顶层设计 | 2 | 2 | 3 | 1 | 2 |
| 高层次人才引进计划 | 2 | 4 | 3 | 6 | 13 |
| 出入境政策创新支持情况 | 1 | 1 | 1 | 1 | 1 |

资料来源：王辉耀：《中国区域国际人才竞争力报告（2017）》，社会科学文献出版社，2017。

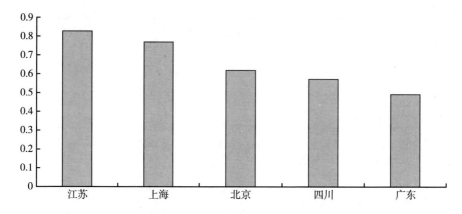

图10　国际人才政策创新指数

资料来源：王辉耀：《中国区域国际人才竞争力报告（2017）》，社会科学文献出版社，2017。

### 2.国际人才政策配套指数

国际人才政策配套指数是对区域内为落实国际人才引进与发展政策所设立的具体配套措施，主要包括国际人才创新创业发展的集聚区域建设和推动国际人才引进、交流与发展活动举办等。四川该指数得分为0.25，江苏、北京、广东在国际人才政策配套指数中分数相对较高，分别为0.80、0.74

和0.48，而上海为0.2，低于四川省。四川"侨梦苑"的建设，为国际人才到四川创业搭建了一个非常适合的平台（见图11，见表8）。

表8　国际人才政策配套情况

| 项目＼省份 | 四川 | 北京 | 上海 | 广东 | 江苏 |
|---|---|---|---|---|---|
| 留创园发展情况 | 2 | 32 | 11 | 15 | 53 |
| 海创基地发展情况 | 3 | 41 | 12 | 10 | 9 |
| 侨梦苑发展情况 | 1 | 1 | 0 | 1 | 1 |

资料来源：王辉耀：《中国区域国际人才竞争力报告（2017）》，社会科学文献出版社，2017。

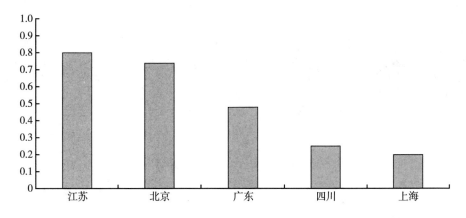

图11　国际人才政策配套指数

资料来源：王辉耀：《中国区域国际人才竞争力报告（2017）》，社会科学文献出版社，2017。

## （五）国际人才发展指数对比

### 1. 外资企业发展环境指数

外资企业发展环境指数是对外资企业以及外商投资企业发展情况的评估指数，也是对国际人才发展的重要平台的评价。改革开放以来，引进外资和外企对我国经济社会发展起到良好的促进作用，尤其是上海、江苏、广东等沿海区域。其中，上海的指数达到1，北京为0.44，广东为0.31，江苏为0.30，四川居末，得分为0.027。外商投资企业投资总额远远低于其他省份，应加大力度吸引外商投资，同时为国际人才创造创业就业条件（见图12）。

表9　外资企业发展环境情况

| 项　目　＼　省　份 | 四川 | 北京 | 上海 | 广东 | 江苏 |
|---|---|---|---|---|---|
| 外商投资企业数（户） | 10594 | 29396 | 74885 | 111169 | 53551 |
| 外商投资企业投资总额（亿美元） | 884 | 3810 | 6613 | 6443 | 7822 |

资料来源：王辉耀：《中国区域国际人才竞争力报告（2017）》，社会科学文献出版社，2017。

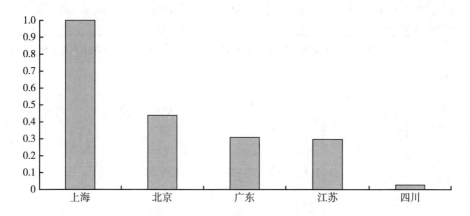

图12　外资企业发展环境指数

资料来源：王辉耀：《中国区域国际人才竞争力报告（2017）》，社会科学文献出版社，2017。

**2. 对外贸易发展环境指数**

对外贸易发展环境指数是对区域对外贸易发展情况的评估指数，也是反映区域引进国际人才的动能是来源于市场需求还是计划需求的一个重要指标。四川该指数得分为0.023，在全国排名居中。上海对外贸易发展环境指数达到最大指数值1，北京为0.57，广东为0.55，江苏为0.35（见图13）。

表10　对外贸易发展环境情况

| 项　目　＼　省　份 | 四川 | 北京 | 上海 | 广东 | 江苏 |
|---|---|---|---|---|---|
| 外商投资企业进出口总额（万美元） | 2673753 | 6516180 | 30070260 | 54274783 | 33729768 |
| 经营单位所在地进出口总额（万美元） | 5118856 | 31944057 | 44924072 | 102249568 | 54556045 |

| 项 目 \ 省 份 | 四川 | 北京 | 上海 | 广东 | 江苏 |
|---|---|---|---|---|---|
| 境内目的地和货源地进出口总额(万美元) | 4694177 | 13077544 | 42303709 | 116518848 | 58097323 |

资料来源：王辉耀：《中国区域国际人才竞争力报告（2017）》，社会科学文献出版社，2017。

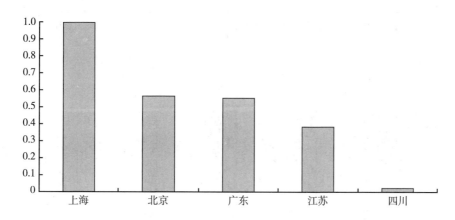

图 13　对外贸易发展环境指数

资料来源：王辉耀：《中国区域国际人才竞争力报告（2017）》，社会科学文献出版社，2017。

## （六）国际人才生活指数对比

### 1. 国际人才社会保障指数

国际人才社会保障指数是对区域对国际人才的医疗需求和子女教育需求的供给能力的评估。四川该指数得分为 0.53，在全国排名居中，低于广东、江苏、北京、山东和上海等前五位得分，该五省市得分分别为 0.92、0.75、0.73、0.72 和 0.64。其中，四川国际学校数量较其他省市少，对到川发展的国际人才的子女教育需求满足可能受限（见图 14）。

### 2. 国际人才居住环境指数

国际人才居住环境指数是对国际人才在区域居住的舒适度的评价指标，包括人口密度、空气质量、交通便利程度、人均公园绿地面积等指标（见表12）。四

表 11 国际人才社会保障情况

| 项目 \ 省份 | 四川 | 北京 | 上海 | 广东 | 江苏 |
|---|---|---|---|---|---|
| 国际学校发展情况（#学校） | 2 | 20 | 21 | 18 | 10 |
| 医疗资源分布情况（*三级医院） | 125 | 73 | 44 | 132 | 135 |

资料来源：王辉耀：《中国区域国际人才竞争力报告（2017）》，社会科学文献出版社，2017。

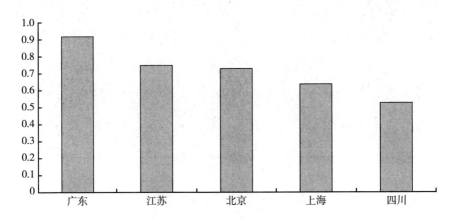

图 14 国际人才社会保障指数

资料来源：王辉耀：《中国区域国际人才竞争力报告（2017）》，社会科学文献出版社，2017。

川该指数为 0.47 分，在全国排名居中。广东、北京、江苏、上海四城市指标分别为 0.64、0.62、0.52、0.28（见图 15）。

表 12 国际人才居住环境情况

| 项目 \ 省份 | 四川 | 北京 | 上海 | 广东 | 江苏 |
|---|---|---|---|---|---|
| 空气质量指数（PM$_{2.5}$ 均值,微克/立方米） | 53.60 | 77.80 | 57.00 | 35.20 | 61.20 |
| 交通便利程度（每万人拥有公共交通车辆） | 13.52 | 24.58 | 12.36 | 13.52 | 15.81 |
| 人均公园绿地面积（平方米） | 11.96 | 16.00 | 7.62 | 17.40 | 14.55 |

资料来源：王辉耀：《中国区域国际人才竞争力报告（2017）》，社会科学文献出版社，2017。

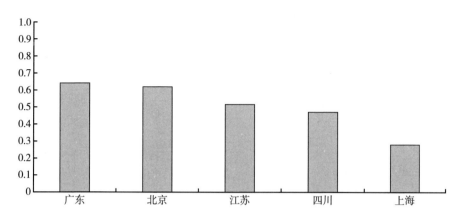

**图 15　国际人才居住环境指数**

资料来源：王辉耀：《中国区域国际人才竞争力报告（2017）》，社会科学文献出版社，2017。

### 3. 国际人才旅行指数

国际人才旅行指数是对国际人才在区域的国际出行情况和当地旅游情况进行统计的指数，在一定程度上反映了区域出行的便利情况和国际人才对区域文化的认可度。四川为 0.29，高于江苏的 0.26。广东、上海、北京居前五，其得分分别为 0.91、0.88、0.70。在国际航线数量以及接待国际游客情况上，与江苏情况持平。四川有着丰富且独具特色的旅游资源，如巴蜀文化的代表杜甫草堂，以火锅为代表的川菜文化，国宝熊猫基地等，在该指数上存在很大改善空间（见图 16）。

**表 13　国际人才旅行情况**

| 项　目＼省　份 | 四川 | 北京 | 上海 | 广东 | 江苏 |
| --- | --- | --- | --- | --- | --- |
| 国际航线数量（#通航城市） | 18 | 59 | 69 | 59 | 18 |
| 接待国际游客情况（#外国人） | 273.20 | 357.56 | 540.69 | 783.58 | 200.64 |

资料来源：王辉耀：《中国区域国际人才竞争力报告（2017）》，社会科学文献出版社，2017。

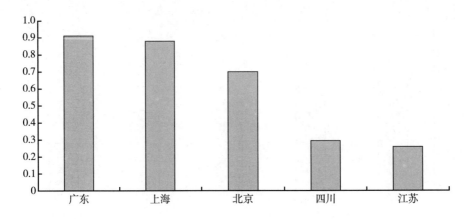

**图16 国际人才旅行指数**

资料来源：王辉耀：《中国区域国际人才竞争力报告（2017）》，社会科学文献出版社，2017。

## 三 关于提升四川国际人才竞争力的建议

（一）加大政策突破力度，发挥区域创新引领与先行先试的示范带头作用

四川省国际人才政策创新具有良好的基础，以高新区为代表的人才政策创新试验区域正在成为招才引智的重要力量，但仍然存在较大的创新空间，从而进一步发挥高新区创新引领与先行先试的示范带头作用，增强四川省国际人才的吸引力。首先，加快人才体制机制改革，采取灵活的引才机制，为吸引更多高层次留学人才回国发展并扎根四川，创造宽容的人才发展环境；其次，建立更加公平合理的评价体系与激励机制，为人才引进、使用、评价与其个人价值的实现建立更高的匹配度，并根据情况对人才进行培养与再次开发；最后，加强人才配套设施环境的建设工作，如留创园、侨梦苑等，进一步完善高层次海归人才四川落地发展的制度保障和环境建设。

目前，国际人才相关政策在北京、上海、广东等创新区域已经取得突

破。通过区域政策的学习与创新，进一步提升四川国际人才竞争力水平。随着公安部在北京、上海、广东人才新政的实施，全国范围内的国际人才政策创新突破取得了阶段性的丰硕成果。截至 2016 年 12 月 31 日，上海受理外籍人才及家属永久居留申请同比增长 6 倍，办理服务上海科技创新中心建设的各类出入境证件 31.8 万证次；北京受理外籍人才及家属永久居留申请比 2015 年增长 426%。据统计，2016 年公安部共批准 1576 名外国人在中国永久居留，较上一年度增长 163%；2016 年外国公民入出境 5653 万人次，比 2015 年增加 8.89%。① 因此，四川应紧紧抓住国际人才政策突破的机遇期，统筹设计区域国际人才出入境、居留、工作与创新创业政策等方面政策体系，进一步完善国际人才的发展通道，吸引国际人才在四川工作和生活。

此外，四川国际人才发展仍然具有较高的区域集中性，应进一步探索国际人才政策的辐射与推广模式，推动国际人才在多区域发展。目前，北京、上海、广东等区域的国际人才政策已经开始向京津冀、长三角、珠三角区域和泛区域进行辐射和推广。通过学习和借鉴相关区域国际人才政策推广经验，开展四川省创新国际人才在成渝城市群的共享机制探索，为国际人才政策在该区域范围及泛区域的推广奠定理论和实践的基础。

## （二）建立国际人才平台，打造中西部地区国际人才流动、协调与服务的枢纽

国际人才群体多样化，涉及的工作环节繁多，体量庞大，需建立多方参与的工作机制。而当前四川省国际人才开发仍以政府为主导力量，以构建框架协议为主要形式，缺少宏观统筹协调以及市场化、专业化机构的参与和多方机构的合作协调。可以通过建立有效的国际人才开发合作机制，如建立国际人才交流平台，承担建立国际人才信息库，设立和管理海外国家猎头，开展国际人才研究等职责，实现政府、企业、市场、人才的统筹协调与合理

---

① 公安部：《"公安改革两年间"：出入境新政有力服务国家发展大局》，http://www.mps.gov.cn/n2254098/n4904352/c5626163/content.html，最后访问时间：2017 年 2 月 20 日。

分配，加强人才政策的持续进行与追踪监督机制，建立国际人才合作的利益共享机制和统一的国际人才评定标准，发挥出国际人才的最大价值。

四川作为我国中西部重要的省份，其地理位置和区域发展成为连接中西部省份与东部沿海省份的重要节点。当前，"一带一路"倡议和中西部发展具有广泛需求，四川作为中西部地区国际人才发展较快，国际人才结构较好，国际人才贡献显著的区域，应当更多地发挥区域平台和枢纽作用，通过建立国际人才交流平台，为促进我国东西部国际人才的交流做出更大的贡献。

（三）加强区域软实力建设，从自然环境、城市文明和生活配套方面提升四川国际人才竞争力水平

区域软实力建设可以为国际人才提供更加舒适的生活和发展环境。当前，"大城市病"在我国区域快速发展过程中已经成为阻碍大型和特大型城市发展的重要因素。四川省地处盆地，尤其成都北侧有大巴山脉阻挡冷空气，冬暖夏凉，气候宜人，加之空气质量较好，被不少人列为宜居城市，对人才居住的吸引力更大，保持优点基础上，应缩短城市平均通勤时间，加强基础设施建设，加大城市绿化建设，让城市住行更加便捷，打造更加适宜的生活环境。同时，空气质量成为影响国际人才发展的重要因素，也是城市软实力的重要部分。

文化的多样性、包容性与独特性是国际人才融入当前社会的精神要素。四川省内的三条河流各自孕育出风格迥异的亚文化区：川西的川西南岷江流域，川南的川东南沱江流域以及川东的川东北嘉陵江流域，拥有其独特的多元文化特征。如何快速融入这完全不同且多元复杂的社会环境中，成为国际人才在川生活、工作等多方面需要解决的首要难题。因此，建议建立打造适合国际人才生活的国际化社区，开设更多的国际学校或与国外实施合作办学，对国际人才在包括子女教育、生活娱乐、社区活动、英文服务等各方面提供便利，为其到四川发展提供适宜的国际化环境，得以发挥人才集聚效应，会聚更多的人才。同时，加强社会开放性与接纳性，以便吸引更多的来自不同文化背景的人才到四川求学、发展。

# 四川省外籍人才政策
# 创新与发展现状研究

董庆前*

摘　要：　实施人才优先发展战略是四川省长期坚持的重要战略之一。随着我国全球化的发展和不断深入，作为西部发展的重要领跑者之一的四川，在这一战略的指引下，不仅在人才整体工作方面取得了重要成就，在外籍人才出入境政策创新方面，同样取得了一系列显著成效，成为新时期我国西部地区人才工作的一面旗帜。本文通过对四川外籍人才政策的梳理、出入境政策与其他地区的对比，总结出四川外籍人才工作的主要特点。最后，根据分析的结果，为下一步四川省外籍人才吸引、培育和服务等方面提出政策建议，从而推动四川人才工作的整体发展。

关键词：　人才工作　外籍人才政策　出入境新政　四川

## 一　四川外籍人才政策创新与发展成效

### （一）实现了外籍人才来川创新创业的快速增长

近年来，外籍人才的快速增长是四川外籍人才发展的一个重要成效。自

---

\* 董庆前（1985～），安徽太和人，全球化智库（CCG）专项课题研究部总监，研究员，中国社会科学院政府政策与公共管理系博士生，主要从事人才国际化、人才体制机制改革和地方人才政策等相关研究。

2012 年以来，有 798 名海外高端人才和投资额达 606 亿元的海外科技项目落户四川。截至 2017 年 9 月，四川省"千人计划"支持引进了近 800 名高端人才和 72 个顶尖团队来川创新创业，其中 262 人入选国家"千人计划"，居西部第一、全国第七①。在外籍人才、外国专家的引进方面，到 2017 年 8 月，在四川省取得居住许可的外国专家已经达到 1670 人。截至 9 月 30 日，四川省已为外国投资者和外籍人才签发贸易签证 646 人次，签发有效期为 1 年以上 5 年以下的工作或私人事务类居留许可 5532 人次②。自 2017 年启动 R 字签证以来，四川省持 R 字签证的外籍专家已达 3120 人，取得永久居住资格的外国人士也已达到 178 人。"十二五"期间，每年来川工作和交流访问的各类外国专家达 1 万人次以上，位居中西部第一。2016 年，四川全年共接待包括几内亚总统孔戴、多哥总统弗雷、尼泊尔时任总理奥利、德国副总理加布里尔等高级别团组 33 批、800 多人次，其他外宾团组 147 批，1491 人次，创历史新高③。虽然相比较北上广等外籍人才聚集大省，四川省仍有较大的提升空间，但随着四川外籍人才发展软环境不断完善以及外籍人才出入境政策持续创新，将会有越来越多的高质量外籍人才来四川省，为四川省经济社会发展提供新智慧、新动能。

## （二）形成了灵活多样的国际化外籍人才引进使用机制

灵活多样的人才机制也是目前四川外籍人才政策的一个重要创新成效。以成都市为先导，四川省积极探索建立与世界接轨的"双向离岸"柔性引才机制，将引才视野定位到全球。建立离岸创新创业基地，为海外人才提供

---

① 林凌：《第五届"千人计划"专家创新创业论坛在蓉举行》，2017 年 9 月 14 日，http：// scnews. newssc. org/system/20170914/000816950. html。

② 李家亮：《出入境新政的引智"磁力"》，2017 年 10 月 27 日，http：//www. sichuanpeace. gov. cn/system/20171027/000508147. html。

③ 四川新闻网：《5 位外国专家获"天府友谊奖"》，2017 年 9 月 13 日，http：//www. gyct. gov. cn/info/1149/81825. htm。

区内注册、海内外经营的载体①，成为对"引人才回当地工作"传统做法的创新——即海外高端人才并不一定要离开熟悉的环境，也可以继续留在海外创新创业，将成果在国内落地，这就避免了海外高层次人才受居住时间、空间区域、国籍等限制，有助于更多高层次人才和先进技术"引进来"，带动更多企业"走出去"。在成都，实施"成都人才36条"，提出依托自贸区平台，建立集创新创业服务中心、综合保税区、国际化社区等功能平台为一体的海外高层次人才创新创业园，营造"类海外"的环境。支持企业、高校在海外建立研发中心、研究院等，建立国际化众创空间、海外离岸孵化器和海外创新创业基地就地服务海外人才发展。此外，近年来四川省大规模赴外"招贤纳士"，已先后到欧美发达国家开展专项招才活动50余场，吸引了大量海外专业机构以及大批海外科技企业家来川投资创业②。

## （三）调动市场资源，提升引才精准性与高效性

四川省发挥政府引导作用，释放市场引才的潜能。从高校科研院所和大型企业入手，与海内外开展战略合作，定期开展组团赴外专项招才。对于高层次人才的评价认定，"成都人才36条"提出建立高层次人才举荐制度，由行业人才或高管充当"伯乐"认定高层次人才，发挥行业协会的用人主体作用，探索授权行业协（学）会、领军企业和新型科研机构自主认定高层次人才。同时，通过与企业、社会组织等各类市场结构建立信息共享机制，定期发布全省引进高层次人才及项目合作需求信息指南，让有意愿到四川来的外籍人才能够及时知晓有关政策。对企业通过猎头公司等人力资源服务机构成功引进符合市场导向的鼓励类岗位需求的外国人才，按企业支付给猎头公司等人力资源服务机构服务费的50%给予引才补贴③。

---

① 成都日报：《成都海外人才离岸创新创业5年最高可获5000万元支持》，2016年9月17日，http：//news.163.com/16/0917/02/C14OSSS000014AED.html。

② 林凌：《四川"千人计划"引才体系成型突出"高精尖缺"选才聚才》，2017年1月5日，http：//news.eastday.com/eastday/13news/auto/news/china/20170105/u7ai6357386.html。

③ 李丹：《成都：企业引进急需紧缺专业技术人才3年内每人每月补贴2000～3000元》，2017年9月27日，http：//www.sohu.com/a/194880418_120809。

# 二 四川省面向外籍人才的主要引智措施

## （一）注重政策融合性，推出多类外籍人才激励计划

近年来，四川围绕"千人计划"外国专家项目，先后推出了具有四川特色、覆盖外籍人才的一系列政策、措施。设立"天府高端引智计划"和"天府友谊奖"，颁发给为四川省的经济发展做出了重大贡献的外籍人才，同时及时拓展"四川省学术和技术带头人"评选对象的范围，首次将不具有中国国籍的国家级和省级"千人计划"入选者纳入了评选对象，且不受国籍和职称条件限制，这将为外籍人才提供更大的激励[1]。通过这一系列措施，实现了"千人计划"等一系列吸引海外人才的政策措施的效用最大化。同时按照"支持留学、鼓励回国、来去自由"的方针，为海外高层次人才提供便利条件（见表1）。

**表1 四川目前主要实施的外籍人才政策**

| 类别 | 时间或负责单位 | 成效 |
| --- | --- | --- |
| "天府高端引智计划" | 2013年，四川省外国专家局推出，计划重点围绕四川省建设西部经济发展高地，促进四川发展，引进外籍高层次专家、团队、急需紧缺的高层次人才；2015年四川省政府将其纳入四川省重大引智工程 | 计划实施4年来，创新培育了一大批成果，多位外籍人才获得国家科技进步二等奖、四川省科技进步一等奖等各类奖项 |
| "天府友谊奖" | 2014年四川省政府设立 | 该奖项每年评审一次，每次一般评授5人，并以省政府名义举行颁奖仪式。目前共有20名外国专家获得"天府友谊奖"。该奖项的设立，对扩大四川对外开放，吸引更多外国高端人才来川工作创业，产生了积极的效果 |

---

[1] 四川省人民政府：《"千人计划"专家可不受国籍限制参选》，2017年2月10日，http://www.cdht.gov.cn/zwgkscsrmzf/76398.jhtml。

| 类别 | 时间或负责单位 | 成效 |
|---|---|---|
| 四川省学术和技术带头人及后备人选制度 | 2017 年的第十二批评选,拓宽了评选对象的范围,首次将不具有中国国籍的国家级和省级"千人计划"入选者纳入了评选对象,且不受国籍和职称条件限制,这将为外籍人才提供更大的激励 | 在前 11 批评定工作中,遴选产生带头人 2292 名、后备人选 4211 名 |

资料来源:笔者整理。

## (二)结合自身特点,全面落实并创新外籍人才出入境政策

2017 年 3 月,公安部在全国自贸区及全面创新改革示范区推出 7 项外籍人才出入境政策措施,涉及人群包括:外籍高层次人才、外籍华人、外籍留学生以及长期在华工作人员等群体。该政策的覆盖地区很广,包括天津、辽宁、浙江、河南、湖北、重庆、四川、陕西自贸区,京津冀和安徽省、广东省、四川省及沈阳市、武汉市、西安市全面创新改革示范区。这项政策被视为 2015 年 6 月,2016 年 3 月、6 月,上海、北京和广东外籍人政策的全面推广和深化。作为政策受益地区之一,四川在积极配合国家政策的同时,又推出了 6 项具有地方特色的出入境便利措施,重点下放权限,提升政策的可操作性。10 月,成都在"13 条新政"的基础上再次扩容,出台 15 条出入境新政,新增与外专局共同会商、共同签批 5 年以内的工作类居留许可等措施。随后成都市根据自身的发展实际,开创性地设置"TF"(TALENT FIRST 人才优先)窗口,在外籍人才聚集地新建出入境服务站①,实施"家在成都"工程,这使四川省外籍人才出入境政策更加细化,灵活性、可操作性进一步增强(见表 2、见表 3)。2016 年 6 月发起的"家在成都"外籍

---

① 成都全搜索新闻网:《成都实施"绿卡"新政迎来首批外籍申请人》,2017 年 6 月 2 日,http://news.chengdu.cn/2017/0602/1881920.shtml? phone = yes。

人士生活大调查结果显示：外籍人士对成都的整体满意率超过 80%，96.0% 的被访者认为成都的生活舒适便利。

表 2　六项具有四川省特色的出入境便利措施

| 类　型 | 内　容 |
|---|---|
| 口岸签证 | 推广代申请服务至中国(四川)自由贸易试验区 |
| 受理签发权限 | 授予自贸区各片区以及全创改试验区符合条件的县级公安机关出入境管理机构外国人签证证件受理签发权限 |
| 子女办理 | 对经四川省人才主管部门认定的高层次人才,可以就近为其国籍冲突的子女办理国籍申请或出入境通行证 |
| 港澳通行证再次签注、电子往来台湾通行证再次签注 | 授予自贸区各片区以及全面创新改革试验区符合条件的县级公安机关出入境管理机构审批签发电子往来港澳通行证再次签注、电子往来台湾通行证再次签注 |
| 中介机构的设立申请 | 授予自贸区各片区以及全面创新改革试验区符合条件的县级公安机关出入境管理机构受理注册地位于本辖区范围内的因私出入境中介机构的设立申请,并对其管理、监督和检查 |
| 港澳商务备案 | 授予自贸区各片区以及全面创新改革试验区符合条件的县级公安机关出入境管理机构受理注册地位于本辖区范围内的企业机构提交的港澳商务备案 |

资料来源：周子铭：《13 项出入境政策实施外籍人才来川就业定居更便利》，2017 年 5 月 31 日，http：//scnews. newssc. org/system/20170531/000784066. html。

表 3　四川省和成都市为外籍人才提供的配套服务

| 类　别 | 主要措施 | 具体内容 |
|---|---|---|
| 四川省(面向全省) | 信息化服务平台 | 依托国家"千人计划"窗口信息服务平台,开展相关信息填报、查询、服务和监督等服务,实现人才、单位和政府窗口联网互通 |
| | 举办引才培训班 | 提升人才创新创业能力,组织他们参与"专家服务团下基层"活动 |
| | 优化服务流程 | 对引进人才实行"点对点"精准服务,基本服务和个性化服务相结合 |

| 类别 | 主要措施 | 具体内容 |
|---|---|---|
| 成都市 | 实施"家在成都"工程 | 2016 年初,成都市启动外籍人士"家在成都"工程,根据在蓉外国人员就业、居住、生活的特点,为外籍人士量身订制,全方位描绘"家的蓝图"。市政务中心办证大厅开设了"家在成都"服务窗口、编制《外籍人士在蓉办事指南》和微信公众号;发布英语版《购房及租房办事指南》;编写双语版就医、就学和涉外法律服务工作指南。开展丰富多彩的文化交流活动,增强人才认同感和归属感 |
|  | "TF"(TALENT FIRST 人才优先)窗口 | 全面开通自贸区和全面创新改革试验区各签证受理大厅,开通申请永久居留和签证证件快捷服务通道 |
|  | 新建出入境服务站 | 在人才聚集地新建出入境服务站,延伸服务平台 |

资料来源:四川省人民政府:《我省创新服务方式优质高效做好"千人计划"服务工作》,2016 年 7 月 6 日,http://www.sc.gov.cn/10462/10464/10465/10574/2016/7/6/10386987.shtml。

## (三)其他针对外籍人才的特殊支持措施

从目前来看,四川对于外籍人才的支持办法,在实施地方专项计划支持的同时,也注重通过财政、职称评审和支持事业单位引进的特殊政策等。例如,制定《四川省"百人计划"引进人才享受特定生活及工作待遇的若干政策规定》[1],对于引进华裔人才的子女报考国内非义务教育的学校,可予以加分照顾;其外国籍子女报考国内高等院校的,按照接收外国留学生有关规定优先录取。具体主要体现在以下几个方面。

财政支持:对来川创新创业的高端人才及团队,发放最高 200 万元安家补助和最高 500 万元的资助;对顶尖团队中具有重大产业化前景的战略发展项目,可给予最高 5000 万元的综合资助。对于入驻四川"侨梦苑"的侨商和侨资企业,不仅能享受"一条龙"服务,还可根据"成都·高新菁蓉人才计划"政策,获得 100 万元到 500 万元不等的创业启

---

[1] 《四川省"百人计划"引进人才享受特定生活及工作待遇的若干政策规定》,2015 年 10 月 23 日,http://www.cdht.gov.cn/cycjtzdx/2512.jhtml。

动资金[1]。对于所需引进高层次人才的高校，可借助市、省甚至国家的重大人才工程计划的资金支持，帮助引进。

职称评审绿色通道：对于海外引进人才和非公有性组织人才，四川主动开辟职称评审绿色通道，对海外引进人才、留学回国人员开展了专业技术职务任职资格评定，每年可以评审两次。对于这类人才，四川在评职称时区别化开展评价方式，不是看他们的学历资历，主要看他们的业绩和贡献，以及同行专家对他们的认可度。据统计，通道开通以来，已有40位留学回国人员获得正高或副高职称，其中正高15人，副高25名。其中5人直接破格取得了正高职称，有7人取得了副高职称[2]。

企事业单位外籍人才引进：允许采取特设岗位、人才专项编制、直接考核招聘、实行与国际接轨的薪酬制度等方式，加快引进高层次急需紧缺人才。引进人才可作为各类政府奖励候选人，对爱党爱国、代表性强、贡献突出的海外高层次人才，可在政治上作适当安排，担任领导职务。

创新创业辅导：针对海外人才创新创业中融资难的问题，搭建起了资本与项目、人才的对接平台，鼓励与支持盈创资本、洪泰智能、创客基金、名信中国成长基金、中国新三板企业家联盟、全球CEO创投俱乐部等30多家风投机构积极参与外籍人才在川创新创业提供助力[3]。成立"海创基金"和"海创学院"，其中"海创基金"服务高层次人才引进，提供高新科技项目孵化，帮助产业培育，参与"一带一路"建设，发掘跨境并购投资，合作开发产业园区等。"海创学院"针对部分海外高层次人才回国创业过程中，遇到的国内外市场环境不同、法律政策不熟、创业经验欠缺等问题，进行辅导[4]。

---

① 李新琦：《海外高层次人才涌向天府创业》，2017年9月15日，http：//sc. people. com. cn/n2/2017/0915/c345453 – 30735544. html。
② 四川在线：《四川有40位留学回国人员获得正高或副高职称》，2016年8月13日，http：//sichuan. scol. com. cn/fffy/201608/55626169. html。
③ 杨珺：《第十六届海科会签约项目资金近600亿元同比增长57%》，2017年9月13日，http：//news. sina. com. cn/o/2017 – 09 – 13/doc – ifykynia6881751. shtml。
④ 李新琦：《海外高层次人才涌向天府创业》，2017年9月15日，http：//sc. people. com. cn/n2/2017/0915/c345453 – 30735544. html。

# 三 四川外籍人才出入境政策与北上广（东）的对比

结合 2015 年以来北京、上海、广东等地的出入境政策改革，我们可以看出，四川出入境政策与这些地区的政策存在一些不同。在外籍高层次人才"绿卡"直通车渠道和外籍华人永久居留方面，四川省的有关条款与北上广的基本一致。在积分评估方面，四川要求外籍人才得分在 85 分及以上才可获得永久居留权（北京中关村 70 分及以上）。同时，也明确提出了对自贸区和全面改革试验区工作的外籍华人、创新创业的外国留学生和第三次申请办理工作类居留许可的外国人，则给予最长 5 年有效的多次往返签证和居留许可。此外，四川省还进一步下放外籍人才服务工作的权限到县（市）级政府。而广东还针对广东裔的外籍华人推出了 5 年多次往返的"小华裔卡"。除此之外，在北京、广东、上海都提到"申请实施部分国家人员 144 小时过境免签政策"，这在四川的政策中没有涉及（见表 4）。

表 4　四川与北上广（东）外籍人才政策的对比

| 项目＼省份 | 四川 | 北京 | 上海 | 广东 |
|---|---|---|---|---|
| 外籍高层次人才"绿卡"直通车渠道 | 经四川自贸区管委会等单位推荐的符合认定标准的外籍高层次人才 | 与四川省类似 | 与四川省类似 | 与四川省类似 |
| 外籍人才积分制永久居留渠道 | 以国内聘用单位支付年薪、受教育程度、工作年限、汉语水平等具体内容为依据，积分达到 85 以上的即为市场化外籍高层次人才 | 在中关村地区创新创业，经专家积分评估达 70 分的创业团队外籍成员和企业外籍技术人才 | 无 | 与北京（中关村）类似 |

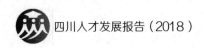

续表

| 项目＼省份 | 四川 | 北京 | 上海 | 广东 |
|---|---|---|---|---|
| 外籍华人永久居留渠道（外籍华人） | 外籍华人具有博士研究生以上学历在当地工作，或外籍华人在当地连续工作满4年、每年在我国境内实际居住累计不少于6个月 | 与四川省类似 | 与四川省类似 | 与四川省类似 |
| 就业转永久居留 | 连续两次申请办理工作类居留许可，且无违法违规问题第三次申请工作类居留许可，按规定签发有效期5年以内的工作类居留许可 | 对经北京人才主管部门认定的外籍高层次人才或者经北京科技创新主管部门认可企业聘雇并担保的行业高级专业人才（不受60周岁年龄限制），签发5年有效期的工作类居留许可（加注"人才"），工作满3年后，经单位推荐可以申请在华永久居留，并进一步缩短审批时限 | 与北京类似 | 与北京类似 |
| 工作签证 | （1）来不及在我国对外领馆签证的外籍高层次人才；（2）在当地工作、学习、探亲以及从事私人事务需长期居留的人才；（3）来当地探望亲属、洽谈商务、开展科教文卫交流活动及处理私人事务的外籍华人 | 在中关村创新创业的外籍华人（不受60周岁年龄限制） | （1）在上海工作、学习、探亲以及从事私人事务需长期居留；（2）外籍华人凭探望亲属、洽谈商务、科教文卫交流活动及处理私人事务 | 与上海类似 |

| 项　目＼省　份 | 四川 | 北京 | 上海 | 广东 |
|---|---|---|---|---|
| 创业、实习签证 | 创业：凭我国高校毕业证书申请2～5年有效的私人事务类居留许可（加注"创业"）；进行毕业实习及创新创业活动期间，被有关单位聘雇的，可以按规定办理工作类居留许可。<br>实习：对经省级公安机关出入境管理机构备案的企业邀请前来实习的境外高校外国学生，可在入境口岸申请短期私人事务签证（加注"实习"）入境进行实习活动；持其他种类签证入境的，也可在境内申请变更为短期私人事务签证（加注"实习"）进行实习活动，有效期3个月，无限次续签 | 具有在北京创新创业意愿的外国留学生，可以凭我国高校毕业证书申请2～5年有效的私人事务类居留许可（加注"创业"），进行毕业实习及创新创业活动。其间，被有关单位聘雇的，可以按规定办理工作类居留许可 | 在上海地区高校取得本科及以上学历且在"双自"地区就业的外国留学生，经自贸试验区管委会或者张江高新区管委会出具证明，可直接申请办理外国人就业手续和工作类居留许可。在国内高校毕业的具有本科及以上学历的外国留学生在上海创业，可申请有效期2年以内的私人事务类居留许可（加注"创业"），其间被有关单位聘雇的，可按照规定办理工作类居留许可。允许注册在"双自"地区的跨国公司地区总部、投资性公司和外资研发中心聘用世界知名高校应届毕业生来上海就业。探索非上海地区高校毕业的本科及以上学历外国留学生在上海就业 | 支持外籍青年学生来广东自贸区创新创业；允许外国留学生在我国高等院校毕业后进行创新创业活动 |

续表

| 项 目 \ 省 份 | 四川 | 北京 | 上海 | 广东 |
|---|---|---|---|---|
| 子女、配偶配套政策 | 已在当地连续工作满4年、每年在我国境内实际居留累计不少于6个月，有稳定生活保障和住所，工资性年收入和年缴纳个人所得税达到规定标准，允许其配偶和未成年子女随同申请 | 无（但实际执行中有） | 实施港澳居民特殊人才及家属来上海定居政策。对已获得永久居留资格或者持有工作类居留许可的外籍高层次人才和创新创业人才，为其聘雇的外籍家政服务人员签发相应期限的私人事务类居留许可 | 无 |

# 四　对四川省外籍人才政策的建议

为实现人才强省战略、构建"人才蜀道"，四川省仍需继续扩大外籍人才储备，构建一支规模宏大、结构合理、有较强竞争力的外籍人才队伍。为此，提出以下几点建议。

## （一）针对潜力型外籍人才的政策建议

### 1.进一步提升实习签证便利度

目前四川省已经关注到计划来川实习、工作或从四川高校毕业的外国学生，但短期内实习签证有效期为3个月，虽然可以无限次续签，但仍然需要一定的流程。下一步可考虑延长至6个月或1年，这样能够使外籍学生更深入地了解当地，从而提高人才驻留的比例。另外，实习签证的申请要求经过企业，且单位需要在公安部备案，无形中增加了中间环节。可以参考台湾地区2018年出台的新政策，直接由出入境机关对接申请来川学习、工作的外籍学生，这样能够大大提高审核效率。

**2. 细分外籍人才类型，形成人才梯队**

在目前的引进外籍人才标准中，四川省设置了针对重点产业急需人才的优惠政策，但在具体的签证、居留许可年限中没有得到体现。在这一点上，可以参考美国的做法。1952 年美国出台 H 类临时劳工计划，其中 H－1 签证用于吸引有突出才能的专业技术人士，H－2 签证用于吸引美国短缺的熟练劳工，H－3 签证用于吸引到美国接受技术培训的劳工①。1990 年，H－1 签证继续细分，H－1A 旨在引进美国短缺的护士，H－1B 则用于招募美国急需的科技人才。四川省可以结合当前产业结构（全省及各市县）、未来经济发展规划，对不同类型的外籍人才，提供有效期不等的签证类型，这样能够让外籍人才结构灵活调整，满足四川省当前与未来的需要。

**3. 为外籍人才提供职业规划、技能培训**

对于潜力型外籍人才，尤其是海外人才，由于他们较为年轻，尚未积累较多工作经验，对于四川的社会经济情况非常陌生，因此为他们提供有针对性的培训就非常有必要。目前，各省市都有针对大学生的就业指导课程，这一做法也可以拓展到外籍人才的引进上来。聘请具有外语授课能力的导师，帮助外籍人才了解相关政策法规、风土人情，实现与企业的对接，给予外籍人才提升自我的机会。

## （二）针对高层次外籍人才的政策建议

高层次外籍人才相较于潜力型外籍人才的引进难度更大，且通过观察近年来外籍人才引进的数据不难发现，这一群体中绝大部分都是华裔人才。对于这些高层次外籍人才在海外有稳定的工作，良好的事业发展前景，通过简单的政策宣讲难以吸引其来到中国创业、工作，并且四川省相较于北上广深等地，仍处于"赶超者"的位置。因此，机构引才、企业引才是能够实现事半功倍的途径，尤其是懂得高级人才运作规律和国际惯例的猎头公司。四

---

① 《政策话语要避免落入修辞陷阱》，2016 年 9 月 26 日，http：//blog. sina. com. cn/s/blog_
5d12eef90102wnpq. html。

川省可以设立在全球搜索海外高层次人才的猎头部门或特别工作组，专为四川省高层次外籍人才引进工作服务。在申报工作结束后，赋予当地企业更大的话语权，参与对外籍人才的评估。

### （三）整体引进外籍人才的政策建议

**1. 建立外籍人才数据库与指标评价体系**

该数据库应具备共享性和时效性，使其能成为四川省政府、科研等机构评估人才工作、使用人才的重要途径和手段，为制定外籍人才规划和外籍人才政策提供决策依据。依托数据库，落实外籍人才待遇提供服务和保障，为人才交流提供平台，特别是在充分发挥高层次外籍人才的积极作用方面，为实现四川省外籍人才信息共享奠定基础以及为今后的外籍人才工作起到导向作用。

**2. 结合外籍人才主要信息接触渠道，创新宣传方式**

根据 2014 年《外籍人才来华就业意愿调查报告》，27.89% 的被访者"抱怨流程指引不清晰，不了解咨询渠道"。过半数的受访者（51.8%）对中国目前的引才政策"并不太了解，也不知道通过什么渠道获取相关信息"[1]。针对这一问题，建议四川省加大对外籍人才就业政策的宣传力度，创新宣传方式。目前的"走出去"引才是正确的方向，但仍可以继续在早期接触可能来华的外籍人才上努力。例如，可以与外国产业结构互补的地方政府合作，进行双向人才培养、输送；在宣传渠道的选择上，侧重外国人才更常使用的 Facebook、LinkedIn 等平台，发布双语信息。而对于在川就读的外国学生，可以先与重点高校合作开展政策宣讲会。积极运用现代信息技术手段，建立集人才政策发布、供求信息交流、咨询指导服务为一体的公共信息服务平台[2]。充分实现信息资源共享，真正发挥为各类有外籍人才需求的单位服务的信息公共作用。

---

[1] 陈煜：《〈外籍人才来华就业意愿调查报告〉出炉》，《国际人才交流》2014 年第 12 期，第 50 ~ 51 页。

[2] 马魁明：《论劳务派遣的滥用现状、存在的问题及法律风险》，《管理学家》，2013。

### 3. 进一步创新出入境政策，提升软环境竞争力

外籍人才就业、创业的关键问题是评估、吸引、准入，而目前管理、服务机构，涉及外事、科技、公安、教育、人事、民政、工商、税商务、金融等各个部门①。如果四川省能够走在全国前列，将外籍人才的管理、服务、相关政策制定统一到一个管理机构，必将大大提高外籍人才的引进效率，提升四川省对于外籍人才的吸引力。

另外，外籍人才往往看重其工作环境的开放、自由，不太适应中国社会的"人情世故"。因此，四川省应着眼于创新创业氛围的营造，鼓励学术自由、研究自由、竞争自由。引才企业也应从个人成长空间、企业发展前景、整体薪酬待遇和良好工作环境四个方面着力，提升对于优秀外籍人才的整体吸引力。

在目前已有的对于外籍人才家属有关福利制度的基础上，四川省还需进一步细化针对外籍人才的配套服务，统筹其他国家级、省级人才引进计划，明确医疗、子女教育、住房等方面的资助、优惠措施，特别是子女与配偶的永久居留权问题的政策安排。

---

① 新华网：《现状、问题与政策期望——"海归"们的期冀》，2004年6月9日，http://edu. qq. com/a/20040609/000056. htm。

# B.8
# 成都校地合作型孵化园
# 人才发展创新探索

郭光辉　刘光宇　刘　红*

摘　要：　在科教兴国战略、人才强国战略、创新驱动发展战略等国家
级战略及"大众创业、万众创新"浪潮的推动下，同济大学
与成都市经济技术开发区（以下简称"成都市经开区"）达
成校地战略合作，共建"同济大学·成都龙泉国际青年创业
谷"（以下简称"同创谷"）。作为校地共建的双创孵化平台，
依托同济大学优势学科和人才资源，深挖同济大学全球校友
会资源，与本地创新创业机构及人才输出机构加强联动，为
创业人才及项目提供"精准式服务"，在创业人才及项目引
进、培育上进行了一系列探索，并初见成效。

关键词：　校地合作　人才引进　创新创业孵化　人才培育

　　创新是引领发展的第一动力，是建设现代化经济体系的战略支撑，而人
才是创新的根基，是创新的核心要素，是实现民族振兴、赢得国际竞争主动
的战略资源。党和国家高度重视创新工作和人才工作，在新近召开的中国共

---

* 郭光辉（1967～），男，四川汉源人，本科，总经理，就职于同济大学·成都龙泉国际青年
创业谷；刘光宇（1985～），男，四川宣汉人，硕士，副总经理，就职于同济大学·成都龙
泉国际青年创业谷；刘红（1986～），女，重庆铜梁人，本科，企宣主管，就职于同济大
学·成都龙泉国际青年创业谷。

产党第十九次全国代表大会上，习近平总书记提出"要加快建设创新型国家，培养造就一大批具有国际水平的战略科技人才、科技领军人才、青年科技人才和高水平创新团队"，科教兴国战略、人才强国战略、创新驱动发展战略被放在了国家发展全局的核心位置。

# 一 校地合作是双赢选择

高等学校是我国基础研究和高技术领域原始创新的主力军之一，是解决国民经济重大科技问题、实现技术转移和成果转化的生力军，是国家创新体系的重要组成部分①。服务国家和区域发展目标和战略，是我国高等学校的重要任务之一。在新的历史时期，大学特别是高水平大学肩负着推进科技创新，建设创新型国家，促进国家和区域经济社会发展的重要使命。高等教育主要包括培养人才、科学研究、服务社会和文化传承这四大功能，四者密不可分，其最终目的都将体现在服务社会上。校地合作模式将学校的教学资源和人才资源，转变为推动区域经济社会发展的智力资源，对于高校和地方而言，是一个双赢选择。一方面，能够发挥高校的人才优势和资源优势，将教学资源转变为推动经济发展的智力资源，以理论研究与创新成果回馈社会，促进地区经济、产业和项目发展，真正体现出大学的功能与成就。另一方面，高校能够深入了解社会对人才的需求情况，参照社会用人需求信号改进人才培养的结构和模式，实现经济社会发展需要和人才培养发展的有机结合。

四川正处于工业化、城镇化"双加速"的时期，四川省高度重视与高校的合作，先后与清华大学、中国人民大学等多所知名院校展开全面战略合作。2015 年 8 月，四川省与同济大学在成都签署了省校战略合作协议，双方达成在战略决策咨询合作、科技创新与合作、科技成果转移转化、教育合

---

① 杨卫：《提升创新能力，服务地方发展，向着世界一流大学的目标迈进》，《中国高校科技与产业化》2007 年第 5 期，第 12 页。

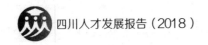

作、人才交流合作、干部交流合作、干部教育培训等七大领域展开深入合作的共识，并确定将同济大学校内创新创业平台——同创谷西部基地落户四川。

## 二 "大众创业、万众创新"时代，"双创"行业迎来春天

近年来，中国经济步入新常态，经济面对增速下行和转型升级的双重压力，迫切需要寻找和增强经济发展新驱动力，党和国家提出，经济增长方式要由传统要素、投资驱动转到创新驱动的轨道上来，更多依靠人力资本质量和技术进步，让创新成为驱动发展新引擎。

2014 年 9 月，国务院总理李克强在夏季达沃斯论坛上首次发出了"大众创业、万众创新"的号召，他提出，要在 960 万平方公里土地上掀起"大众创业""草根创业"的新浪潮，形成"万众创新""人人创新"的新势态。2015 年、2016 年中央先后下发了《国务院办公厅关于发展众创空间推进大众创新创业的指导意见》（国办发〔2015〕9 号）、《国务院关于大力推进大众创业万众创新若干政策的意见》（国办发〔2015〕32 号）、《中共中央 国务院〈国家创新驱动发展战略纲要〉的通知》（中发〔2016〕4号）文件，将创新创业上升到国家战略。2015 年全国"两会"，"大众创业、万众创新"更是被写入政府工作报告。

为全面贯彻落实党中央、国务院关于大众创新创业的决策部署，加快实施创新驱动发展战略，全面推动"大众创业、万众创新"，四川省先后出台了多个文件。2015 年 4 月 13 日，四川省政府审议并通过了《关于全面推进大众创业、万众创新的意见》（川府发〔2015〕27 号），全面系统部署全省大众创新创业工作；同年 11 月，中国共产党四川省第十届委员会第七次全体会议审议并通过了《中共四川省委关于全面创新改革驱动转型发展的决定》。2016 年 11 月 18 日，四川省人民政府办公厅印发了《创业四川行动实施方案（2016~2020 年）》，方案指出，到 2020 年，全省初步构建开放、高效、富有活力的创新创业生态系统，推动形成创新资源丰富、创新要素聚

集、孵化主体多元、创业服务专业、创业活动活跃、各类创业主体协同发展的大众创新创业新格局，把四川建设成具有全球影响力的创新创业中心和创新创业者向往的创业高地①。

在国家和地方的大力推动下，如今"大众创业、万众创新"已经成为一种时代浪潮。同济大学作为国内知名高校，一直以来高度重视创新创业工作。2013 年 5 月，启动了校内创业孵化平台同创谷的建设。2016 年 3 月，在省校战略合作协议的基础上，同济大学与成都市举行校地合作座谈会。会上，同济大学与成都市经开区共同签署了《同济大学·成都龙泉国际青年创业谷项目建设支持协议书》。2016 年 4 月 20 日，同创谷正式揭牌运营。

## 三 同创谷全力打造"西部第一、国内一流、国际知名"的校地合作双创示范基地

孵化器，原意是指人工孵化禽蛋的设备，引申至经济领域，就是在企业创办初期或者企业遇到瓶颈时，提供资金、管理、资源、策划等支持，从而帮助企业做大或转型的载体。30 年前，我国第一家科技企业孵化器在武汉诞生，拉开了我国创业孵化的大幕。据科技部火炬中心数据，截至 2016 年底，全国有创业孵化载体 7533 家，包括孵化器 3255 家、众创空间 4298 家，数量和规模已跃居世界首位；累计孵化科技型中小企业 22.3 万家，累计毕业企业 8.9 万家②。孵化器涌现出一批知名上市科技企业，推动了高新技术产业快速发展，为新经济发展注入新动力。"十三五"期间，众创空间、加速器将首次纳入孵化器体系，全国孵化器载体力争突破 1 万家。

近年来，四川省加大科技企业孵化器建设力度，并取得良好效应，成为

---

① 四川省人民政府：《四川省人民政府办公厅关于印发〈创业四川行动实施方案（2016 ~ 2020 年）〉的通知》，http：//zcwj. sc. gov. cn/xxgk/NewT. aspx？i = 20161121125317 - 271136 - 00 - 000. shtml，2016 年 11 月 18 日。

② 陈俊、李思远：《我国孵化器数量规模跃居世界首位》，http：//news. xinhuanet. com/2017 - 09/19/c_ 1121689661. htm，新华社，2017 年 9 月 19 日。

推动全省科技创新发展的重要推动力量。截至目前，四川省各类孵化载体总量达到 600 家以上，孵化总面积超过 1800 万平方米。其中，国家级孵化器 26 家，国家级大学科技园 5 家，科技部备案的众创空间 54 家。

同创谷是按照四川省与同济大学省校战略合作建设"同创谷西部基地"的要求，在成都市委市政府的领导下，由成都市经开区联合同济大学，采取"政府扶持、市场运作、独立运营"的经营模式共同建设的创新创业孵化平台，是同济大学在上海之外的第一个创新创业孵化基地。

在孵化器遍地开花、同质化竞争日趋激烈的大背景下，同创谷依托同济大学优势学科及人才输出，立足龙泉驿区产业布局，提出以"高端制造""节能环保""智慧城市""车联网"以及"新能源汽车"五大新兴产业为主的发展方向，从上述五个领域重点引入项目和人才，同时充分发挥高校学科及人才、全球校友资源优势。经过一年多的经营，同创谷共吸引创业项目 53 个，引进"四川省千人专家"三人（桂仲成、吕济明、林振宇），成都市人才计划专家一人（何国田），项目累计融资额 2000 余万元，实现纳税 52 万元，吸纳就业人数 200 人，累计帮助项目申请扶持资金 211 万元。全力将同创谷打造成"西部第一、国内一流、国际知名"的校地合作双创示范基地。

## （一）充分发挥同济大学母体优势，吸引同济人才和项目

同济大学是由教育部、国家海洋局和上海市共建的全国重点大学，是历史悠久、享有盛誉的中国著名高等学府，同济大学现已发展成拥有理、工、医、文、法、经济和管理的研究型、综合性大学，拥有独特的学科优势、人才优势，丰硕的科研成果，强大的科技实力。

同济大学拥有同济科技园、同济创业谷等创新创业孵化载体。同济科技园是科技部和教育部认定的国家级大学科技园，是全国仅有的 5 家同时获得国家级优秀大学科技园和国家级优秀科技项目孵化器的园区之一，同济创业谷是团中央认定的全国大学生创业示范园，同济创业谷和同济科技园搭建形成了包括投融资、人力资源、创业培训、市场推广等板块在内的专业孵化服务平台。

同济大学是同创谷的大本营，有丰富的创新创业人才及项目资源，大量需要到西部进行市场推广的成熟项目需要一个平台来进行落地；同创谷充分利用这一优势，将优秀的同济人才资源及发展势头良好的项目引入同创谷，助力其在西部落地发展。

## （二）充分利用同济大学全球校友资源，引入海外人才和项目

同创谷立足西部，放眼全球，充分整合同济大学全球校友资源，逐步加强与全球 110 余家校友会的联系。以欧洲校友会联盟为例，在过去一年里，互相访问，互设代表处，赞助第九届欧洲华人论坛，通过一系列举措，同创谷与同济大学欧洲校友会联盟逐步建立起常态化对接渠道，为同创谷吸纳海外优质人才和项目奠定了基础。

2016 年 7 月，四川省同济大学校友会会长、同创谷执行董事雷志彬一行赴法国巴黎，对同济大学欧洲校友会联盟进行了访问，双方初步达成了互设代表处、年内互访的共识。同年 9 月 13 日，同济大学法国校友会、德国校友会、挪威校友会等欧洲校友会联盟数十位校友抵蓉，"欧洲创新创业中心成都代表处"正式揭牌并落地同创谷，双方本着"合作共赢"的原则签订战略协议书，共同搭建多元化、多层次、多领域的对话合作平台。双方约定，建立对话热线，保持管理层的定期对话沟通；互相为对方推荐来访的项目负责人提供必要的接待服务；帮助对方做好宣传和推广；在同等条件下，优先引进对方推荐的项目，优先帮助对方项目对接相关资源。成都代表处的建立及合作协议的签订对于加强四川省同济大学校友会与欧洲校友会联盟的联系，深化双方在创新创业领域的合作，实现优势资源和优质项目的共享、发展具有重要意义。

在欧洲创新创业中心落户成都基础上，2017 年 2 月，同创谷派专人前往巴黎，在巴黎行政学院成功落地同创谷欧洲代表处，建立起了中欧双方交流合作的完善通道和机制。2017 年 9 月，同创谷赞助了第九届欧洲华人论坛，该论坛聚集了法国政府官员、欧洲各国华人精英、欧洲各国创新创业项目负责人数百人，论坛现场，同创谷与欧创慧签订了战略合作协议，双方将

互为对方提供海外孵化基地。目前，同创谷53个在孵项目中，有20个创业项目来源于同济校友，占比38%。

### （三）与本地高校建立深入合作，吸纳本地创新创业人才和项目

四川是西部人口大省、科教大省。截至2017年5月31日，四川省高等学校共计126所，其中：普通高等学校109所（含独立学院9所），成人高等学校17所。同创谷与四川大学、电子科技大学、西南交通大学、西南财经大学等省内知名院校建立联系，使本地知名高校成为同创谷项目来源地。

此外，为充分整合区域内高校资源，同创谷加入了龙泉驿区驻区创新创业平台联盟。该联盟由龙泉驿区内三家孵化器及成都大学、成都航空职业技术学院等9所区内高校共同组建。加入该联盟，搭建起了同创谷引进本地人才及创业项目的有力通道。

## 四　同创谷人才及项目孵化服务的探索

### （一）充分发挥"高校成果转化""校友资源""政府扶持"三大核心优势

**1. 高校成果转化**

依托同济大学在建筑土木、轨道交通、汽车机械、节能环保等领域的学科优势，将高校的学科溢出成果引导到创新创业之中。一方面，同济大学是同创谷的导师库，三个国家重点实验室、一个国家工程实验室、一个国家协同创新中心、五个国家工程（技术）研究中心，以及以十七位院士为首的近百位科研学者都将成为同创谷引领技术创新的巨大引擎；另一方面，同济大学是同创谷的项目库，其带动优秀项目聚集在"同创谷"，这些来自同济创业谷、同济科技园的创业项目，其存活率远远高于一般的草根创业项目。

**2. 校友资源汇聚**

立足西部，放眼全球，充分利用同济大学全球校友资源，逐步建立与全

球 110 余家校友会的联系。目前同创谷与同济大学欧洲校友会联盟互设代表处，未来同创谷将和北美校友会以及"一带一路"相关国家的校友会紧密合作，把海外的创新项目引入西部，同时也帮助在孵企业开拓全球市场。

**3. 政府大力扶持**

省、市、区各级政府为同创谷提供了政策、资金、场地、补贴等大力支持，特别是龙泉驿区委、区政府在建设初期开拓性地开展各项工作，将同创谷纳入"菁蓉·天府卧龙谷"创新创业基地重点规划建设项目。同创谷要最大限度利用好政府各项扶持政策和资金款项，最大化提升同创谷孵化平台的承载力和对优秀创新创业人才的吸引力，切实解决人才生活难题。此外，同创谷要充分利用区委、区政府提供的人才引进、人才交流培训等方面的支持，为项目人才引进、工商税务、人力资源、政策法规咨询等方面提供相应的服务。

**（二）着力构建专业化考评、全方位服务、多渠道推广、精准化宣传、资本市场化五大发展机制**

**1. 专业化考评**

主管部门针对同创谷制定了一系列考核办法，办法规定每年 6 月、12 月对同创谷进行年中、年末两次考核，主要考核内容包括基础建设、运营情况和扶持效果三个方面，根据审计结果及考核情况确定补助金额。

为优化入驻项目管理，同创谷出台"引进—孵化—出谷"全周期考评制度，保证优秀的项目能顺利进入同创谷，已入驻的项目得到全方位的服务，实现商业化的项目能快速出谷发展，最终实现项目的良性流动，同创谷的健康可持续发展。

**2. 全方位服务**

同创谷作为双创孵化器，为入驻项目提供整个孵化期的全方位服务，希望创业者能专注于打造企业的核心竞争力，其他的后顾之忧由同创谷来帮助解决。同创谷正在打造一支专业化的运营团队，为企业提供"工、食、住、行"全方位服务。

（1）优化办公环境，提供多项补贴

在办公场地免费的基础上，提供会议室、路演厅、活动室、咖啡区、餐厅、休息室等一整套办公场所，让创业者在一个轻松、舒适、便捷的环境下创业。此外，还为创业团队提供创业午餐（补贴一部分餐费）、创业公寓（补贴一部分房租）、交通补助等多项补贴。

（2）提供工商、税务、法务专业化服务

对于入驻企业在工商注册、法务服务、人事招聘、财税申报、扶持资金申报、贷款融资等各方面的需求，同创谷引进中智四川、青创宝、智联招聘等第三方机构为企业提供专业化的服务。

（3）加强投融资对接服务

同创谷加强投融资对接服务，为优秀创业项目寻找投资基金。一是同创谷"走出去"，与更多的投资机构及投资人建立联系；二是同创谷帮助企业实现并完善路演、商业计划书、投融资协议、投融资担保等服务，增加投融资的成功率，降低投融资的风险；三是处理好自有基金与外来基金（包括政府投资基金）的关系，优化基金结构，让资本和创业者最大限度地发挥自身作用。

（4）专人梳理政策，加强与政府对接

关于政府对创新创业的相关政策，同创谷安排专人进行专项梳理，并派专员与政府相关部门建立沟通和联系，帮助相关企业申请到政府的扶持资金及政策，并且配合政府监管好扶持资金的使用。

**3. 多渠道推广**

企业实现盈利，完善自身的造血功能是企业最终走向市场的关键。同创谷将双创企业的市场推广工作列为重中之重。通过整合"高校、校友、政府"多方资源，帮助企业进行市场拓展。2016年10月，帮助"径卫视觉"项目在辖区内5条公交线路上免费试用；帮助"银光软件校餐云"项目对接辖区内学校，免费安装该监测系统，通过示范应用，2018年将在区内30余所学校推广使用；帮助"圭目机器人"项目对接上海虹桥机场、成都双流机场、成简快速道路等基础设施主管部门，进行该设备的道面检测示范应用，收到良好的效果，最终形成"你有好的项目或点子，同创谷帮你来实现"的机制，提高孵化创业的成功率。

### 4. 精准化宣传

为更好地宣传同创谷平台及入驻项目，同创谷通过网站，搭建用户与孵化器的交流互动平台，实现项目的在线申请及评审。此外，还通过微信公众号的新媒体平台，将文章精准推送到用户的移动端，帮助用户实时了解同创谷的发展情况。同创谷的宣传推广工作得到区委组织部、区委宣传部的大力支持，相关部门先后邀请新华网、新浪网、四川电视台、成都日报、成都电视台、龙泉电视台、龙泉开发报等媒体对同创谷进行了采访报道，四川日报、华西都市报、《凤凰周刊》等颇具影响力的媒体均对同创谷有文字报道。自媒体、网媒、平媒、电视等多媒体、全方位的宣传覆盖，帮助同创谷提高影响力和知名度。

### 5. 资本市场化

同创谷如何使用好政府的扶持资金？如何在孵化入驻企业成长的同时，实现自身的盈利和发展？这都关系着同创谷模式是否具有可复制性，同创谷在未来脱离政府扶持后，是否能够独立发展等重要问题。

（1）政府资金

对于政府每年给予同创谷的扶持资金，同创谷应该与政府协商好扶持资金的使用范围，严格在商定使用范围内使用扶持资金，并且要合理合规地使用，做到每笔账有据可查，有规可依，经得起政府部门的审计。

（2）同创谷自有基金

同创谷通过对入驻孵化项目的前期评估和入驻期考察，对其中竞争力强、具有发展前景的项目，同创谷与其商议，在双方自愿的前提下，以一定的服务和注资，去获得项目一定比例的股权，以法律的形式确定双方的合作关系，同创谷作为项目的股东，切实发挥其在孵化扶持、市场对接、资源整合方面的作用，帮助项目快速发展壮大，与此同时，同创谷将会得到项目盈利分红和项目估值增长的收益。

（3）其他投资基金

对于优质项目，资本会争相追逐。同创谷可与基金公司合作，发行私募基金，适度引入社会资本；与专业咨询机构合作，目前已与德同资本、赛伯乐、德商资本、真格基金、以太资本等投资机构以及建设银行、中信银行、成都银行、攀枝花商业银行等金融机构建立合作渠道，帮助项目确定不同时期的融资额度，让项目明确"钱太少不好，钱太多也不利"，做到融资"量体裁衣"。同创谷还帮助项目对投资方进行筛选，明确"资源比资本更重要"的原则，一切从有利于项目更好发展的角度，引入资本。同创谷还和专业律师事务所合作，帮助项目拟定投融资协议，明确各方职责，保护创业者的权益，消除法律陷阱和隐患。

### （三）初、中、远期发展规划

结合同济大学学科优势，依托四川省重大产业发展方向以及龙泉驿区产业布局，同创谷对孵化器未来发展做出相应战略部署，制定了围绕"高端制造""节能环保""智慧城市""车联网"以及"新能源汽车"五大产业进行招商的策略，在智慧城市方面进行智慧交通、智慧建筑、智慧社区、智慧旅游、建筑信息化等多项布局，通过"以点带线、连线成面"的方式打造智慧城市产业链；在新能源汽车方面，利用地缘优势，规划与同济大学（成都）车用新能源研究院开展紧密合作。同创谷着力将自身打造成一个有特色、有吸引力的专业孵化器，集聚全国相关领域的优秀创业企业。

在同创谷战略部署框架下，同创谷制定了初、中、远期发展规划。

初期（第1年）：以实现项目数量的增长为主要突破口，适当放宽评审标准，放宽对项目行业的限定，通过1年时间，使项目入驻数量达到孵化器总容量的80%。重点在"智慧城市""车联网""新能源汽车"等领域进行招商；同时兼顾现有优质项目，如围绕"校园食堂安全监管云"，打造"阳光校餐"（包括食材安全溯源、厨房透明操作规范、校餐营养计划）"智慧校园"（VR教育、博物馆进校园）产业链。

中期（第2~3年）：通过1~2年的孵化运营，将竞争力弱、市场前景差、不符合未来发展方向的中低端项目逐步淘汰出同创谷，同时强化已有优秀项目的孵化成果，在帮助优秀项目做大做强的同时，加大该项目产业链上的相关企业的引进，打通上下游链条，为打造项目产业集群做准备。

远期（第 3~5 年）：通过对某几个特定领域项目的重点孵化，完成 2~3 个产业集群的建设，带动该产业上下游企业的联动发展，形成积聚效应，使同创谷成为这些特定领域的重点孵化器。

## 五　同创谷核心人才引进及培育成果

### （一）项目团队人才引进及培育成果

经过一年多时间的孵化，同创谷在人才培养及项目孵化上取得了一些成果。截至目前，同创谷成功帮助在孵重点项目"圭目机器人"负责人桂仲成博士申报了四川省"千人计划"，顺利引进了"大成幻真"项目林振宇博士、"A-panda 无人驾驶公交"项目吕济明博士两名四川省"千人计划"专家，引进了成都市"人才计划"专家何国田教授。当前，同创谷正在积极帮助"大成幻真"项目何武、"方信睿盛"项目董志强两位博士申报本年度四川省"千人计划"。此外，同创谷还从上海引入了龙玉峰博士（项目为科研仪器整合平台）、孙靖文博士（项目为危险品检测），正在积极对接中组部国家"千人计划"专家肖淑勇（项目为 PTC 电热膜）、武汉王征平博士（项目为微交通）及其创业项目入谷。

### （二）运营团队人才引进及培育成果

同创谷高度重视运营团队人才队伍培养，希望打造一支引进来、留得住、能创造的优秀运营团队。根据现阶段孵化需要，设置了项目部、发展部、企划部、创投部、综合部五个职能部门，共有运营人员 18 名，90% 的员工具有大学本科及以上学历，1 名员工取得孵化器从业资格证书，团队形成了公司核心管理层、公司骨干员工和专业化服务人员的梯形人才结构，日益成熟稳定的运营团队是同创谷为入驻企业提供优质高效服务的保障。

按照习近平总书记在党的十九大报告中提到的：努力形成人人渴望成才、人人努力成才、人人皆可成才、人人尽展其才的良好局面，让各类人才的创造活力竞相迸发、聪明才智充分涌流。同创谷致力于打造一支优秀的团队，一支"西部第一"的团队，这就要求做好人才的培养和引进，高标准、严要求，用制度去管理团队，在实战中去磨炼团队，用机制去激励团队。

### （三）同创谷通过多种方式培育人才

邀请知名专家开展讲座。创业需要思维和认知的升级，同创谷策划了双创系列讲座，不定期邀请知名专家走进同创谷开展讲座或与创业者座谈。此前，已先后邀请著名人文科学孙周兴教授、著名经济学家周期仁教授为创客开展讲座。

同创谷开放日活动。同创谷每月定期举办面向全社会公开的开放日活动，创新创业人员、广大同济校友通过活动聚集，通过论坛、头脑风暴、辩论会等形式，激发思维活力。

导师面对面指导。通过整合同济大学、同济科技园、同济创业谷导师库以及企业家资源，同创谷组建了专业的创业导师团队，并定期组织导师面对面活动，建立创业者与创业导师之间的长效沟通机制。

定期外派运营团队人员赴同济大学挂职学习。作为校地合作共建的孵化器，同创谷最大的优势之一是同济大学资源，为提高运营人员的水平，更好地为项目团队服务，同创谷形成惯例，定期组织员工赴同济大学进行为期3~6个月的挂职学习，全面提升业务水平与综合能力。

## 六 同创谷优秀创业项目发展案例分析

孵化器的根本目的在于项目快速取得孵化成果，以"圭目机器人"和"银光软件校餐云"两个项目为例，重点阐释两个博士创业项目在入驻同创谷一年多以来取得的孵化成果。

## （一）圭目机器人

"圭目机器人"项目是"创业天府行动计划·上海行"活动中，成都市赴沪引进的两个高端项目之一，项目创始人为同济校友桂仲成博士。2016年11月22日，在成都市委常委、组织部部长胡元坤，成都市人民政府副市长刘宏葆以及350多名嘉宾的见证下，"圭目机器人"与同创谷签约，正式落地西部，入谷孵化。一年以来，"圭目机器人"在各方面的进展均取得较大突破：桂仲成博士成功申报2016年四川省"千人计划"，项目完成1200万元融资，估值逾1亿元，申报专利超60项（70%为发明专利）；近期，项目从各大创新创业赛事上载誉归来，成功斩获第六届中国创新创业大赛四川赛区第一名，赢得"创客中国"四川省创新创业大赛总决赛第二名，参加启迪之星－亚洲开发银行"清洁技术创业大赛"获得第二名。此外，圭目机器人赴巴黎参加全欧华人论坛项目路演获得三等奖，参加四川省第一届"天府杯"创业大赛获得成都赛区三等奖，名列第六届"千人计划"创业大赛成都赛区TOP5，2017启迪之星创业大赛10强等。

圭目机器人自主研发生产的首台"道面检测机器人"样机于2017年4月正式下线。5～10月，"道面检测机器人"样机分别在成都双流机场、龙泉驿区成简快速通道进行了多轮测试，测试结果显示"道面检测机器人"集成了高精度室外导航、无损检测、表观检测及多数据智能诊断技术，相对于传统人工检测随机、被动、粗放的模式，圭目"道面检测机器人"能做到检测全覆盖，检测结果更精准。在成简快速通道测试期间，机器人显示多处表面完好的道面下方有空洞和孔隙，通过人工挖开道面后得以确认，检测结果十分精准。

圭目"道面检测机器人"科技水平含量高，符合国内首台套产品标准，实现了道面状况的自主高效检测和智能化诊断，检测效率、准确性、经济性和安全性较传统以人工为主的检测手段大幅提升，实现了道面有预见性的精准养护，保障机场、高速公路的安全高效运营，全球道面机器人市场规模超千亿元，市场前景广阔。

### （二）银光软件校餐云

电子科技大学袁诚博士创业项目"银光软件校餐云"于 2016 年 7 月正式入驻同创谷，项目团队将云计算、移动互联网技术、智能物联网和人工智能引入管理软件中，形成了一套高效、稳定的教育产业运用软件研发体系。目前研发了"校餐安"智慧云平台、"校餐云"微信平台、互联网＋机关食堂管理云平台等多个核心产品，并配套研发了"流媒体服务器""云景播放系统""光谱食材快检识别仪""智能取证电子秤"等多种硬件应用产品。未来将逐步形成一套安全、营养、健康的生态体系。

项目核心产品"校餐安"智慧云平台基于信息化解决方案、大数据分析和人工智能技术而建，平台协助监管部门对涉及校园食品安全的人、财、物等各个方面，以及校园食品安全管理中的重要环节和关键细节（如晨检、索票索证、消毒、留样等），进行集中统一、持续有效、实时远程互动式智慧监管。项目旨在打造"互联网＋餐食安全"，对食品安全风险的态势感知和提前预防，建立起完善的食品安全事前防控和预防机制、从农田到餐桌再到泔水处理全环节全过程的监管机制、食品安全事故事后追溯机制，进一步提升校园食堂安全保障能力、健全校园食品安全监督体系、创新食品安全应急处理机制、提高监管部门管理效能。校餐云平台采取"从基地到食堂、农户到餐桌"的农校对接模式，农户种植的绿色蔬菜直销学校食堂，既能保证食材的数量、质量，也能让孩子们吃到安全绿色的食材。同时还能提高农户收入，聚力精准扶贫，项目引起了多地教育部门的重视。

经过一年多的孵化，项目也取得了长足发展。目前已对接全国十余个省市，产品在全国千余所学校使用，项目计划 2017 年完成产值 2000 万元。目前已经申请软件著作权 20 余项，发明专利和实用新型专利 6 项，各类权威机构的评测 3 项。2017 年 6 月 22 日，全国政协双周会以"校餐安"为蓝本，对校园餐食安全进行了讨论，并在人民政协报第 7757 期 11 版对银光软件刊登报道。在智能硬件方面最值得一提的是项目联合电子科技大学博导、四川省"千人计划"专家李剑峰教授研发设计的智能取证电子秤，智能取证电子秤是全球第一台照相取证电子秤，填补了传统计量衡器只能体现重量而无法确保所称重量与被称物体是有绝对的相关性的空白，实现拍照取证和同步上传数据的一致性，已经申请了数项专利。

# 七　同创谷人才引进计划

"大众创业、万众创新"的春风正劲，高新技术和高端人才是时代的弄潮儿。习近平总书记在党的十九大报告中指出：人才是实现民族振兴、赢得国际竞争主动的战略资源。李克强总理曾强调，一定要把高端科技人才与"大众创业、万众创新"结合起来。如今科技创新日新月异，社会每天都在发生深刻的变化，历史前进的车轮在科学技术的推动下，将引领人类走向更加美好的明天。同创谷将继续加大对高端人才的引进工作，目前正在对接的专家包括国家"千人计划"肖淑勇博士、2012交通运输十大新闻人物王征平教授等高端创业人才。

# 八　总结

顺应"大众创业、万众创新"的时代浪潮，同济大学与成都市经开区以校地合作的方式共同建设了面向全球创客的创新创业孵化平台同创谷，依托同济大学优势学科和人才资源，深挖同济大学全球校友资源，与本地创新创业机构及人才输出机构联动，为创业人才及项目提供"精准式服务"，在创业人才及项目引进、孵化、发展上取得了一系列成果，同创谷力争打造"西部第一、国内一流、国际知名"的校地合作双创孵化基地，建设好平台，提供好服务，做到优秀人才"引得来，留得住，干得好"，打造人才与平台、高校与地方、社会效益与经济效益多方共赢的良好局面。

# B.9
# 成都高新区吸引顶尖人才
# 相关工作的分析与探究

孟庆明 宋阳 景莹*

摘　要：　人才作为创新的核心动力，是产业发展的生力军，是发展战略的制高点。成都高新区高度重视人才工作，围绕国际创新创业中心建设，深入实施人才大汇聚行动，坚持实施人才优先战略，着力打造西部人才高地。为满足地区发展的人才需求，成都高新区委托天府软件园、智联招聘进行了顶尖人才吸引工作分析，找出人才供需矛盾，并根据对部分顶尖人才的诉求调研，提出人才招引、服务的方向性建议。本报告为该研究课题中的一个组成部分，在明确吸引顶尖人才来成都高新区发展的作用和意义的基础上，重点对当前高新区内产业发展过程中顶尖人才的紧缺状况进行了分析，结合对于顶尖人才来高新区发展的意愿和诉求，提出高新区吸引顶尖人才的建议。

关键词：　成都高新区　顶尖人才　人才吸引工作

顶尖人才指在科学研究工作和科学技术领域做出创造性重大成就的专

---

* 孟庆明（1981～），男，江苏徐州人，就职于成都天府软件园有限公司；宋阳（1991～），男，四川成都人，就职于成都天府软件园有限公司；景莹（1989～），女，新疆石河子人，就职于北京网聘咨询有限公司成都分公司。

家、学者，具体包括诺贝尔奖、菲尔兹奖等国际顶尖奖项获得者，国家最高科学技术奖获得者，中国科学院、中国工程院院士，中国社会科学院学部委员、荣誉学部委员，国家"万人计划"杰出人才人选，以及相当于上述层次的顶尖人才。[①] 顶尖人才在推动重点领域的跨越式发展、重大科学研究的关键性突破、中外科技文化交流及高层次创新型人才培养方面都能发挥巨大作用。本文将分析顶尖人才引进工作的重要性，深度访谈部分阐述顶尖人才的诉求，并基于顶尖人才的特点对相关引进工作进行方向性建议。

# 一  顶尖人才吸引工作意义分析

2016年10月，成都高新区对外发布《成都高新区关于实施"菁蓉·高新人才计划"加快高层次人才聚集的若干政策》，设立人才专项资金面向全球招揽人才。2017年7月，成都市印发《成都实施人才优先发展战略行动计划》，将针对产业链短板引进、培育顶尖人才、团队提升到战略高度。

## （一）顶尖人才可以促进产业的发展

人才是社会发展的主导力量，是经济进步的战略资源，顶尖人才尤甚。顶尖人才是提升企业、产业、地方核心竞争力的关键。引进或培育一个领军型人才，就可以促成一个核心团队，进而兴起若干企业、带动一个产业。就如《人力资本管理》中提到的，核心人才对于企业来说的效能，领军型人才对于产业来说的效能，已经从效率式的量变进化到了效果式质变——优秀的核心人才（团队）带来的不只是效率的提高，更可能是战略格局一环的有无。"在速度制胜的时代，如果你比别人更早请到了更强的人才，你就会抓住时代的窗口期，进入更高规格的赛道，整个团队就会越来越强。"[②]

以苏州工业园区生物医药产业园为例，在一平方公里的区域内汇聚了

---

① 青岛市人才工作领导小组：《顶尖人才奖励资助暂行办法》青人组字〔2016〕2号。
② 《招聘官的头疼病：果子快要摘完了》，http：//www.hroot.com/hcm/243/325481.html。

60 位国家"千人计划"专家。高端人才的集聚带来了自主创新能力的跃升。截至 2016 年底，园区生物医药企业累计申请专利数达 5117 项，其中发明专利 3703 项；获批专利授权达 1846 项，其中发明专利 775 项，专利合作协定申请达 207 件。通过顶尖人才的引进，园区内创业公司的工作得到了"大牛"们的指点，创业成功率从以前的 20% 升至现在的 50%。[①]

## （二）顶尖人才的稀缺性使得人才吸引工作成为必然

顶尖人才吸引的意义也在于其具有稀缺性。1997 年，美国战略咨询公司麦肯锡提出了"人才之战"（The War for Talent）的概念[②]，在 2012 年又进一步提到国家、地区及企业将在 2020 年左右面临人才尤其是顶尖人才短缺的问题，这一说法唤起了各界对人才战略的重视[③]。伴随着全球化进程的深入，世界各国尤其是发达国家越来越意识到高层次人才智力资源可以转化为维持国家经济发展与创新活力的动力，人才重要性不断彰显。近年来，全球经济发展趋缓，各国进一步认识到传统的社会发展模式已现颓势，需要利用更高层次的知识体系来开拓新的发展空间。掌握前沿知识的顶尖人才是解决发展瓶颈、提升国家国际竞争力优势的关键之所在。[④]

此外，顶尖人才的知识体系需要较长时间积累，自主培育周期长、难度大，导致顶尖人才稀少且平均年龄大。中国自 1985 年设立博士后工作站，30 多年来仅培养博士后人才 14 万人且进站人员平均年龄已达到 33 岁[⑤]。2013 年中国"两院"院士平均年龄为 74 岁[⑥]，即使在强调院士"年轻化"后，新

---

① 搜狐网：《"梧桐树"下"凤凰"来！被央视点赞的医药企业为什么都集聚园区?》，http：//www. sohu. com/? strategyid = 00005。

② Michaels E. The War for Talent, Jones, 2001, 49（2）：37 – 44.

③ McKinsey&Company：Talent tensions ahead：A CEO briefing, https：//www. mckinsey. com/global – themes/employment – and – growth/talent – tensions – ahead – a – ceo – briefing.

④ 全球化智库（CCG）、西南财经大学发展研究院：《中国区域国际人才竞争力报告（2017）》。

⑤ 光明网：《我国 30 年招收 14 万余名博士后平均年龄 33 岁》，http：//news. youth. cn/jy/201512/t20151202_ 7371607. htm。

⑥ 中国广播网：《两院院士被指老龄化严重"元老院"平均年龄逾 74 岁》，http：//china. cnr. cn/yaowen/201302/t20130216_ 511963489. shtml。

晋院士平均年龄也达到 54 岁①，而国家最高科学技术获奖者平均年龄更是达到了 83.5 岁②（见图 1）。在世界范围内也存在同样问题，诺贝尔奖得主平均年龄超过 70 岁且有老化趋势③。因此各国在培育顶尖人才的同时均注重顶尖人才的吸引工作。有"大熔炉"之称的美国早在 1990 年移民法中就开设了 H－1B 签证，以留住有能力的人才在美国工作④。随后，美国又完善了人才评定体系，提高符合国家需要的高端人才的永久居留优先级⑤。德国则在 2012 年推出了优才定居计划，规定学历、专业符合一定标准即可获得欧盟蓝卡，以弥补国内劳动力匮乏的状况。面临"少子化"、人口老龄化的日本在 2008 年确立了"30 万留学生计划"。"30 万留学生计划"归属日本全球化战略的一环，目标是在 2020 年前使日本国内的留学生增加到 30 万人，并进一步吸收精英留学生步入职场，以便为日本企业带去活力与智力⑥。

中国因战乱、"文革"等历史原因导致高等教育普及时间尚短、范围有限，本地培养的顶尖人才不足。改革开放后，国家更需要短期内能贡献生产力的建设者、工作者，对理论研究者的培养相对滞后。这种工具化的培养思路也导致国内长期缺少顶尖理论人才。今天中国各地人才争夺战日趋激烈，顶尖人才对各省市地区来说是"你有我无"的紧缺资源。如果不在重点发展领域的顶尖人才之争中胜出，就可能导致后续的产业发展缺乏后劲，因而各地都需要靠外部顶尖人才的引进来弥补科研实力的不足并活化国内科研环境及氛围。

---

① 人民网：《两院新院士名单出炉最小年龄 43 岁》，http：//edu. people. com. cn/n/2015/1208/c367001－27898671. html。

② 人民网：《历届国家最高科技奖获奖者平均年龄 83.5 岁》，http：//scitech. people. com. cn/n/2014/0110/c1007－24082645. html。

③ 中新网：《科学类诺奖得主平均年龄已超 70 岁为啥越来越老？》，http：//www. chinanews. com/gj/2016/10－08/8023731. shtml。

④ The Immigration Act of 1990，http：//immigration. laws. com/immigration－act－of－1990.

⑤ Official Website of the Department of Homeland Security，Green Card，https：//www. uscis. gov/greencard.

⑥ 《留学生 30 万人计划》，http：//www. studyjapan. go. jp/jp/toj/toj09j. html。

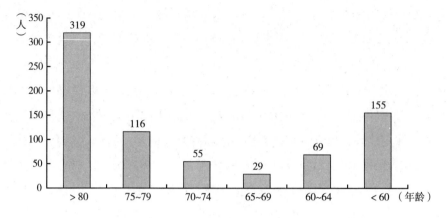

**图1　2017年中国科学院院士年龄分布**

资料来源：中国科学院学部。

## 二　产业紧缺顶尖人才分布状况

通过对高新区代表性企业紧缺的产业顶尖人才需求状况进行调研，本文对高新区所紧缺产业的顶尖人才所属的行业方向、职位以及专业特征的国内外分布进行了总结。这些产业包括电子信息产业、生物医药产业、新经济产业、金融产业（见表1~表4）。

**表1　电子信息产业**

| 电子信息产业领军人才情况 | | | |
|---|---|---|---|
| 产业名称 | 产业链细分方向 | 行业领军人才分布 | |
| | | 国内 | 国外 |
| 电子信息产业人才 | 云计算 | 集中城市 | |
| | | 国内一线城市 | 美国、德国 |
| | | 领军企业或组织 | |
| | | 阿里云（阿里）、天翼云（中国电信）、腾讯云（腾讯）、沃云（中国联通）、华为云（华为）、移动云（中国移动）、百度开放云（百度）、世纪互联（世纪互联）/中科曙光、Ucloud、网易云（网易） | AWS、谷歌 GCE、IBM Softlayer |

| 电子信息产业领军人才情况 | | | |
|---|---|---|---|
| 产业名称 | 产业链<br>细分方向 | 行业领军人才分布 | |
| | | 国内 | 国外 |
| 电子信息<br>产业人才 | 集成电路设计 | **集中城市或地区**<br>北京、深圳、杭州、成都、台湾 | 美国(加利福尼亚州、得克萨斯州)、英国、瑞士 |
| | | **领军企业或组织**<br>紫光集团(清华大学)、小米科技、中芯国际、台积电、兆芯 | Verisilicon、Mentor、Cadence、ARM、GLOBALFOUNDRIES、英特尔、freescale、TI、意法 |
| | 软件设计 | **集中城市**<br>国内一线城市为主 | 美国硅谷 |
| | | **领军企业或组织**<br>GIS 软件、安防软件等 | IBM、甲骨文公司(Oracle)、微软、谷歌、苹果 |
| | | **领军人物**<br>宋关福、傅利泉、胡才勇、朱少民、付东升、徐斌等 | |
| | 数据分析挖掘技术<br>数据管理运营技术 | **集中城市或地区**<br>北京、深圳、杭州、上海、贵州(大数据存储)、内蒙古(大数据存储) | 美国 |
| | | **领军企业或组织**<br>百度、腾讯、阿里巴巴等互联网巨头以及华为、浪潮、探码科技、神州融、中科曙光、中兴、金蝶、拓尔思等国内领军企业 | DAMA、IBM、Teradata、甲骨文、SAP、EMC、Amazon、Vmware、微软、谷歌 |
| | 物联网 | **集中城市或地区**<br>北京、深圳 | 北美、西欧 |
| | | **领军企业或组织**<br>海尔、长虹、华为、中国移动、贯众互联等 | ATX、CalAmp、SK 电讯(韩国)、IBM Bluemix、GE Predix、SAP、Oracle、Amazon |
| | 人工智能方向<br>(手写体识别、机器学习、自然语言) | **集中城市**<br>深圳、合肥、北京 | 美国 |
| | | **领军企业或组织**<br>百度、腾讯、讯飞等 | |
| | | **领军人物**<br>中国中文信息学会理事会成员 | Google，Facebook，微软，DeepMind |
| | 信息安全 | **集中城市**<br>国内一线城市 | 美国 |
| | | **领军人物**<br>沈昌祥、方滨兴院士等 | |
| | | **领军企业或组织**<br>中国科技大学、中国计算机学会 | 斯坦福大学、University of Cambridge、AWS、谷歌 |

表2　生物医药产业

| 生物医药产业领军人才需求情况 | | |
| --- | --- | --- |
| 产业名称 | 产业链细分方向 | 行业领军人才分布 |
| | | 国内顶级企业或领军人才 | 国际顶级企业或代表性人物 |
| 生物医药产业 | 生物医药 | 领军企业:北京天坛生物制品股份有限公司、上海葛兰素史克生物制品有限公司、重庆智飞生物制品股份有限公司、上海生物制品所、南京华奥等;主要城市:北京、上海、青岛、天津、南京等 | 代表人物:诺贝尔生物和化学奖得主;<br>代表企业:Novartis, Sanofi, MSD, Gilead等;<br>代表国家:美国、日本、以色列、德国以生物医药创新为主、印度仿制医药发达 |
| | 生物医学工程 | 领军企业或组织:中国生物技术股份有限公司、华兰生物工程股份有限公司、哈药集团、复旦大学、中科院上海冶金所、清华大学、联合基因有限公司、军事医学科学院、中科院上海细胞所、华大基因等 | 代表人物:为诺贝尔生物和化学奖得主;<br>代表企业:美国辉瑞公司、瑞士罗氏公司、德国默克公司、瑞士诺华公司、美国强生公司等 |
| | 生物服务（CRO——医药研发外包服务业） | 领军企业:药明康德、尚华医药、泰格医药、博济医药等 | 代表企业及组织:QuntilesIMS（昆泰）、LabCorp（实验室集团）、PAREXEL（精鼎医药）、Pharm aceuticalProduct Devebpment、INC RESEARCH HOLDINGS、PRA Health Sciences、ICON、Charles River、Advent Intemational 等;<br>代表国家或地区:美国北卡罗来纳州、爱尔兰、日本、英国等地 |
| | 智慧健康（医疗可穿戴设备/移动医疗） | 领军企业:春雨天下、丁香园、深圳市新元素医疗技术开发有限公司 | 代表企业及组织:IBM、Epocmtes、CardioNet、W eIDoc、ZocDoc、Vocera、Spectrx、Maxim Integrated、三星、谷歌 |

**表3 新经济产业**

新经济产业人才需求情况

| 产业名称 | 产业链细分方向 | 行业领军人才分布 | |
|---|---|---|---|
| | | 国内 | 国外 |
| 高端设备制造 | 1. 工业基础热源(层流等离子体束热源);<br>2. 轨道交通(层流等离子体束表面强化技术);<br>3. 土壤污染修复与土壤改良;<br>4. 农业力学(土壤);<br>5. 土壤修复改良(护理)智能机器人;<br>6. 机械加工工艺;<br>7. 增材制造;<br>8. 超高精度铬膜光罩(面板产业配套);<br>9. 液晶用玻璃基板;<br>10. 航空器件制造;<br>11. 医疗行业各科应用 | 1. 在工业基础热源和轨道交通方向,目前国内尚无领先企业及个人;<br>2. 土壤修复工艺及装备科研人才多在北京、南京;<br>3. 立体保护性免耕技术在德国、美国、意大利、深圳;<br>4. 农业机器人、环保机器人在德国、日本、沈阳、上海;<br>5. 增材制造业在杭州,徐铭恩;<br>6. 硅酸盐、材料专业人才主要在玻璃制造行业或该行业相关科研单位;<br>7. 民用航空电子系统主要在美国和欧洲,公司包括空客、波音主机厂商、泰雷兹、柯林斯、GE、霍尼韦尔、松下等国际知名航电企业;<br>8. 航空器件制造人才主要在佳明 | |
| 人力资源行业 | 人力资源服务(人力资源外包服务) | 领军企业或机构:中智、ADP、领英、美世、CEB、万宝盛华、韦莱韬悦、ATA、智睿咨询、科锐国际等 | |
| 仓储物流 | 1. 口岸经济;<br>2. 物流供应链;<br>3. 园区服务 | 人才主要集中在上海外高桥自贸区等沿海发达经济带;宝供物流、科捷物流、新杰物流、拓领中国、和黄物流、中国物资储运总公司、安得物流、中外运、中远等 | CEVA、普菲斯亿达、威特、万邑通等 |
| 服务业 | 知识产权专业服务 | 国内一线城市为主 | — |

**表4 金融产业**

金融产业顶尖人才需求情况

| 产业名称 | 产业链细分方向 | 行业领军人才分布 |
|---|---|---|
| 金融业 | 银行 | 领军人才主要有资深研究员、交易员、合规风控专员等,如广发银行资产管理部总经理陈芳、兴业银行资产管理部总经理顾卫平等,主要为央行、四大行等机构,主要分布在北京、上海、深圳、广州等国内一线城市 |

续表

| 金融产业顶尖人才需求情况 | | |
|---|---|---|
| 产业名称 | 产业链细分方向 | 行业领军人才分布 |
| 金融业 | 证券 | 领军人才主要有行业分析师等,如光大证券首席经济学家徐高、华泰证券首席策略分析师徐彪等,主要在北京、上海、深圳、广州等国内一线城市 |
| | 保险 | 领军人才主要有精算师等,领军企业有太平洋保险、中国人寿保险、平安保险、泰康保险等以及一系列保险代理公司,主要分布在北京、上海、深圳、广州等国内一线城市 |
| | 新兴金融业 | 领军人才主要有风险管理、产品开发、数据分析、IT 人才等,在北京、上海、深圳、广州等国内一线城市以及微软亚洲研究院、顶级 AI 研究机构等 |
| | 金融外包及配套服务业 | 领军人才主要为财务结算税务等方面资深人员,在北京、上海、深圳、广州等国内一线城市 |

# 三　顶尖人才特点和诉求

相对于其他各类人才，顶尖人才群体有其自身的特点和需求。成都高新区在招引顶尖人才的工作中，需要明确顶尖人才在整个科技体系中的定位，根据其特点和诉求，制定合理的引才、用才策略，使各项资源充分发挥作用。

## （一）顶尖人才的主要特点

通过对国内"两院"院士、国家最高科学技术获奖者和诺贝尔物理、化学、医学奖获得者的情况进行分析可以发现，顶尖人才除了平均年龄大外，还存在两个普遍特点。

### 1. 顶尖人才主要工作单位大多不在企业

2001～2015 年当选的中国"两院"院士中有 80% 的就职于大学、研究院等研究机构，6% 的就职于政府、医院、军队、社会团体等单位，只有 14% 的就职于企业（见图 2）；2000 年后诺贝尔物理、化学、医学奖获得者中有 95% 的就职于大学等专业研究机构，2% 的就职于政府、医院、军队、社会团体等单位，仅 3% 的来自企业（见图 3）。来自企业的顶尖人才中，大多也在企业下属研究所工作，所以大多顶尖人才对企业运作并不熟悉。虽然很多顶尖人才会有自己的企业，但由于其主要工作不在企业，目前各地通过企业引进顶尖人才更多只是挂名。

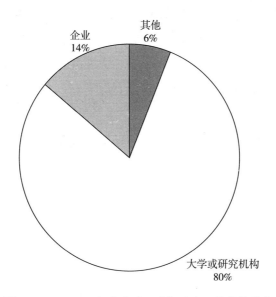

**图2　2001～2015年当选"两院"院士工作单位分布**

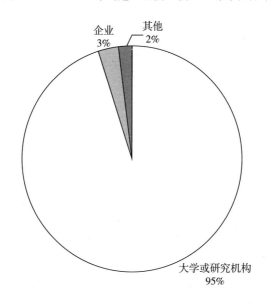

**图3　2000年后诺贝尔物理、化学、医学奖
获得者工作单位分布**

**2. 顶尖人才从事的研究领域和研究成果不一定可以直接转化为生产力**

由于顶尖人才中相当一部分从事基础理论研究，其研究成果距离转化为生产力有一定距离。如 2016 年度国家最高科学技术奖获得者赵忠贤从事高温超导研究，其成果尚无法进入应用层面；2017 年诺贝尔物理学奖获得者雷纳·韦斯、巴里·巴里什和基普·索恩从事引力波探测研究，属理论验证；2005 年和 2008 年的诺贝尔生理学或医学奖分别表彰胃溃疡和宫颈癌治病原理的研究。科技领域中的高水平奖项多用于表彰基础科学研究，而这些成果主要用于完善科学理论，距离实际应用比较遥远，且适用领域可能较广。例如 1997 年克隆技术在英国诞生，被认为应用前景广阔，相关科学家于 2012 年获得了诺贝尔生理学或医学奖，但克隆技术至今没有得到大规模实际应用，也未形成特定产业。

## （二）顶尖人才的主要诉求分析

为准确获得顶尖人才的诉求信息，全球化智库（CCG）、猎聘网对 4 名"万人计划"杰出专家和海外菲尔兹奖获得者进行了问卷调查和采访，针对顶尖人才"是否愿意到成都工作""愿意及不愿来成都工作的原因""中国在招揽顶尖人才的工作中哪些方面需要加强""顶尖人才在中国发展中可以发挥哪些作用"等问题开展调研。被问询的专家每道题可以从已有选项中选择三个答案或者自行书写答案。经过调查，可以发现顶尖人才的诉求呈现以下特点。

**1. 顶尖人才对改善国内"科研和产业环境"要求强烈**

所有专家在回答"您认为中国招揽顶尖人才，最需要在哪些方面加强？"一问时，都选择了与科研、产业化工作条件的选项，其中内容包括"营造优良学术氛围""提高信息自由度""提高配置条件""提高审批效率"，以及"改善法制环境"等。只有一名专家提到要提高研究经费和改善生活环境。由于顶尖人才基本上都拥有较好的收入和生活保障且从事的研究多在高精尖领域，工作条件要求较高，故其更加重视"科研和产业环境"。

**2. 顶尖人才对来成都工作并不排斥**

参加调研的专家大多认为成都各项条件优良，发展前景不错，不会有排斥的感觉。只有一名专家不愿来成都，原因也主要是"无合适的研究课题""不看好前景"。

**3. 顶尖人才更愿从事思想引领方面的工作**

参与调查的专家在回答"顶尖人才在中国的发展中可发挥哪些主要作用？"这一开放性问题时，一致认为应该在自己所从事的领域进行思想引领，促进创新。由于顶尖人才一般带领一个甚至多个研究团队，自己直接从事实验、计算、编写等工作的时间不多，所以顶尖人才需在专业领域进行思想引导工作成为所有专家共同的观点。

同时，调研中部分专家对国内加强产、学、研结合呼声强烈。他们认为，美国大学在与公司联合培养学生方面领先中国很多，产、学、研衔接较好。发达国家"双轨制"教育体系已延伸至理论人才培养领域也说明经济发展水平较高，市场竞争层次较高。

# 四　高新区招引顶尖人才参考建议

通过对顶尖人才特点及诉求的分析，可以明确其在社会中的定位——顶尖人才作为科技体系中的核心和引领者，其作用影响到社会发展、人民生活的各个方面，其价值不仅体现在经济领域，也包括教育、科技、文化、社会保障等多个领域。因此对顶尖人才的招引、应用中需要注重以下六个方面。

## （一）加强信息互通，搭建多样化的引才平台

调研中有专家提到信息不对称问题。国内不乏能够引发顶尖人才关注的科研项目和人才政策，但海外人才并不知晓；国内科技企业、投资机构也不了解海外的一些优秀科技项目。顶尖人才对国内各地方没有排斥思想，不愿来成都的顶尖人才很多也是因没有找到合适的研究项目和团队。所以利用多种信息平台增进相互了解是招引顶尖人才的首要工作。由于很多科研团队在

拿到项目资金后就不再关注其他投资或政策，尤其在海外，产、学、研一体化程度高，优秀项目很快会找到合作方，因此成都高新区吸引顶尖人才需要加大宣传力度，同时通过招聘、会展、论坛等多种活动推广高新区；通过海外人才工作站、异地孵化器、海外合作机构等广泛收集科技、人才信息。

### （二）顶尖人才工作模式多样化

由于大多数顶尖人才主要工作单位不是企业且研究领域不一定可以直接产业化，所以承接顶尖人才的机构可以是大学、研究院、社会团体等多种机构。苏州工业园区独墅湖高教区通过与高校及科研院所联合，建立高等教育人才培养基地，在为园区吸引、培养各类人才的同时，抢占理论人才的制高点，为经济提档升级、可持续发展做好知识储备。同样，顶尖人才的工作内容也可以多样化，无须拘泥于科技研发或产业化工作。由于顶尖人才普遍年龄较大，直接投入工作的时间有限，而且其也愿意从事思想引领工作，因此顶尖人才在人才培养、带领团队方面产生的效用可能更大。例如，香港城市大学创意媒体学院 2009 年从澳大利亚引进的 VR 领域泰斗 Jeffery Shaw 教授并不从事教学或管理方面工作，而是带领团队为创意媒体学院承揽联合国教科文组织、香港武术协会、台北故宫博物院等单位的一些文化保护项目。通过此类工作，创意媒体学院不仅在文化领域树立了品牌，也为香港地区培养了一批 VR 领域人才。成都高新区在吸引顶尖人才时也可借鉴其他地区的成功经验，在工作单位、工作模式方面实现突破。

### （三）完善产业配套

在诉求调研中，有专家反映美国相应的产业化配套完善，顶尖人才只需专注于科研，产业化相关工作由专业公司处理，对人才权益的保护也很到位。中国市场经济要通过顶尖人才的科研项目实现提档升级就需要提高科技成果转化工作的专业性，完善产业配套。在产业配套建设之初，可以考虑整体引进项目团队，包括专家、技术工人、设施、管理机制等。如陕西省整体引进乌克兰安东诺夫设计局的 2000 名员工及其家属，打造大型军用运输机设计、生产基地。成都高新区在引进顶尖人才的同时也可考虑整体引进团队以及配套机构，以确保人才能够顺利开展工作。

## （四）强化本地顶尖人才培育工作

引进异地、海外顶尖人才的同时，也需要重视本地高层次人才的培育工作，主要原因有三方面：第一，外部人才的引进工作存在高时间成本、高沟通成本、文化不适应、人才稳定性低等问题。培育本土人才在规避上述问题的同时，也能够为本地建立稳定的高层次人才供应链。第二，通过人才培育还能实现对顶尖人才自身的"保鲜"。通过指导培育年轻人才，顶尖人才能够了解前沿知识、更新理论储备、避免自身知识体系停滞或退化。第三，通过顶尖人才培育，可扩大与外界合作、沟通的渠道。由于现在的科学研究中跨国、跨界合作多，同时顶尖人才一般也具有多重身份，所以在本地培养顶尖人才队伍对扩大地区间科技合作有极大促进作用。

## （五）营造良好的学术氛围，建立科研生态圈

目前各地在顶尖人才争夺中都投入大量资金、土地，由于资金和土地的边际效应递减，此类资源很快会沦为人才招引的保健性因素。顶尖人才在能够得到足够的资金、土地的情况下会寻找其他边际效应更高的资源。与产业招商相似，完整的科研生态圈包括自由的学术氛围，合理的科学评价体系，规范的科技伦理体系，充分的人才溢出效应，充足的信息来源等。完整的科研生态圈不仅有利于科研本身发展，也不易被模仿。尤其进入知识社会后，创新将成为人才的基本能力，理论成为新社会的核心竞争力，而经验、创新将以大数据模式沦为编码产物，所以提前构建一套优良的理论科研生态圈对于未来地区发展十分重要。

从调研结果来看，顶尖人才对当前国内的科研和产业环境意见最多。目前国内保留研究型人才的能力也确实较弱。由于国内教育存在意识形态干预学术研究、学术评价注重可量化的产出等问题，因此即使在科研投入不断加大的情况下，大量有潜力成为顶尖人才的研究型人才仍然外流。截至 2016

年，在美中国移民已达 230 万人，较 1980 年翻了六番。在 25 岁及以上的华人中，又有过半数持有本科及以上学历。中国移民中持有硕士及以上学历的人群占比（27%）约为其他族裔移民（13%）或美国本国人（12%）的两倍。此外，赴美留学的中国籍留学生中，有 43% 的从事科研的领域是与国家创新能力与竞争力密切相关的 STEM 学科（即科学、技术、工程、数学教育总称）①。因此高新区在吸引顶尖人才工作中需要优化相应的科研软环境，促进科研生态圈的完善。

## （六）创新人才招引思维，发挥顶尖人才自主性

统揽今天国内各地顶尖人才招引政策，主要借用了产业招商的套路，即根据地区发展战略，通过落户、资金、土地、人才服务等优惠政策来招引人才，有些地方甚至在政策文件中限定顶尖人才来自哪些国家和获奖专业。过多的政府干预不但可能导致畸形的科技生态圈，还导致各地人才招引手段雷同，大量的资源投入起不到应有的激励作用。相比之下，美国、英国等国政府在科技领域更多让人才自己主导（如教授治校），让科研管理体系自身发挥调节作用，而政府仅在财政、科技伦理建设等方面起到间接作用。例如自 1969 年诺贝尔经济学奖设立以来，共有 33 名美国专家获奖，占到诺贝尔经济学奖获奖人数的 45.2%，现代各类管理理论尤其是技术管理和创新管理理论也多出自美国。各领域的杰出人才促成了完善的社会科学体系，不仅保障了科技的健康发展，也制定出科学的发展战略和实施方案，甚至推断未来顶尖人才和科研管理体系的特征，提前布局。此外，顶尖人才的研究可能创新出一个甚至多个全新的产业，而政府的产业发展战略基本上都是针对已有技术制定，缺乏创新性。20 世纪 70 年代于美国兴起的供给学派认为需求会自动适应供给的变化，即新的供给会催生出新的需求。例如，英国曼彻斯特大学安德烈·海姆和康斯坦丁·诺沃肖罗夫教授因在二维空间材料石墨烯方

---

① MIGRATION POLICY INSTITUTE： "Chinese Immigrants in the United States"． https：//www. migrationpolicy. org/article/chinese－immigrants－united－states.

面的开创性实验而获得 2010 年诺贝尔物理学奖，石墨烯也被称为"21 世纪改变世界的材料"。然而在安德烈·海姆教授测量石墨烯物理属性前并没有人了解这种材料的特性，更无产业前景预测。曼彻斯特大学在聘用安德烈·海姆教授时也无法估计到其研究成果会产生世界性的影响。因此发挥顶尖人才的主观能动性所产生的收益可能比按照政府既定产业路线发展更大。

由于顶尖人才一般会受雇于多个单位，有多个工作地点，研究通过智能体网络在多地同时进行，在本地研究的成果也可能在其他地方转化。因此各地方政府应该摒弃为地方经济数据、人才报表或装点门面而招引顶尖人才的理念，确定顶尖人才作为科技体系中的核心地位，充分发挥顶尖人才在专业领域的作用，为科学事业和社会发展做出贡献。

# 五　结论

根据全球化智库发布（CCG）的《2017 中国区域国际人才竞争力报告》蓝皮书的统计，四川省国际人才竞争力在各省（自治区、直辖市）中排名第 10，这说明四川省在引进国际人才方面与先进省市仍有较大差距。因此，成都高新区在顶尖人才招引过程中，应考虑到四川省现实情况，避免资源浪费，集中力量营造良好的学术环境和科研生态圈，充分发挥顶尖人才的主观能动性，通过智能体网络等新兴手段，让本土人才参与顶尖人才科研项目并分享成果。

在各地都在争抢的顶尖人才方面，经过调研发现，顶尖人才在有足够生活保障的情况下，更加关注工作条件的改善。而且由于顶尖人才一般年龄较大，从事研究领域距离产业较远，常带领多个研究团队，所以更愿意从事思想引领和创新促进方面的工作。因此，在招引顶尖人才的工作中应放弃招商思维、GDP 思维，摒弃拼资金、拼土地等"资源消耗"型手段，转而将重点放到改善科研条件，提供科研配套，多重手段招引上。

# B.10
# 成都市金融人才引进情况
# 分析及相关建议*

陈宗权　刘力嘉**

摘　要：　高素质金融人才是成都市西部金融中心建设取得成功的关键因素，而做好人才引进工作更是重中之重。目前，成都市金融人才引进工作尚处于起步阶段，虽然政府采取了积极的人才政策，建设了初具规模的金融载体，同时还注重打造提供学术支撑的财经智谷，使成都市金融人才引进工作取得了一定进展，但其在金融人才总量、高端人才占比、人才国际化程度以及人才发展环境优化等方面仍然存在不足。鉴于此，我们提出以下建议：应当深刻认识金融人才在成都新经济发展中的战略意义，高度重视人才引进工作；全面落实好各项金融人才优惠政策，实施更加积极的、系统化的引才策略；提升城市金融服务功能，打造西部金融创新创业生态圈，增强人才聚集效应；同时推动金融人才聚集模式向市场主导型转变，进一步健全完善人才服务体系。

关键词：　金融人才　人才引进　人才政策　载体建设　新经济

---

* 本文在写作过程中得到成都市金融工作局政策法规处副处长苏浩宇的大力帮助，在此谨致谢忱。
** 陈宗权（1979~），西南财经大学党办副主任，马克思主义学院教授，博士生导师，研究方向为马克思主义理论、政治学；刘力嘉（1994~），西南财经大学马克思主义学院硕士研究生，研究方向为马克思主义中国化。

习近平总书记在党的十九大报告中着重强调了人才对于党和国家事业的重要性，指出"人才是实现民族振兴、赢得国际竞争主动的战略资源"①，强调必须要坚持党管人才原则，聚天下英才而用之，加快建设人才强国。当前，成都市正处于发展新经济、培育新动能、为建设全面体现新发展理念的国家中心城市、打造新动力引擎和现代化经济体系的关键时期，面临着经济发展的动力转换节点。新一轮科技革命和产业变革创造了前所未有的历史性机遇，高素质人才在城市建设与金融行业发展中的作用越来越重要。因此，正确认识金融领域高素质人才培育及引进工作重要性、积极实施金融人才引进战略，对成都市建成"西部金融中心"具有十分重要的现实意义。

早在1993年的《西南和华南部分省区区域规划纲要》中，国家便已经明确了成都市作为西南地区科技中心、商贸中心、金融中心和交通通信枢纽的地位，注重促进其区域中心功能的发挥。近年来，国务院相继出台《关于深入实施西部大开发战略的若干意见》《关于印发全国主体功能区规划的通知》以及《成渝城市群发展规划》等文件，进一步明确了成都西部中心城市的地位以及国家中心城市的目标，并同时做出了将成都市建设成西部地区金融中心的重大战略部署。2017年4月，成都市第十三次党代会提出要"增强西部金融中心功能，全面建成具有国际影响力的西部金融中心"②，首次将西部金融中心纳入国家中心城市的核心功能定位。如何推进西部金融中心建设、将成都建成中国金融版图的重要一极，已经成为成都市增强城市综合竞争力与影响力的关键性举措。

要推动西部金融中心建设，必须针对其现状明晰方案、统筹推进、重点突破，优化金融产业功能布局、促进传统金融业转型升级、健全金融市场体系并改善金融生态。而完成这些重点任务的可靠保障，就是为西部金融中心建设提供丰富的人才储备资源、注重金融人才引进、加强金融人才的队伍建

① 习近平：《决胜全面建成小康社会　夺取新时代中国特色社会主义伟大胜利》，http：//news. xinhuanet. com/2017－10/27/c_ 1121867529. htm，2017年10月18日。
② 范锐平：《深化改革开放聚力创新发展为建设全面体现新发展理念的国家中心城市而奋斗》，http：//news. chengdu. cn/2017/0502/1873626. shtml，2017年4月28日。

设，以高素质人才推动发展战略的落实与运行，从而保障建设举措的顺利展开。《成都市金融业发展"十三五"规划》将"助力人才聚集"放在了金融中心建设保障手段的重要位置，金融人才的引进已经成为成都市西部金融中心建设战略和人才发展工作的重中之重。

## 一 成都市金融人才引进工作现状

2016 年中国（深圳）综合开发研究院发布的第八期"中国金融中心指数"（CDI·CFCI）显示，当前成都市综合竞争实力在全国排名第五、中西部排名第一，已然成为我国中西部地区金融机构种类最为齐全、数量最多、金融市场发展速度最快的城市。截至 2016 年末，成都市全市金融业增加值已达到 1386 亿元，同比增长 8.7%，占地区生产总值的比重达到 11.4%。[①]截至 2016 年，成都市共有各类金融机构、准金融机构 1800 余家，内含银行业金融机构、保险机构、证券期货机构、金融中介机构、金融后台机构及服务外包机构等多个种类（详情见图 1），其中尤以金融中介机构数量众多，会计师事务所、保险经纪等机构数量高达 850 家，金融生态较为完整，金融人才需求量空前增加。

针对金融人才需求的扩大以及成都市发展新经济的需要，成都市采取了多方面措施引进金融人才，且初见成效。成都市人社局（微博）发布的《2015 年成都市人才资源状况报告》显示，截至 2015 年，成都市有超过 376 万名的各行各业人才，其中金融从业人员已经超过 20 万人，并还将持续不断增加。[②]同时根据猎聘网在 2017 年 9 月 22 日发布的《海外人才画像大数据报告》显示，在"新一线城市"当中，当前海外人才分布比例最高的是成都，占比为 2.08%，且其中金融行业人才扎堆最明显。成都市金融人才引进虽然取得了一定成效，但仍然存在相应的问题，主要有以下三个方面。

---

[①] 成都市发展和改革委员会：《2016 年成都金融业增加值达 1386 亿元同比增长 8.7%》，http：//www.cddrc.gov.cn/detail.action？id=850660，2017 年 3 月 24 日。

[②] 详情参见成都市人力资源和社会保障局：http：//www.cdhrss.gov.cn/index.action。

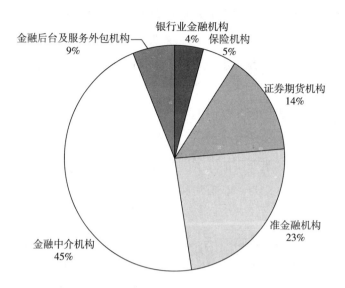

**图1　2016年成都市各类金融机构种类分布**

资料来源：成都市金融工作局。

首先是金融人才总量不足，高端人才尤其匮乏。从相关数据可知，成都市当前的金融人才总量与重庆相当，但与上海等金融发达城市相比，金融人才总量仍然偏少，高端金融人才尤其不足。例如，截至2015年底，上海市金融从业人员已达35.07万，总量大幅度领先于成都市当时所拥有的数额，这些人员分布于上海市的各类金融要素市场、金融机构以及金融监管和服务部门，涵盖银行、证券、保险、基金、信托、资产管理和新金融等多种业态，且其中青年人才所占比例高达75.5%，为上海市金融业的发展提供了一支最有朝气、最富活力的主力军和生力军。[①] 其次是人才国际化程度较低，海外人才引进工作进展较慢。据了解，虽然成都市近年来开始注重鼓励外籍人士来蓉创新创业，积极推动有效分享全球智力资源，但相比国内一线城市，当前成都市拥有海外学习和交流经历的国际化金融人才在金融行业中

---

[①]　新华网：《上海金融从业人员已超35万人逾七成为青年》，http：//www.sh.xinhuanet.com/2017－05/16/c_136287338.htm，2017年5月16日。

占比仅为7%，低于北京、上海、深圳等国际化程度较高的城市。最后是人才发展环境还需优化，人才发展平台也需要进一步完善。就目前情况而言，成都市专门针对重要金融人才的服务平台和机制还不够健全，金融人才引进支持政策与发达地区相比还有提升空间。例如，上海浦东成立了国际金融研究交流中心、金融青年创新创业俱乐部，并推出了金才优护、金才优教、金才安居等一系列金融人才扶持措施，这些都为上海市金融人才的引进与培养提供了广阔的平台，进一步加强了上海市金融人才的集聚效应。而类似的金融人才平台在成都还需进一步搭建和完善。

## 二 当前成都市引进金融人才的政策与举措

为推动金融人才引进工作的顺利开展、创造金融人才来蓉发展的良好条件、构建金融人才发挥效用的优质平台，进而强化西部金融中心建设，成都市在近年来采取了多个方面的政策举措，主要集中在以下三个方面。

（一）优化人才政策环境，完善人才服务体系，打造金融人才聚集高地

高素质人才是产业进步的催化剂，同时也是城市发展的核心建设者。在新时代的城市竞争中，如何吸引高素质人才已经成为各大城市相互角逐的关键性问题。对于成都西部金融中心建设而言，出台针对金融人才的相应优惠政策、吸引高素质金融人才来蓉是其重要的保障措施。

成都市近年高度重视人才的引入工作，从2011年开始先后制定了3个办法、4个项目以增强对高素质人才的吸引力，更在2016年11月将上述政策汇总至统称为"成都人才计划"的《成都市引进高层次创新创业人才实施办法》，打造出属于成都的引才品牌。2014年，为推动成都西部金融中心建设，吸引金融人才来蓉，成都市发布了《关于开展"成都人才计划"高层次金融人才申报工作的通知》，首次将高层次金融人才纳入第四批"成都人才计划"中。该计划针对高端金融人才提供了多个方面的优惠政策，符

合条件的金融人才将被授予"成都市特聘专家"称号，给予 100 万元资金扶持，并在出入境、薪酬、创新创业、税收、医疗和保险等 11 个方面予以特殊待遇。①

2017 年，成都市又出台了《关于深化人才发展体制机制改革、加快推进国家中心城市建设的实施意见》（又称"成都人才 36 条"）、《成都市人民政府关于进一步加快金融业发展的若干意见》《成都实施人才优先发展战略行动计划》以及《成都市金融业发展"十三五"规划》等相应文件，提出要分批引进海内外高素质、高层次金融人才，积极为外籍人才来蓉创新创业争取"国民待遇"，同时对符合相应条件的金融人才给予出入境与居留、租（购）房补贴、户籍、子女教育等政策支持，鼓励具有特许金融分析师（CFA）、中国注册会计师（CPA）、金融风险管理师（FRM）、特许公认会计师（ACCA）以及国际金融理财师（CFP）等执业资格的高端金融人才及拥有丰富先进企业实践经验的创新型人才到成都市创新创业，进一步优化了人才政策环境，完善了人才服务体系。

（二）推动金融载体建设，完善载体资源配置，为金融人才来蓉搭建良好平台

载体建设是金融产业发展的重要支撑，是西部金融中心建设的重要内容，同时也是金融人才充分发挥其效能的重要平台。成都市一直以来都高度重视金融产业载体建设，先后规划了包括成都金融总部商务区、金融后台服务区、金融服务产业园区和东大街民间金融中心四大区域在内的传统金融聚集区，同时还打造了包括金融梦工厂、天府商品交易所等在内的众多新兴金融载体。

在传统金融聚集区方面，成都市金融后台服务集聚区是 2007 年规划的金融后台服务中心载体，主要用于承接金融外包及后台服务产业发展。成都

---

① 《关于开展"成都人才计划"高层次金融人才申报工作的通知》，http：//cdzzb. chengdu. gov. cn/Website/contents/21/1415. html，2014 年 10 月 13 日。

市金融服务产业园区正在天府新区创新研发产业功能区规划建设，专门用于承接新的金融外包及后台服务业转移。东大街民间金融中心立足于锦江区东大街原本的金融机构集群态势建设而成，是拥有坚实产业基础的成都民间金融聚集区。四大金融聚集区域中发展最为良好、功能最为齐备的重要载体是成都金融总部商务区，其设立于2008年，规划总面积约为5.1平方公里，是目前中西部规划面积最大的金融业发展集聚区，截至2017年3月区内已经入驻各类金融企业419家，总投资额达461亿元。① 这四个体量庞大、各具特点的传统金融聚集区为成都市金融人才市场提供了大量岗位和流动场所，也为金融人才的引入创造了良好平台与广阔空间。

在新兴金融载体方面，成都市积极打造西部金融创新创业生态圈，推动金融载体多样化发展。2016年11月投入运行的金融梦工厂是国内首个金融业双创空间，截至2017年3月已经入驻金融创新创业团队35个，入驻率超过90%，基本构建了以第三方支付创新、大数据征信画像、区块链技术应用为核心领域的产业格局。② 天府商品交易所是由中国西部地区钢铁、化工、矿业、农业、传媒等行业的龙头企业和国内大型金融机构共同发起，经国家工商总局核准名称，四川省人民政府批准设立的大宗商品电子交易平台，2016年体系内成交总额已达到6998亿元，并与伦敦金属交易所（LME）、美国洲际交易所（ICE）、芝加哥交易所（CME）等国际一流交易机构达成战略共识。③ 这类新兴金融载体拓宽了金融人才来蓉的就业渠道、突破了传统金融载体空间与时间上的限制，为金融人才的引入提供了更加多元化的配置领域和从业选择。

---

① 成都市发展和改革委员会：《2016年成都金融业增加值达1386亿元同比增长8.7%》，http：//www.cddrc.gov.cn/detail.action？id=850660，2017年3月24日。
② 成都市发展和改革委员会：《2016年成都金融业增加值达1386亿元同比增长8.7%》，http：//www.cddrc.gov.cn/detail.action？id=850660，2017年3月24日。
③ 成都市发展和改革委员会：《2016年成都金融业增加值达1386亿元同比增长8.7%》，http：//www.cddrc.gov.cn/detail.action？id=850660，2017年3月24日。

### （三）构建财经智谷，优化学术环境，为金融人才引进提供有力学术支撑

建设西部金融中心、引进高素质金融人才不仅需要采取措施推动成都市实体金融产业的繁荣兴盛，同时也需要在理论和学术方面激发金融领域的活力与创新力，优化学术环境，为构建西部金融中心提供智力支撑。近年来，成都市在金融学术环境的优化以及学术氛围的营造上都采取了相应举措，其中最为突出的举措是推动"环西南财大财经智谷"建设一系列学术论坛及学术交流活动的开展。

西南财经大学是以经济学管理学为主体、金融学为重点的全国重点大学，被誉为"中国金融人才库"，是四川省乃至全国范围内高素质金融人才培养的重要基地，也是金融学科学术探讨和交流的主要阵地。成都市金融业发展"十三五"规划中明确指出，构建西部金融中心要在西南财经大学建设环西南财大财经智谷，推动建设环高校科技成果转化区和金融文化展示基地，建设立足西部、辐射全国、面向国际的高层次金融研究新型智库、金融中介机构聚集高地、金融创新孵化器和产融结合助推器。[①] 近年来，西南财经大学在财经智谷的构建上做出了多方面的努力。首先，西南财经大学在实际工作开展中十分注重科研平台及学术阵地建设，积极推进政产学研用的深度融合，不断优化科研活动组织载体，先后与四川省政府、成都市政府及国际顶尖金融研究机构合作设立了天府金融创新研究院和金融科技实验室，成功搭建多个科研合作平台，积极服务于成都西部金融中心建设战略。其次，西南财经大学瞄准国际金融学科领域发展前沿，以构建具有原始性创新能力的学科创新引智基地为目标，在 2016 年凭借中国家庭金融调查和研究创新引智基地成功入选国家"111 计划"，全面提升了学校的科技创新能力，也进一步强化了成都市金融领域的引智能力。

---

① 范锐平：《深化改革开放聚力创新发展为建设全面体现新发展理念的国家中心城市而奋斗》，http://news.chengdu.cn/2017/0502/1873626.shtml，2017 年 4 月 28 日。

同时，为了推动成都市对外学术交流与研讨，市政府还积极推动跨地区金融论坛和交流会的开展，2016 年 8 月到 2017 年 8 月，成都市成功举办了包括"成都金融大时代"高峰论坛（2016 年 8 月 23 日）、"西部金融中心论坛"（2016 年 10 月 29 日）、"成都创新创业金融论坛暨产业与金融论坛"（2016 年 11 月 7 日）以及"西部金融论坛"（2017 年 5 月 15 日）等在内的多场论坛活动，在多个方面围绕如何建设西部金融中心开展了学术研讨和交流，吸引大批国内外学者参加。此外，在 2017 年 8 月 22 日举办的"川港澳合作周"成都建设国家西部金融中心专场活动中，成都市还与香港地区达成了加强两地院校学府交流联系的共识，推动了成都对外学术交流的进一步深化。[①]

构建"环西南财大财经智谷"并积极开展学术交流与研讨，不仅能够为成都市金融领域的产业创新提供理论支持与智力支撑，同时也能够以高校为轴心搭建起一个兼具学理性和实务性的财经智囊人才库，优化学术环境，在培养大批优秀青年金融人才的同时进一步吸收引进外部高素质金融人才，为人才引进营造良好的学术氛围，为成都市建设西部金融中心提供强有力的人才支撑。

## 三 对成都市金融人才引进工作的建议

### （一）深刻认识金融人才在成都新经济发展中的战略意义，高度重视人才引进工作

金融是现代经济的血脉，一个国家或城市想要发展，离不开金融的积累和支持，金融总量的大小、金融市场的发育程度决定着一个地方的经济发展速度和水平，高素质金融人才的作用更是举足轻重。当前，我国经济已由高速增长阶段转向高质量发展阶段，处在转变发展方式、优化经济结构、转换

---

① 成都金融：《"川港澳合作周"成都建设国家西部金融中心专场活动举行》，http：//www. cdjrb. gov. cn/picnews/201708/3320. html，2017 年 8 月 23 日。

增长动力的攻关期，相应的成都市也处于发展新经济、培育新动能、构建现代化经济体系的关键时期，金融人才便在这样新的时代背景下被赋予了更加重要、更加立体化的战略意义。做好成都市金融人才的引进工作必须要深刻认识金融人才在成都新经济发展中的战略意义与重要性，同时高度重视人才引进工作的开展。

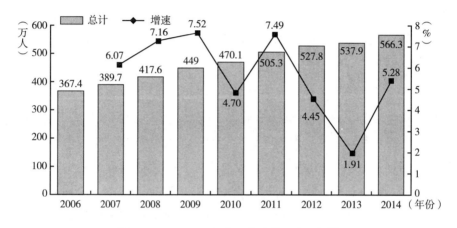

图2　2006～2014年中国金融从业人员数量

资料来源：国家统计局年度数据库。

在当代中国，随着经济的飞速发展，金融人才也扮演着越来越重要的角色，根据 CFA Institute、罗兰贝格管理咨询公司和 LinkedIn 三方合作完成的《2016 年中国金融行业人才发展报告》可知，随着金融业的高速发展，中国金融行业从业人员的数目与日俱增，2006～2014 年其增长比率超过了 73%（见图 2）。同时，随着金融行业在中国的持续发展，特别是创新业务、创新模式的拓展，市场对金融人才的需求日益高涨，金融市场人才的流动也不断加剧，金融人才重要性愈加凸显。[①] 2017 年 11 月 9 日，成都市召开了新经济发展大会，省委常委、市委书记范锐平在会上明确表示成都市将在未来重点发展数字经济、智能经济、绿色经济、创意经济、流量经济、共享经济

---

① CFA、罗兰贝格：《2016 年中国金融行业人才发展报告》，http：//www. 199it. com/archives/494394. html，2016 年 7 月 14 日。

"六大新经济形态"，构建具有成都特色的新经济产业体系。而这六大经济形态的构建都与高新科技金融产业息息相关，在各大经济形态发展过程中金融人才的支撑能力和战略性作用也得到充分体现。分析成都市新经济发展现状可知，当前成都虽然坐拥多所高等院校与国家级科研机构，人才储备丰富，但在与新经济发展密切相关的前沿领域的人才供给却较为不足，缺乏有力的智力支撑，从而制约了新经济的进一步发展。

针对这样的情况，需要深刻认识当前金融人才在城市建设与新经济发展中的战略意义，对金融人才引进给予高度关注，将金融人才引进工作放到全市发展战略的重要位置，落实好相应的人才政策，积极推进金融人才引进工作的开展。同时，还应当加强对金融人才来蓉之后生活状态的关注，尤其需要帮助海外金融人才适应本地生活工作环境，积极为外籍人才来蓉创新创业争取"国民待遇"，提升人才来蓉后对成都社会生活的适应程度与满意程度，积极引导成都社会与来蓉人才良性互动，增加成都市对外来金融人才的包容力与吸引力，重视金融人才从引进到发挥职能每一环节工作的开展。

### （二）全面落实好各项金融人才优惠政策，实施更加积极的、系统化的引才策略

针对当前的人才队伍建设，习近平总书记在党的十九大报告中指出必须"实行更加积极、更加开放、更加有效的人才政策，以识才的慧眼、爱才的诚意、用才的胆识、容才的雅量、聚才的良方，把党内和党外、国内和国外各方面优秀人才集聚到党和人民的伟大奋斗中来"[①]，虽然成都市历来重视高素质人才的引进工作，但对比其他学科类别人才引进开展的起步时间，金融人才引进工作在成都市的系统化开展相对较晚，主要起步于 2014 年首次纳入金融类人才的"成都人才计划"，并在近两年伴随着成都市金融业发展

---

① 习近平：《决胜全面建成小康社会　夺取新时代中国特色社会主义伟大胜利》，http：//news. xinhuanet. com/2017－10/27/c_ 1121867529. htm，2017 年 10 月 18 日。

"十三五"规划的准备与出台逐步兴起。作为起始时间相对较迟、尚未形成政策联动的人才引进战略,如何将其现有人才政策全面落实、有效开展,并实行更加积极、系统化的引才策略就成了最为首要的问题。

因此,做好当前成都市金融人才引进工作必须首先全面落实好已有的各项金融人才优惠政策,使政策能落地、能见效。具体说来,就是要深入实施人才优先发展战略,大力推进"蓉漂"计划,着眼提升金融人才引进的精准度及其与产业发展的匹配度,强化新经济人才招引。同时,要对接好"成都人才计划",瞄准国家"千人计划""万人计划"专家,全面贯彻落实"十三五"规划要求,将政策中承诺给予高端金融人才的优惠待遇具体落实到申报人手中,确保为高端金融人才提供真实可靠、优质高效的人才服务,使他们安于创新、专于创业,引进大批具有国内领先水平或国际先进水平的领军型人才和团队来蓉。

此外,吸引大批高素质金融人才来蓉还需要进一步完善人才政策,推行更加积极的、系统化的人才引进策略。首先,政府应当主动强化和优化人才政策中社会反响好、人才得实惠的那部分政策,在原有基础上对政策进行继续完善与补充,从人才集中关注的税收优惠、融资扶持、成果转化、身份编制等重点环节着手,制定相关配套政策和操作指引等一系列人才工作政策性文件体系,突出政策比较优势,为人才流动提供制度保障,增强人才获得感,从而留住人才、吸引人才。其次,政府应以当前"成都人才计划"作为起点与基础,结合行业特点,制定更多贴近金融人才工作与生活的优惠政策,促进各项政策之间互为补充、相互联动,提升政策改革的系统性、协同性,完善人才服务体系,以完善的政策体系吸引人才。最后,政府应当深刻领会习近平总书记在党的十九大报告中关于新时代经济工作的新思想,进一步加强新经济人才培育,鼓励新经济平台企业与在蓉高校联合办学和深度合作,为金融人才的引进与聚集提供更加坚实的学术支撑。只有制定更加积极和系统化的人才政策,成都市才能在现代经济建设中赢得先机,以更加主动的姿态吸纳和迎接高端金融人才,为西部金融中心的建设提供智力保障。

（三）提升城市金融服务功能，打造西部金融创新创业生态圈，增强人才聚集效应

　　2017 年 5 月 11 日上午，由中国（深圳）综合开发研究院编制的"中国'双创'金融指数"（IEFI）在深圳和成都两个会场同时发布，根据现场公布的 IEFI 第一期数据，北京、深圳、上海是中国"双创"金融指数最高的三个城市，而"后起之秀"成都则名列全国第 6 位。通过对现场发布数据进行分析可以发现，虽然成都市得分 25.41 居于中西部城市首位，但与北京、深圳、上海得分 77.18、59.52、55.15 相比还是存在距离，位于中国城市"双创"金融系统的第二层级，潜力有待进一步激发。[①] 同时，从 IEFI 基于金融机构、金融市场、金融服务以及金融生态四大领域发展状况指标的城市排名情况表 1 可知，成都市在金融服务领域得分较低，落后于同等层级下的其他城市，尚具备提升空间。金融服务环节上的弱势一定程度上会影响成都市西部金融中心及其金融创新创业生态圈的构建，进而制约人才聚集效应的进一步增强。对于金融人才引进而言，金融服务领域的发展能够提供更多的就业岗位并扩充人才需求，同时也能进一步活跃金融市场、优化金融环境，吸引人才聚集。因此，要增强成都市金融人才的聚集效应，吸引更多的金融人才，就必须要采取措施重点提升成都市金融服务功能，同时激活市内创新创业资源，集聚创新创业要素，强化创新创业保障，激发全社会创新创业活力，积极打造西部金融创新创业生态圈。

　　党的十九大报告中指出，创新是引领发展的第一动力，是建立现代化经济体系的战略支撑。增强成都市金融服务功能、打造西部金融创新创业生态圈具体说来需要实施以下三方面举措。首先，成都市需要充分利用好当前自贸试验区建设的制度红利背景，以初具规模的金融后台服务聚集区以及在建的金融服务产业园区为承载基础，加强政府、金融机构、企业之间的信息交

---

[①] 每日经济新闻：《全国首个双创金融指数出炉成都位居中西部第一》，http://www.nbd.com.cn/articles/2017 - 05 - 10/1104119.html，2017 年 5 月 11 日。

表1　第一期中国"双创"金融指数（IEFI）

| 城市 | 综合指数 | | "双创"金融机构 | | "双创"金融市场 | | "双创"金融服务 | | "双创"金融生态 | |
|---|---|---|---|---|---|---|---|---|---|---|
| | 得分 | 排名 | 分项得分 | 分项排名 | 分项得分 | 分项排名 | 分项得分 | 分项排名 | 分项得分 | 分项排名 |
| 北　京 | 77.18 | 1 | 22.76 | 1 | 16.74 | 1 | 14.27 | 1 | 23.40 | 1 |
| 深　圳 | 59.52 | 2 | 17.13 | 3 | 13.89 | 2 | 8.00 | 4 | 20.50 | 2 |
| 上　海 | 55.15 | 3 | 21.26 | 2 | 8.56 | 3 | 9.60 | 2 | 15.73 | 3 |
| 杭　州 | 32.97 | 4 | 8.82 | 4 | 4.76 | 5 | 8.81 | 3 | 10.59 | 6 |
| 广　州 | 31.06 | 5 | 6.60 | 6 | 5.46 | 4 | 7.69 | 5 | 11.32 | 5 |
| 成　都 | 25.41 | 6 | 5.78 | 8 | 3.53 | 7 | 4.34 | 12 | 11.76 | 4 |
| 苏　州 | 24.84 | 7 | 6.64 | 5 | 2.17 | 11 | 6.06 | 9 | 9.98 | 7 |
| 南　京 | 23.10 | 8 | 4.94 | 10 | 2.26 | 10 | 6.95 | 6 | 8.95 | 10 |
| 天　津 | 22.51 | 9 | 6.00 | 7 | 1.95 | 13 | 6.10 | 7 | 8.45 | 12 |
| 重　庆 | 21.50 | 10 | 5.15 | 9 | 1.64 | 16 | 5.52 | 11 | 9.19 | 9 |
| 武　汉 | 20.90 | 11 | 4.10 | 12 | 4.29 | 6 | 3.28 | 19 | 9.24 | 8 |
| 无　锡 | 16.43 | 12 | 3.44 | 17 | 1.40 | 19 | 6.10 | 8 | 5.48 | 21 |
| 青　岛 | 16.16 | 13 | 3.63 | 15 | 1.79 | 15 | 3.34 | 18 | 7.40 | 15 |
| 长　沙 | 16.04 | 14 | 3.36 | 20 | 2.81 | 8 | 2.44 | 25 | 7.43 | 13 |
| 宁　波 | 16.00 | 15 | 3.37 | 19 | 1.84 | 14 | 5.68 | 10 | 5.12 | 24 |
| 郑　州 | 15.29 | 16 | 2.93 | 23 | 1.47 | 18 | 2.29 | 27 | 8.61 | 11 |
| 合　肥 | 14.94 | 17 | 2.90 | 24 | 1.27 | 20 | 3.37 | 17 | 7.40 | 14 |
| 昆　明 | 14.66 | 18 | 4.28 | 11 | 0.66 | 28 | 2.74 | 22 | 6.99 | 16 |
| 西　安 | 14.03 | 19 | 3.07 | 22 | 1.98 | 12 | 2.36 | 26 | 6.62 | 17 |
| 福　州 | 13.89 | 20 | 3.57 | 16 | 1.22 | 22 | 3.85 | 13 | 5.24 | 23 |
| 厦　门 | 13.80 | 21 | 2.16 | 28 | 2.41 | 9 | 2.85 | 20 | 6.39 | 18 |
| 济　南 | 13.27 | 22 | 3.37 | 18 | 0.98 | 23 | 3.50 | 16 | 5.42 | 22 |
| 大　连 | 13.25 | 23 | 3.74 | 14 | 1.23 | 21 | 2.78 | 21 | 5.50 | 20 |
| 沈　阳 | 12.89 | 24 | 2.90 | 25 | 1.52 | 17 | 2.59 | 24 | 5.88 | 19 |
| 温　州 | 12.21 | 25 | 3.14 | 21 | 0.70 | 27 | 3.76 | 14 | 4.61 | 28 |
| 石家庄 | 11.90 | 26 | 3.93 | 13 | 0.86 | 25 | 2.24 | 28 | 4.88 | 27 |
| 南　宁 | 10.56 | 27 | 2.21 | 27 | 0.42 | 30 | 3.68 | 15 | 4.25 | 29 |
| 哈尔滨 | 10.50 | 28 | 2.04 | 29 | 0.84 | 26 | 2.67 | 23 | 4.96 | 25 |
| 长　春 | 9.70 | 29 | 2.54 | 26 | 0.87 | 24 | 1.37 | 31 | 4.92 | 26 |
| 南　昌 | 8.22 | 30 | 1.66 | 31 | 0.36 | 31 | 2.23 | 29 | 3.97 | 30 |
| 乌鲁木齐 | 7.48 | 31 | 1.81 | 30 | 0.62 | 29 | 1.56 | 30 | 3.49 | 31 |

资料来源：中国（深圳）综合开发研究院。

流与对接，积极搭建融资平台、信用平台及消费服务平台，设立职能丰富金融机构提供综合服务。其次，政府应当助推大众创业创新，积极打造西部创投融资中心，拓宽创新创业企业融资渠道，围绕"双创"企业不同发展阶段的融资需求构建"创业投资＋债权融资＋上市融资"多层次创业融资服务体系；同时要充分发挥财政奖补作用，引导社会资本支持战略性新兴企业和高新技术产业发展。最后，要充分发挥创新创业金融载体的作用，利用好国内首个金融业双创空间——金融梦工厂的现有优势，将其打造成国内外领先的金融业创新发展基地，助力金融领域"双创"种子企业迅速成长，吸引人工智能算法、数据挖掘、3D 打印等前沿领域的成熟人才，同时加快推进天府国际基金小镇建设，将其打造成市内创新创业企业孵化的前沿阵地，构建以成都市为中心的西部金融创新创业生态圈。成都近二十年来在金融行业生态、创新创业格局方面所做出的努力值得肯定，但同时也必须进一步提升和优化自身短板，只有"长板更长，短板加长"，成都市才能"筑巢引凤"，吸引更多高端金融人才来蓉。

（四）推动金融人才聚集模式向市场主导型转变，进一步健全完善人才服务体系

国外实践研究发现，以政府干预与市场机制在人才集聚过程中的强弱程度为判断依据，人才聚集模式可以分为三种类型，即市场主导型人才聚集模式、政府扶持型人才聚集模式和计划型人才聚集模式。[1] 计划型人才聚集模式主要存在于苏联和我国的计划经济时期，现今已逐渐淡出历史舞台，现存于我国各大城市和地区的主要是前两种类型。市场主导型人才聚集模式主要存在于发达国家和地区，其完善的市场机制能够促使人才集聚的形成、演化基本上依赖市场与人才互动的方式来完成，能充分发挥市场在人才配置中的决定性作用，美国的硅谷就属于这一类型中的典型。而政府扶持型人才聚集模式则多出现在发展中国家和地区，政府会通过政策变量强化适合人才集聚

---

① 孙健、孙启文、孙嘉琦：《中国不同地区人才集聚模式研究》，《人口与经济》2007 年第 3 期。

的环境，以增加教育投入、提升人才待遇以及实施人才回流政策等方式来吸引人才聚集，加快人才集聚环境的构建，加速人才集聚进程，缩短完成人才集聚进程所需的时间。相比政策扶持型的人才聚集，市场主导型人才聚集能够更加准确地把握城市或地区的人才需求，为政府提供更加系统完备的人才素质评估参考，同时以完善的市场机制、事后辅助的政府调节促使产业集聚与人才聚集的相互助推，从而更好地为人才集聚服务，助力人才聚集的常态化。当前，成都市经济发展正面临"规模"和"层级"的双重挤压，创新创业层级较低，高素质人才缺乏，金融人才聚集模式由于起步较晚尚处于政府扶持型阶段，人才的集聚较大程度上依赖于政策的驱动与引导，有待向市场主导型人才聚集模式转变。

对于当前的成都来说，要推动人才聚集模式向市场主导型转变必须要推进政府职能的转变，同时积极构建更加完善的人才服务体系。在职能转换方面，政府要逐步将人才资源调配职能放权给市场，在尊重市场规律的前提下，完善人才培养激励机制，进一步强化政府的人才公共服务职能，变"管理人才"为"服务人才"，从人才服务供给型政府向需求导向型政府转变，发挥好政府在市场主导型人才聚集模式中的辅助作用。[1] 同时，政府还应当优化人才服务体系，大力发展人力资本服务业，推进人力资本服务产业园建设，加快发展人力资本服务机构，着力构建专业化、信息化、国际化的人力资本服务软硬件体系，降低人才在物质资源、信息资源以及知识资源等方面的共享成本，以优质的服务吸引更多高端金融人才。由于成都市金融人才引进方面的工作还正处于起步阶段，因此其人才聚集模式从政府扶持到市场主导必然要经历一个相对较长的过程，在这一时段中政府要积极调动各方力量健全完善人才服务体系，推动金融人才聚集模式向市场主导型转变，充分发挥市场在人才资源配置中的决定性作用，为西部金融中心建设构建更加具备可持续发展潜力的人才引进机制。

---

① 杜光：《实现人才价值 大力推进人才市场化进程》，http://dangjian.people.com.cn/fg/n1/2016/0125/c241048-28083170.html，2016 年 1 月 25 日。

# 人才发展篇

Talent Development

# B.11
# 跨学科视角下的人力资本
# 研究述评与展望

## ——兼论四川省企业人力资本现状

卿涛　肖金岑　刘爽*

摘　要：　健康人力资本的研究起源于经济学领域，但由于其以"人"
　　　　　为核心，应用面已经扩大到了教育学、社会学、管理学等学
　　　　　科，尤其是随着知识经济和"健康中国2030"战略时代的到
　　　　　来，跨学科视角的研究更是势在必行。本文根据健康人力资
　　　　　本在经济学的研究回顾与述评，总结出当前比较成熟的理论，
　　　　　同时系统性地整合了管理学领域中较为分散的研究，并对健

---

* 卿涛（1957～），女，四川成都人，教授，博士生导师，西南财经大学工商管理学院，人力
资源管理研究所所长；肖金岑（1989～），男，四川资阳人，博士研究生，西南财经大学工
商管理学院，人力资源管理专业；刘爽（1980～），男，河北保定人，博士研究生，西南财
经大学工商管理学院，人力资源管理专业。

康人力资本的影响因素和实施效果进行了归纳，最后建立一套适用于管理学领域研究的体系。文章丰富了人力资本理论的基础研究，也为企业获取竞争优势，实现可持续发展带来理论指引。

关键词：　人力资本　健康人力资本　跨学科视角　员工健康管理

2016 年互联网员工睡眠质量调查报告显示，81.4% 的互联网员工睡眠质量不佳，71.3% 的员工存在失眠问题，37.4% 的员工起床精神不好，平均睡眠时间为 6.7 小时，66.7% 的员工经常加班，38.7% 的员工反映压力很大，从以上数据可以看出员工的健康状况不容乐观。2016 年四川省 GDP 为 32680.5 亿元，按可比价格计算比上年增长 7.7%，增速比全国平均水平高 1 个百分点，在经济高速发展的同时，四川省企业无疑承担了更多的责任，这种责任进而转嫁为员工压力，员工的健康问题值得深入研究。相关资料显示，四川企业现有的健康管理措施大部分是停留在为员工提供体检服务，稍重视健康管理的企业不定期举办心理健康辅导活动，但企业管理者对健康管理的态度普遍还是认为其是一项成本支出而非投资。尤其对于技术密集的成都市高新区，一方面支持了整个四川省经济发展，另一方面也吸引了大量新生代员工涌入，这部分员工有更多的心理诉求，员工健康问题值得更多地关注。

健康是人类永恒的福祉，它是身体无疾病的统称，也是精神状态良好的反映，更重要的是，健康代表了自身适应并掌控环境的能力，这种能力形成了个人、组织、地区乃至国家的核心竞争力，因此从关注健康到关注健康人力资本是知识经济时代的必然要求。2016 年国家制定了"健康中国 2030"中长期战略，从健康水平、健康因素、健康服务、健康产业、健康制度等方面全方位阐述了今后 10~20 年国民健康管理的发展方向和目标。在管理学界，员工的健康管理是一个重要的命题，它与员工自身的寿命、工作效率、幸福感等息息相关，也与组织的管理成本、运行效率、名声名誉等密切相关。现代人力资本理论认为人力资本是花费在健康、教育、培训等方面的投资所形成的资本，或者说存在于个体内具有经济价值的知识、技能、健康的质量因素的集合。健康是人力资本中一项非常重要的内容，舒尔茨（Schultz）在阐述人力资本理论时首先便提及了健康，并认为它是人力资本的先决条件，是增强寿命、力量、效率等形式的支出①。贝克尔（Becker）将健康作为人力资本的投资形式，指出改善员工身心健康是人力资本投资的一种方法，能够维持并促进员工产出②。现有研究大多集中于教育人力资本，造成了员工过度重视知识、能力，心理诉求得不到满足，工作压力过大，从而导致了一系列严重的后果。

在此背景下，本文从经济学和管理学两个视角对健康人力资本的研究做出综述，一方面试图整合当前零散的研究，梳理清楚当前研究的主线；另一方面也期望在"健康中国 2030"背景下为四川企业开展员工健康管理提供更多思路。

## 一 健康人力资本的概念③

人力资本理论是伴随着"经济增长"理论的不断突破而得以逐步发展与完善。

舒尔茨发表了轰动经济学界的《人力资本投资》演讲，这标志着人力资本理论的正式诞生和形成④。舒尔茨认为人力资本主要是指通过投资形成

---

① Schultz T W. Investment in Human Capital, *The American Economic Review*, 1961, 52 (1)：1 - 17.

② Becker G S. Investment in Human Capital：a Theoretical Analysis, *Journal of Political Economy*, 1962, 70 (5)：9 - 49.

③ Becker G S. Investment in Human Capital：a Theoretical Analysis, *Journal of Political Economy*, 1962, 70 (5)：9 - 49. SCHULTZ T W, Investment in Human Capital, *The American Economic Review*, 1961, 52 (1)：1 - 17。

④ Schultz T W. Investment in Human Capital, *The American Economic Review*, 1961, 52 (1)：1 - 17.

的，凝聚在劳动者身上的资本，这些资本包括知识、技能、健康及劳动者所表现出来的劳动能力所构成的资本①。贝克尔（Becker）从人力资本投资视角分析了影响人力资本的因素，他认为人力资本是人们在教育、职业培训、健康、移民等方面的投资所形成的资本，这也奠定了人力资本理论的微观经济分析基础②。舒尔茨在《人力资本投资》一书中，第一次系统地将人力资本投资的范围和内容归纳为五个方面：①卫生保健设施和服务；②在职培训；③正规的初等、中等和高等教育；④不是由商社组织的成人教育计划，特别是农业方面的校外学习计划；⑤个人和家庭进行迁移以适应不断变化的就业机会③。希利（Healy）等将人力资本定义为，个人所拥有的知识、技能和素质等能力，这些能力能够创造个人、社会和经济等福利的能力④。

早在舒尔茨的对人力资本的定义中，健康就已经成为人力资本的一个重要组成部分，但长期以来众多学者一直从教育视角对其展开研究，且大多集中于宏观经济领域，有研究表明 1780～1979 年的 200 年间，由于个人营养的提高从而使得个人健康水平提高所带来的生产力的提高能解释英国人均收入水平年增长率的 50% 多⑤。我国学者杨建芳、龚六堂、张庆华也在对中国29 个省、自治区、直辖市的经验数据进行分析的基础上，指出健康资本对经济增长具有巨大贡献作用⑥。而健康问题从根本上讲是一个微观问题，只有一个个个体实现健康，才能形成整个国家的健康人力资本。

---

① Schultz T W. Investment in Human Capital, *The American Economic Review*, 1961, 52 (1): 1 - 17.

② Becker G S. Investment in Human Capital: a Theoretical Analysis, *Journal of Political Economy*, 1962, 70 (5): 9 - 49.

③ Schultz T W. Investment in Human Capital, *The American Economic Review*, 1961, 52 (1): 1 - 17.

④ Healy T, Istance D. Human capital investment: An international comparison, *Oecd*, 1998, 243 (100): 80 - 84.

⑤ Schultz T W. Investment in Human Capital, *The American Economic Review*, 1961, 52 (1): 1 - 17.

⑥ 杨建芳、龚六堂、张庆华：《人力资本形成及其对经济增长的影响——包含教育和健康投入的内生增长模型及其检验》，《管理世界》2006 年第 5 期，第 10～18 页。

"健康"一词虽然是个常用词，但在学术界一直以来颇受争议，不同的学科对其内涵和外延的诠释也不尽相同，尚未形成统一的定义。社会学和医学认为健康是没有疾病的状态或环境。奥巴托夫（Oberteuffer）就认为，健康是指"人体组织器官的一种状态，它衡量这些器官作为一个整体能够完成其功能的能力"[①]。帕森（Parson）认为健康与社会文化相联系，分为身体健康和精神健康[②]。在综合众多观点的基础上，1948年世界卫生组织（World Health Organization，WHO）对健康进行了较为全面的描述，WHO指出健康是指"身体上、精神上和社会适应性等方面都处于完整的良好状态，它并不仅仅指没有疾病或身体不虚弱"[③]。斯托克斯（Stokes）从压力视角对健康进行了诠释，他认为健康是指"一种解剖、生理和心理都保持完整性的状态，它使得个人有能力来完成其在家庭、工作和社交方面的任务，并能够应付来自身体、生理、心理和社会等方面的各种压力"，而不再仅仅是一种状态[④]。而后WHO进一步发展了这一定义，WHO把健康重新定义为，"个人或群体能够实现愿望和满足需要的程度，以及应对和改变环境的能力。健康是每天生活的资源，不仅仅是生活的目标；它是一个积极的概念，强调社会和个人的资源以及个人身体的能力"。WHO把健康作为一种"生活资源"。直至1990年WHO再次对其内涵进行了丰富，指出健康是指在躯体健康、心理健康、社会适应良好和道德健康四个方面皆健全。其中，道德健康的内容是指不能损坏他人的利益来满足自己的需要，能按照社会认可的行为道德来约束自己及支配自己的思维和行动，具有辨别真伪、善恶、荣辱的是非观念和能力[⑤]。由此，健康被赋予了一个较为全面的定义，尽管有些

---

① Oberteuffer D，Health and Education-an Appraisal. *Journal of School Health*，1964，34（4）：184.

② Parsons J T，Grov C，Golub S A. Sexual Compulsivity，Co-Occurring Psychosocial Health Problems，and HI.，*American Journal of Public Health*，2011，102（1）：156.

③ WHO，World Health Organization Constitiution. Basic Documents. Geneva：WHO. 1948.

④ Stokes S，Director ZCH，People Z. Establishing Baseline Data with Regards to Health Related Activity in the Workplace，*Public Health England*，2016，12.

⑤ WHO，Report of the WHO Meeting on the Assessment of Quality of Life in the Health Care，Geneva：WHO，1990.

学者认为这一定义过于宽泛，基于此定义形成的测量标准过高，但这一定义仍是目前为止最为广泛接受的对健康的界定。

## 二　来自经济学研究的启示

将人视为资本的思想起源于经济学，因此经济学者很早开始关注健康与经济发展之间的关系。舒尔茨首次提出人力资本的概念，他所定义的人力资本是包含了教育、健康、迁徙、培训等方面投资所形成的资本[①]。明斯克（Mushkin）在其博士论文中，首次将教育和健康并列为人力资本的主要组成部分[②]。然而之后关于人力资本的研究集中在教育人力资本上，健康人力资本研究长期处于缺位状态。健康人力资本为什么没有被经济学者纳入人力资本的研究，吕娜认为很可能是早期的数据统计中衡量健康人力资本的变量难以准确识别和测度，但随着20世纪90年代中后期能够获取的衡量健康人力资本变量的数据逐渐丰富，以及统计和测度方法上的改进，健康人力资本逐渐成为更多经济学者研究人力资本的新方向。下文将从宏观和微观两方面对经济学研究进行回顾与述评，以期得到适用于其他学科的理论启示。

### （一）经济学对健康人力资本的微观研究

健康人力资本的研究正是始于微观层面，尤其是在早期，大量的研究集中在微观层面，研究对象主要是个体或家庭。此类研究试图回答的问题是健康状况如何影响收入和经济产出。有学者总结了健康人力资本的前因变量，即劳动生产率、劳动供给、生育率、教育和储蓄投资。但本文尝试从结果变量去回顾健康人力资本的微观研究。总的来说，健康人力资本带来了以下几类产出，第一，健康人力资本是劳动时间的保障，健康的人往往能够实现稳定甚至更多的工作时间，比起不健康的人，这无疑是健康人力资本的价值所

---

① Schultz W. Investment in Human Capital, *Economic Journal*, 1961, 82 (326): 787.

② Mushkin S J. Health as an investment, *Journal of Political Economy*, 1962, 70 (5): 129-157.

在。第二，健康人力资本能够促使其他资本的投入，其他资本主要是指教育人力资本，一个人的健康人力资本投入越多，其花费在教育人力资本的可能性和回报率就越高，正如有学者指出健康和教育息息相关，两者互相影响。第三，健康人力资本对劳动效率的提升，健康代表了更高的认知能力、精神状态、体力和脑力。因此，从效率的角度看，健康人力资本提高了劳动效率。

## （二）经济学对健康人力资本的宏观研究[①]

健康人力资本的宏观研究主要是讨论健康人力资本与国家经济运行的关系，此类研究有截然不同的两种观点。第一种观点认为健康人力资本促进国家经济增长，比较典型的是以卢卡斯（Lucas）等为代表的内生增长理论，通过引入人力资本到经济内生增长模型中，用严格的数理方法分析了人力资本在经济增长中的作用机制，揭示了人力资本增长率和国家经济增长率的正相关关系。卢卡斯把人力资本作为一种生产要素直接引入经济生产函数中，认为人力资本积累是经济增长的源泉，没有人力资本的积累就没有经济的增长，不同的人力资本的积累速度是理解不同经济增长率、跨国收入差距的主要原因。内生经济增长理论非常重视人力资本投资对经济发展的作用。罗默（Rome）等认为，人力资本存量水平会影响知识创新能力，还能够影响技术进步率，从而促进经济增长，这充分强调了人力资本存量对经济增长的重要影响。但是"内生经济增长理论"没有分析人力资本投资结构对经济增长的影响，因此，在一定程度上也阻碍了人们以人力资本投资结构为背景展开对经济增长的分析。

另有一类研究也支持健康人力资本对经济增长的促进作用，即从食物消耗和营养水平提高这一角度。相关研究有三个论据作为支撑，第一，食物供

———————

① 吕娜：《健康人力资本与经济增长研究文献综述》，《经济评论》2009 年第 6 期，第143 ~ 153 页。王弟海：《健康人力资本、经济增长和贫困陷阱》，《经济研究》2012 年第 6 期，第 143 ~ 155 页。Romer, Paul M., Endogenous Technological change, *Journal of political Economy*, 1990，（10）：71 – 102.

给的增长能够缓解饥荒危机，这会降低死亡率和提高人均寿命，从而直接导致人口的持续增长；第二，食物消费和营养水平的提高能够降低生病率，增加个人参加劳动的时间；第三，食物消费和营养水平的提高改善了整个人类的体魄和身体结构，如提高平均身高和体重以及改善身高体重比等。

然而，也有学者指出不能简单地认为健康人力资本促进了经济发展，相反，健康人力资本会降低经济发展效率。其观点如下，健康人力资本的提升带来了人口数量的增加，出生率不断提高而死亡率不断降低，但是当人口过度增加时，就业压力反而会增加，对整个经济运行不利。此外，健康投资积累到一定程度会挤占物质资本，显然也是对经济运行不利。

（三）经济学揭示的理论基础①②

经济学的研究到底说明了什么问题？从以上的回顾，可以总结出三点，一是，健康人力资本对经济的促进作用，健康程度高的地区或国家经济运行效率更高；二是，健康也可能会抑制经济运行，当健康程度提升到一定阶段的时候，健康投资会挤占物质资本，从而降低经济运行的效率；三是，健康对个人而言，是基本生活的保障，健康增加了体力和脑力，保障了劳动时间，促进了劳动效率，提高了劳动质量。在现代社会中，健康是人们日常生活关心的，也是国家经济关心的，因为健康可以促进人体正常生长发育和体格健壮，增强体质，提高身体的基本活动能力，还可以提高人体的免疫力，减少、推迟或避免各种病症的发生，从而相对延长寿命。当人们延长了平均预期寿命，有了较充分的时间，有了更加充沛的精力和体力，不论何种投资，都可以在更长的时期内获得不断增长的未来收益。也就是说，投资的回报率提高而折旧率降低，再加上增加收入的可能性，这就促使人们更多地利用其他资本要素争取更大的收益。

---

① 吕娜：《健康人力资本与经济增长研究文献综述》，《经济评论》2009 年第 6 期，第143 ~ 152 页。

② Romer，Paul M.，Endogenous Technoligical change，*Journal of political Economy*，1990，（10）：71 – 102.

# 三　管理学研究的整合

有研究指出经济收益仅仅是健康收益中的一部分，个人健康既是经济效应的人力投资，同时也给个人带来消费价值与效用。这种观点也就说明经济学对健康人力资本的研究只是一部分，健康人力资本的内涵还有待其他学科进行完善和补充。企业员工是国民的重要组成部分，这类人群不仅为企业带来了价值，也为国家经济运行做出了贡献，但少有人关注企业员工健康的问题，似乎觉得"付钱做事"是天经地义的事情，在新时代背景下，员工的心理诉求越来越多，金钱已经不能激励员工，甚至出现士气低落、突然去世等负面结果。为此，本文站在管理学的视角，试图从健康理论、员工健康管理和人力资本投资三方面进行整合，形成管理学健康人力资本研究的系统性体系。

## （一）健康理论[①]

"健康"是一个随着社会发展而不断发展的概念，梳理现有文献，本文总结了健康概念内涵和结构维度研究的三个阶段。第一阶段认为无病即健康，个体只需在身体上表现良好即可认为是健康，或者说疾病是没有能力以最低标准的效率实现所有生理功能，健康就是没有疾病，该阶段没有阐明健康本身的内容和特征，仅仅是从一个对立面进行了界定，这种单维度的结构已经不符合当今社会人们的认知；第二阶段扩展到包含身体、心理和社会适应的三维度结构，典型的是世界卫生组织（WHO）1946 年提出的健康是"身体、心理和社会全面良好的状态，而不仅仅是没有疾病和羸弱"。又如有学者提出的："健康是一个动态的生理、精神和社会潜能为特征的完好状况，能够满足与年龄、文化和个人责任相当的生活的需求，如果潜能不足以

---

① 苏静静、张大庆：《世界卫生组织健康定义的历史源流研究》，《中国科技史杂志》2016 年第 6 期，第 485 ~ 496 页。J. Towards a Dynamic Definition of Health and Disease, *Medicine Health Care Philosophy*, 2005, 8 (33): 335 – 341.

使这些需求得到满足就是疾病。"第三阶段加入了环境、道德、愿望、教育等，健康成为一个包含丰富内容的多维度概念。WHO 在 1984 年指出："健康是个人或群体能够实现愿望、满足需要、改变或适应环境的程度。健康是每天生活的资源，它是一个积极的概念，强调机体的能力，也强调社会和个人资源。"该阶段将健康视为一种"资源"，不仅使得健康的理解更加全面和科学，也为健康领域的研究带来了新视角。

从目前对健康更全面的理解可以看出，健康有其与生物学、医学不可分割的关系，但同时又是一种个人的主观感受，是生命系统趋向的目标，是人们获取幸福生活、适应社会的重要基础和资源，是社会经济发展的基础，也是健康投资理念的基础。健康人力资本是健康概念不断丰富化的具体体现，它综合了健康经济学、卫生学、现代人力资本理论、社会学、心理学等多个研究领域，是一个全面、综合、包容的概念。

## （二）员工健康管理[①]

员工健康管理的研究一直没能形成体系，笔者认为最关键的原因是员工健康管理涉及内容较多，研究者所持视角过于分散，而其本身又缺乏理论基础，无法系统性地统一研究成果，这也是导致实践中员工健康管理效果不佳的原因之一。近年来有不少学者关注员工健康投资、员工健康形成机制、员工健康管理模式和方法等。通过对这类文献的梳理，本文发现员工健康管理正在不断地提出新理念和新途径，如员工全寿命周期健康管理、具有类似资源的企业合股共赢开展员工健康管理工作、建立员工健康预防和激励机制。具体地，本文从个人和组织两个层面进行阐述。

在个人层面，研究主要集中于员工健康对其自身态度和行为的影响，且

---

① 刘国恩、William H. D.、傅正泓，等：《中国的健康人力资本与收入增长》，《经济学》（季刊）2004 年第 1 期，第 102～117 页。Shirley A. Musich, Alyssa B. Schultz, et al. Overview of Disease Management Approaches: Implications for Corporate-Sponsored Programs. *Disease Management and Health Out-comes*, 2004, 12（5）: 299 – 326. 张燕、陈维政：《管理员工健康控制工作场所偏离行为》，《中国人力资源开发》2010 年第 1 期，第 50～52 页。

大多为实证研究，这类研究将员工健康状况视作健康管理的结果，实证分析员工健康状况带来的积极和消极影响，进而研究健康管理的功能和作用。如张燕、陈维政做的心理健康与工作场所偏离行为研究，表明改善员工心理健康能够减少员工工作场所偏离行为。又如卡里姆（Karim）研究了员工心理健康与工作满意度的关系，奎西（Kwesi）等研究员工身心健康与生活质量的关系，均得出了类似的结论。个人层面的研究表明了员工健康管理具有重要的意义，因员工健康状况不佳损失的工作时间、企业的医疗费用仅仅是冰山露出海面的部分，隐藏在海面以下的是更多的损失，如员工的流失流动、员工犯错增多以及士气的挫败、缺勤等。

在组织层面，员工健康是组织持续、良好发展的保障。其中一个核心问题是员工健康管理究竟是组织的成本花费还是战略投资，梳理现有文献可以看到，传统的观念认为健康管理是一种成本，是当员工健康出现问题时而不得不进行的支付。随着组织中健康模式、健康规划等研究的兴起，健康管理已经成为一项具有战略意义的企业投资活动，正如穆西奇（Musich）所说，全面的企业健康管理能取得重大的健康成效，一方面推进了组织医疗体系，另一方面节约了每个员工的生产力成本，这种节约的成本就是收益。

## 四 健康人力资本在组织中的传导机制

### （一）组织中健康人力资本的来源[1]

从以上对员工健康人力资本相关研究的回顾可以看出，健康本身的概念内涵和结构维度研究促使其内容更加丰富化、认知更加合理化、形式更加多

---

[1] Frick, Kaiser, Wiloson. Environmental knowledge and conservation behavior: Exploring prevalence and structure in a representative sample. *Personality & Individual Differences*, 2004, 37 (8): 1597 – 1613. K Joyce, R Pabayo, Flexible Working Conditions and Their Effects on Employee Health and Wellbeing, John Wiley & Sons, Ltd, 2010, 65 (2).

样化，同时还带来了跨学科研究的趋势，健康的研究进入了一个更高层次、更全面的视角，健康作为一种资本的理念应运而生。员工健康管理的研究表明员工的健康状况与其态度和行为有密切的关联，并且开展了相关的实证研究，佐证了健康对个人态度与行为的影响；同时，员工健康管理是一种投资而非成本，员工和企业都能够从健康管理中获益，形成双赢的局面。经济学中健康人力资本的微观层面研究表明健康人力资本对于保障与提升劳动时间和劳动效率具有重要的作用，而管理学中员工层面研究的一个重要内容就是如何提升员工效率，因此员工健康人力资本吸收了经济学的理论基础，将其在管理学中进行研究是有理可循且合乎逻辑的。

通过对相关研究的回顾和述评，本文梳理出一条理论逻辑主线：员工健康管理在国家战略和现实严峻情况的双重要求推动下，理论研究正在积极挖掘新的理念和途径，目前的研究成果已有诸如健康投资观等全新视角，更进一步地将健康视为一种资本。强调员工健康人力资本似乎是一种不错的途径，但它切实可靠吗？有相关理论基础吗？能更好地提升员工健康管理水平吗？回答这些质疑首先是对健康概念本身研究的分析，此类研究表明健康是一个开放的概念，它随时代进步而改变，当今社会的健康是一种能力，并且能够进行投资收益，将其视为资本是契合人们认识与社会要求的；其次，经济学领域中健康被视为一种人力资本，并且微观层面的研究表明健康人力资本具有基础性资本和促进劳动时间与效率的功能，而管理学也非常关注员工的绩效和幸福感，因此将其置于管理学中研究是具有意义和理论源头的。

学术界对员工健康管理的前因因素也做出了探索。比如工作特征，如果是体力劳动为主的工作对身体健康有较大影响，而高节奏的工作则对心理健康有影响。乔伊斯（Joyce）研究了工作灵活性与员工健康的关系，结果表明工作灵活性提供了更多的自我安排和选择，员工能够花费时间进行身体锻炼和心理放松，进而促进了员工健康水平的提升。罗宾斯（Robbins）利用元分析研究了不公平感知对员工健康的影响，并表明不公平感知与员工的身体和心理健康紧密联系。

## （二）健康人力资本对组织绩效的影响

健康人力资本对组织绩效的影响是建立在人力资本和组织竞争优势的关系之下，而人力资本和组织竞争优势的研究主要来自两方面，一方面是战略人力资本，当人力资本仅仅是企业边界范围内一种资源形态时，这样的资本资源是静态和惰性的。人力资本对于企业的价值贡献，取决于其是否以及如何被用于企业特有的战略竞争目标。因此，当为实现这种目标，针对性投入企业可控的人力资源时，这种人力资源即为战略人力资本。也就是说，企业的绩效必须建立在具有战略意义的人力资本基础上。

另一方面是个体人力资本的提升，或专门化人力资本。组织中人力资本是指蕴含在员工体内的知识、技能、能力，这是经济学人力资本的具体化。在知识经济时代，越来越多的生产要素不断被以知识为核心的无形资本所替代，日益丰富的知识体系和人才的快速流动使企业利用专业知识和技术的能力逐渐增强，知识等人力资本在促进企业创新过程中发挥着愈来愈重要的作用，是企业实现创新的核心要素。但是与发达国家相比，我国企业总体实力在世界范围内的影响力较弱，只有合理利用自身资源，整合各方面的力量，实现创新，进而促使企业持续稳健发展。[1][2] 根据资源基础论的分析逻辑，资本型资源之所以能够化为企业绩效，取决于其存在竞争优势可持续的边界条件，这种战略人力资本即为具有资源基础论价值边界条件（价值性、稀缺性、难以模仿和不可替代）的人力资本，是组织特有的员工的经验、知识和技能的集合。显然，这种专门化的人力资本就形成了独一无二、与企业匹配的价值，从而对组织绩效的提升带来帮助。

国际前沿研究基本证实了人力资本对企业绩效的影响，但在打开具体"黑箱"的时候却遇到了挑战，因为人力资本提高了，组织绩效也提高了，但是员工似乎遇到了新问题，即身体状况日益下降、心理不安全感日益增

---

[1] 缑梦龙、孙慧：《人力资本与企业绩效的关系——基于生命周期视角》，《企业经济》2016年第 6 期。

[2] Schultz W. , Investment in Human Capital, *Economic Journal*, 1961, 82 (326): 787.

加，根据舒尔茨对人力资本的阐述，这些内容与人力资本又是密切相关的，因此人力资本与组织绩效似乎还存在某种路径。猴梦龙等基于企业生命周期理论，将企业分为成长型、繁荣型和衰退型三种类型。他们发现：当企业处于成长期时，人力资本投入和人力资本存量正向影响企业绩效，此时应加大人力资本投入，留住人才；当企业成长到繁荣期后，人力资本结构已成熟稳定，增加人力资本投入会破坏已形成的平衡模式，反而降低企业绩效，但若是能继续吸取高端人才，物尽其用，人尽其才，企业绩效仍会有提高；当企业进入"夕阳阶段"即衰退期时，人力资本投入对企业绩效毫无促进作用，企业关注的重点应该转移到吸收重用创新型人才，合理裁员，调整人力资本结构。这种人力资本结构的调整，正是要把健康引进来。

## 五　四川企业员工健康人力资本现状分析

近年来，国家首先从宏观层面制定了相应的健康管理措施，在多部委、多层次的方略下，初步形成了较为科学和健全的国家健康治理体系。见表1。

表1　"健康中国战略"相关政策

| 相关部门 | 发文时间 | 政策名称 | 主要观点与价值 |
|---|---|---|---|
| 国务院办公厅 | 2016 - 02 - 26 | 中医药发展战略规划纲要(2016~2030) | 以满足人民群众中医药健康需求为出发点,提高医药供给,以增进人民群众健康为目标 |
| 国务院办公厅 | 2016 - 06 - 15 | 全民健身计划(2016~2020) | 使全民健身成为健康中国建设的有力支撑,提高全民族的身体素质和健康水平 |
| 卫生计生委 | 2016 - 04 - 20 | 2016年深入落实进一步改善医疗服务行动计划重点工作方案 | 持续改善医疗质量,提升医疗质量,完善医疗服务体系,维护人民群众健康权 |

续表

| 相关部门 | 发文时间 | 政策名称 | 主要观点与价值 |
|---|---|---|---|
| 卫生计生委 | 2016 – 04 – 29 | 开展2015年度全国健康科普统计调查工作的通知 | 掌握国家健康科普资源,更好地监测健康科普工作质量,为健康科普政策提供依据 |
| 卫生计生委 | 2015 – 11 – 20 | 推进医疗卫生与养老服务相结合指导意见 | 推进医疗卫生与养老服务相结合,满足人民日益增长的多层次、多样化健康服务需求 |
| 环境保护部 | 2016 – 02 – 01 | 生态环境大数据建设总体方案 | 对生态环境大数据建设提出规定,以改善环境质量为核心,实现生态环境综合决策科学化 |

注:彭国强、舒盛芳:《美国国家健康战略的特征及其对健康中国的启示》[J],《体育科学》2016年第36（9）期,第10~19页。

在"健康中国2030"大环境下,四川省积极响应并配合国家战略,2017年四川省政府办公厅制定并出台了《关于加强职业病防治工作的意见》(川办发〔2017〕36号),以职业健康为目标的职业病防治工作关系人民群众切身利益,关系千家万户幸福安康,是社会文明进步和全面建成小康社会的重要内容。近年来每年报告新发职业病病例均在3000~4000例,属于高发状态。从本文对健康人力资本研究的梳理可知,健康不只包含身体健康,心理健康、社会适应性等方面同样值得关注,为此,四川教育部门、政府单位积极开展了员工心理健康辅导活动,如2016年四川省高校心理健康教育专委会年会暨学术论坛在成都理工大学逸夫楼召开;成都师范学院特为道孚县职工设立了2个心理辅导咨询点,由成都师范学院心理学院老师为100余名职工开展了一对一的心理辅导梳理。这些活动无疑为企业员工的健康管理提供了出路。

有了国家和社会各界的支持与协助,四川大部分企业开展了定期的员工体检,为员工的身体健康提供了预防、保障和解决方案。最新的健康管理模式还包括健康外包,如"妙健康"公司的业务可在企业不更换机构、不更换套餐、不增加费用成本的基础上，为企业提供包含电话医生、高频补贴、健康管理等多项增值服务的员工健康险、员工体检等健康服务。新模式的出现，不仅可以帮助企业节省相关的健康福利成本开支，更可帮助企业通过三方代管的方式激励员工提升自身健康状况。

与此同时，四川企业在员工健康管理方面与先进地区相比还有很大差距，据调查企业每年愿为每位员工在健康管理方面的投入为：50～100 元的企业占 9.5%；100～300 元的企业占 36.5%；300～1000 元的企业占 38.1%；1000 元以上的企业占 15.9%。其原因是多方面的，企业管理不到位，相关政府部门监管不力，劳动者保护意识薄弱；等等，但最根本的原因在于对健康人力资本的认识不足。健康是一项战略投资，而非成本开支，管理者必须充分认识健康投资的重要性。

# 六　局限与展望①

随着"健康中国 2030"被上升为国家战略，健康不只是普通百姓关心的问题，它更成为国家考虑的战略措施，将健康拓展到健康人力资本，不仅是对个体健康的一次丰富，也契合了企业发展和国家经济运行的规律。本文对健康人力资本在经济学和管理学的研究进行了回顾与评述，发现了经济学的理论，管理学的应用，但也正因为如此，未来关于健康人力资本的研究还有大量值得研究的地方，结合本文写作过程中遇到的问题和当前管理学界对健康人力资本研究的实际情况，本文提出了三个有待进一步研究的问题，为今后的研究提供清晰的框架。

第一，健康人力资本的测量。心理学领域开发了相关的量表，如抑郁自

---

① 缑梦龙、孙慧：《人力资本与企业绩效的关系——基于生命周期视角》，《企业经济》2016 年第 6 期；彭景颂、黄志康：《战略性新兴产业公司绩效与资本结构优化研究》，《财会通讯》2015 年第 33 期；CROOK T R, TODD S Y, COMBS J G, et al. Does Human Capital Matter? A Meta-Analysis of the Relationship Between Human Capital and Firm Performance. *Journal of Applied Psychology*, 2011, 96 (3): 443–456。

评量表、心理健康量表等，但这些量表都只涉及了健康人力资本的某个方面，尚无法准确、全面地测量健康人力资本。经济学领域对健康人力资本的测量则主要从营养摄入、人体测量变量、出生/死亡率等方面着手，很显然此类测量采用的是二手数据，并且这些指标在组织情境下无法使用。根据本文对健康人力资本结构维度的研究，它的测量可以从机体功能、心理品质、环境适应和职业素质四个方面建立指标，加之健康人力资本是一个动态的过程，强调时效性，它不像财务指标那样"死板"，因此本文建议采取员工、同事或上级评价的方式，收集一手数据进行测量。

第二，健康人力资本影响因素的路径研究。经济学中健康人力资本的影响因素主要包括劳动生产率、劳动供给、生育率等内容，但这种分析范式适用于地区或国家层面的宏观研究，不符合组织情景下的研究。本文将影响因素总结为自我健康投资、组织健康投资、社会健康投资，这是一个框架式的阐述，没有具体到健康人力资本影响因素的路径。为了更好地探究健康人力资本路径机制，今后的研究可以考虑加入中介和调节关系，明晰健康人力资本影响因素的路径。

第三，开展健康人力资本与组织绩效关系的实证研究。研究健康人力资本的最终目的是要提高企业绩效，虽然人力资本与企业绩效关系的"黑箱"正在逐步被打开，但就目前的研究而言，健康人力资本与企业绩效的关系还处于"未开封"状态，其路径机制尚需进一步探索。换言之，健康人力资本的最终实施效果是组织绩效，但其路径尚不明确，有学者认为人力资本对企业的影响是直接的，二者的关系很大程度上是受调节作用的影响，但本文表明了健康人力资本是一种间接的能力，它的功能主要表现为基础性和保障性，因此本文初步认为健康人力资本对组织绩效的影响还存在中介机制，未来的研究应当通过实证这把钥匙对此观点进行探索和验证。

# B.12

# 四川省职业技能人才发展研究：
## 从人口大省到技术强省的转型

许 浩*

摘　要：　习近平总书记在党的十九大报告中指出：建设知识型、技能型、创新型劳动者大军，弘扬劳模精神和工匠精神，营造劳动光荣的社会风尚和精益求精的敬业风气，大规模开展职业技能培训，注重解决结构性就业矛盾。本文从四川省情出发，阐述了职业技能人才培养的迫切性和必要性，描述了四川省职业技能人才现状，结合发达国家和我国东部发达省份职业技能人才培养的经验，为四川省职业技能人才培养做出了切实可行的政策建议。

关键词：　技能人才　工匠精神　西部人才高地　高端制造强省

## 一　背景介绍

在全球老龄化少子化的背景之下，各国对于人才的竞争愈演愈烈。高水平技术工人是实体经济发展的关键支撑力量，更是一个国家和地区综合实力的重要体现。世界各大国纷纷制定政策，开展研究，培养和发展高技能人才。随着我国制造业水平不断提升，对于高级技工的渴求日益迫切。高技能

---

* 许浩（1988～），湖北洪湖人，英国南安普顿大学经济学博士，英国牛津大学和伦敦政治经济学院研究员，主要从事应用经济学研究。

人才是我国人才队伍的重要组成部分，是创新技术技能、创造社会财富的重要力量，在推动技术创新、经济发展和社会进步中发挥着重要作用。

党和国家领导人多次在不同场合强调，在深入实施创新驱动发展战略、推动"大众创业、万众创新"的过程中，要大力提倡"工匠精神"，努力培养数量更多、素质更高、结构更合理、就业创业能力更强的技能人才。"鼓励企业开展个性化定制、柔性化生产，培育精益求精的工匠精神，增品种、提品质、创品牌"。2017年政府工作报告提出，要大力弘扬工匠精神，厚植工匠文化，恪尽职业操守，崇尚精益求精，培育众多"中国工匠"，打造更多享誉世界的"中国品牌"，推动中国经济发展进入质量时代。"工匠精神"多次出现在政府工作报告中，体现出党和国家对于高技能人才的高度重视。

2017年人才蓝皮书《中国人才发展报告（No.4）》显示，我国高级技工缺口高达上千万人，高技能人才短缺已成为制约由"中国制造"向"中国创造"跨越的瓶颈，也制约了广大工人收入水平的切实提高以及全面建成小康社会的实现。虽然高技术职业技能人才稀缺，但是一直处于被忽视的尴尬地位。

四川是我国的传统人口大省，也是传统的农业大省。四川省统计局数据显示，全省常住人口中，居住在城镇的人口为3912万，占47.69%；居住在乡村的人口为4292万，占52.31%。四川省是我国跨省流动农民工输出大省，为我国城市建设和经济发展做出了重大的贡献。但是我国社会主义建设进入新时代，要全面转型升级，对劳动力素质提出了新的要求。劳动力职业技术素质偏低，特别是掌握一定专业技能的劳动力和高级技术工人严重短缺，已成为四川经济发展面临的一个严重问题，成为制约结构调整、转变增长方式、提高经济质量和产业升级的一个重要因素。另外，我国也存在着制造业向中西部转移的发展趋势，四川省作为西部龙头省份，更要抓住机遇，根据"中国制造2025"的总体规划和宏伟目标，发展高端制造业，全面实现转型升级和新时代决胜全面建成小康社会。

四川省发展高端制造业，实现"中国制造2025"提出的目标和规划，离不开高技能人才的发展和培养。据四川省人社厅统计，截至 2016 年底，全省技能人才总量 680 万人，其中高技能人才 110 万人，占比为 16%，而国家的平均占比是 25%。四川省高技能人才数量和质量方面均落后于全国平均水平。

在这样的时代和现实背景下，四川省培养新时代高技能人才，完成从人口大省到技能强省的转型，不仅仅是经济发展的需要，更是迫在眉睫和形势所逼，需要站在战略的高度，提出总体规划，培养一批高水平职业技术学校，推广校企合作和学徒制度；在全省宣扬工匠精神和崇尚技能的氛围；将高素质职业技能人才纳入其他省市国家级高水平人才的选拔和激励体系中来，切切实实提高职业技能人才的社会荣誉感；加强农民工职业技能培训，优化课程和体系；鼓励高水平职业技能人才创新创业，实现个人价值；加大农业技术推广，鼓励农民专业化技能化，培养新时代职业农民，走上绿色生态高附加值的现代农业发展道路。

## 二　技能人才现状

人才是经济发展的核心竞争力。瀚纳仕公司与牛津经济研究院合作出版的 2017 瀚纳仕全球技能指数表明（见图 1），我国的人口技能竞争力在全球 33 个样本国家中排名倒数第二位，2017 年排名和得分比 2016 年更有所下降。我国拥有世界第一的人口数量，但是劳动者技能水平在全世界却处于比较落后的位置。我国全面建成小康社会决胜阶段，在人口技能方面跟发达国家和主要发展中国家都有很大的差距。

积极的信息是，我国劳动人口技能尚有巨大的潜力。我国的人力资源要从比数量比价格的红利上转到比质量比技能以及比单人产值上来。我国的职业技能教育和培训，提升现有劳动力水平存在着很大的空间。

2017 瀚纳仕全球技能指数也指出，世界高技术劳动力短缺问题之紧迫是前所未有的，技能缺口已经变为技能上的断层。高素质的技能人才是全世界各国争相吸引和培育的群体。世界大国，制造业强国比如美国、德国、俄

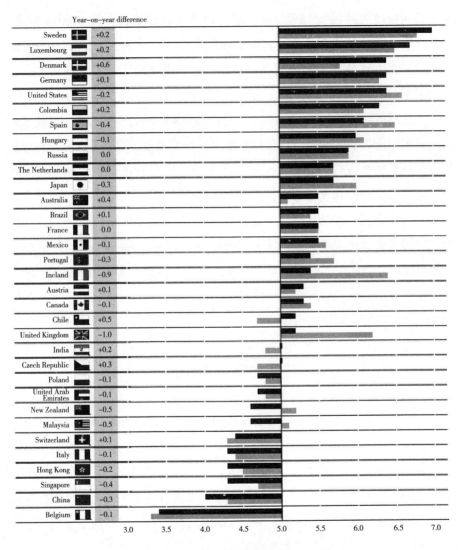

**图1　2017年全球技能指数**

资料来源：瀚纳仕公司，牛津经济研究院。浅灰色为2016年值。

罗斯、日本等国均排在榜单前列，这些国家不仅人口总量大，且质量高，劳动人口技能水平高。这是我国新时代职业技能人才发展需要借鉴的国家。与我国排名一样较落后的国家比如新加坡、比利时均为以金融服务和高端研发为支柱产业的小国，对劳动者的专业知识和研究领域，而非职业技能有较高要求，因此排名较为靠后。

近十多年来，我国高素质职业技能人才短缺一直困扰着大量的企业，成为制约我国经济社会发展的一大瓶颈。据麦肯锡报告（2013）预测，到2020年，我国职业的缺口将达到1600万。而大量的低水平劳动者将供过于求，剩余多达2600万人（见图2）。由此可知，我国大量出现的频现报端的技工荒、招工难，根本原因在于劳动人口的技能与市场要求不匹配。低技能的劳动者供应量远远超过需求，而技能型的劳动者缺口大，如若不重视技能人才的发展和培育，这种缺口将随着技术改造升级，经济全面转型而越来越大。尽管我国也存在着大学及以上学历劳动力的缺口，但是相对于职业技能人才缺口来说，大学及以上学历劳动力缺口较小，对经济社会的影响较小。

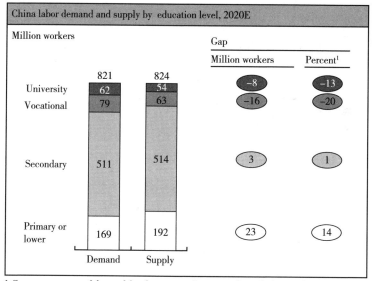

1 Gapa are parount of demend for shortages and percers of supply for surphrice
NOTE: Numbers may not sum are to rounding

**图2　2020年我国劳动力供需水平**

资料来源：The ＄250 billion question：Can China close the skills gap? By Li-Kai Chen，Mona Mourshed and Andrew Grant，麦肯锡。

我国发展和培育高素质职业技能人才形势急迫。据统计，在日本，产业工人队伍中高级技工占比 40%，在另一个制造大国德国这一数字则达到 50%，而我国这一比例仅为 5% 左右。我国在高素质职业技能人才储备上与传统制造业大国差距悬殊。我国要实现从制造大国向制造强国的华丽转身，建设高素质产业工人队伍、打造更多"大国工匠"早已是当务之急。

## 三　四川省技能人才现状和问题

四川是我国的人口大省和农业大省。图 3 显示，2012～2016 年，四川省产业格局总体上调整升级，其中第三产业占比稳步提升，第一产业占比逐年下降。第二产业占比较稳定，在 26% 左右。尽管农业所占比重在下降，但是截至 2016 年，第一产业仍然占最大比重。转型升级，建立现代化产业格局，是四川省当下的发展要务。产业发展，人才先行。目前，四川省第三产业增长势头强，同样也需要一批高素质职业技能人才作为第三产业"驱动器"。

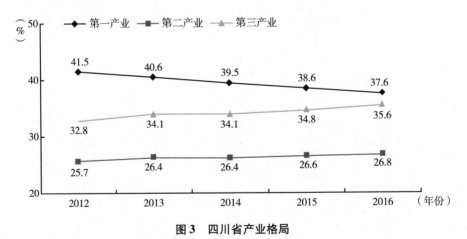

图 3　四川省产业格局

资料来源：四川省统计局。

四川是我国重要的劳动力迁出地。2013～2016 年，四川省省外迁移人口数量逐年减少，说明四川省经济发展，四川省就业机会以及工资收入与沿

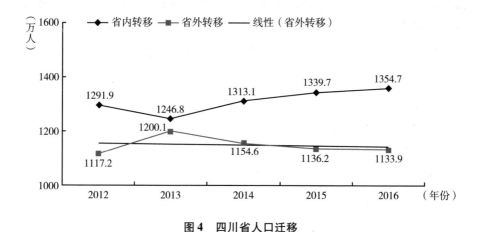

**图4 四川省人口迁移**

资料来源：四川省统计局。

海发达省份差距缩小，本地就业对于四川人越来越具有吸引力。四川省内迁移人口数量自2013年起，逐年稳步增加。以成都为代表的四川盆地都市群吸引周边地区城乡人口的能力逐年增加。四川省统计局数据显示，从四川省流出省外人口逐年减少，流入省内人口逐年增加。2012年以来，全省转移输出农村劳动力由2414.6万人增加到2016年的2491.5万人，平均每年增加19.2万人（见图4）。

四川省庞大的人口资源，并没有高效地转化为强大的产业能力。一方面，四川省劳动力流出数量庞大，是我国劳动力输出大省，四川省的庞大劳动力队伍，为我国沿海省份经济建设贡献了巨大的力量。但是四川省的产业经济发展却没有利用到这个庞大的人口红利。另一方面，四川省劳动力技能水平偏低，低技能的劳动力不能有效匹配当前四川省技术升级、产业转型升级，以及新型服务业的发展要求。

当前的人口和经济形势，建立新时代高素质技能人才对四川人才工作来说是重中之重。目前四川省职业技能人才缺乏严重，难以满足当前经济发展和产业转型的需要。据四川省人社厅统计，全省技能人才总量680万，其中高技能人才100余万，现代制造业等领域高端领军技能人才稀缺。从四川省统计局 2017 年第二季度四川企业用工状况调查报告可以看出，四川制造业人才缺口较大。首先，制造业企业广泛存在缺工现象，而且一线工人和高级技工缺口大，76% 的制造业企业反映有缺工状况，而在各种缺工中，普通员工居首位，占比达 33.2%，其次是经管人员和高级技工，占比分别为 31.4% 和 28.9%，科研人员和其他员工缺工相对较少，占比为 12.6% 和 5.2%。与此同时，制造业企业招工难问题突出，67% 的制造业企业认为目前存在"招工难"问题。这种现象说明两个突出问题：第一，四川省职业技术人才数量和质量上都比较匮乏，普通职业技术劳动者和高级职业技能人才均比较缺乏。第二，四川省目前的教育体系需要调整。受过大学及以上教育的科研人员缺工较少，而职业技术人才缺乏严重，这种重视大学教学而轻视职业技能人才培养的教育体系，导致培养的大多数高等教育接受者并不能满足企业和社会的实际需求，而走出大学校园的毕业生往往没有求职竞争力，这也是我们看到的一方面大学生求职困难。另一方面，大量企业，尤其是制造业企业存在技工荒、招人难问题。这种结构性失业，根本在于社会对于职业技术教育还存有偏见，在于资金投入的匮乏，还在于教育体制和培养机制没有与社会实际相对接。

除了数量、质量方面存在的突出问题外，四川高技能人才地域和领域的分布差异较大，成都市高技能人才 44 万人，占技能人才总量的 26%。绵阳市高技能人才占全市技能人才总量的 18.7%。2014 年以来，绵阳市每年培养技师、高级技师 1000 余人，高级工 500 余人，高技能人才以每年 11% 的速度增长，但仍供不应求。德阳作为重大装备技术制造业基地，其高技能人才占技能人才总量的 32.1%，这三个市的高技能人才占四川省高技能人才的 75% 以上。从分布领域看，高技能人才队伍主要集中在国有大中型企业。随着四川高新技术产业快速升级发展，对高技能人才的需求量越来越大，现在供不应求的状况如果得不到有效解决，缺口还会进一步扩大。地域分布的问题广泛存在于中国，各省举全省之力，建设省会城市和两三个大型地级市，在产业、教育、医疗等各方面的资源和政策条件给予和集中在这些城市。这种做法往往带来很多问题，比如：大城市征候（污染、拥堵、犯罪等），城乡差异和贫富差距加大，中小城市和乡村空心化等等。不仅四川省，中国其他中西部省份也往往存在。

笔者认为，应该借鉴发达国家和我国东南沿海省份的多个城市互动互补的联动发展模式，而不是省会城市独享全省资源的输血模式。比如，美国加州的洛杉矶、旧金山、圣地亚哥、硅谷这些城市各有千秋；我国浙江的杭州、宁波、温州、绍兴、台州，各个市都经济繁荣，各有特色；再比如我国江苏的南京、苏州、无锡、常州、扬州等市，发展均衡，各有优势。反观四川省，省内经济发展不均衡。2016 年，虽然成都市 GDP（12170 亿元）超过江苏省省会南京（10503 亿元）以及浙江省省会杭州（11050 亿元），但是四川省 GDP 排名第二位和第三位的绵阳市（1830 亿元）和德阳市（1752 亿元），不及江苏省排名第十的镇江市（3834 亿元）GDP 的一半，也不及浙江省排名第八的湖州市（2243 亿元）。这种发展模式和省内差距是高技能人才省内分布不均的根本原因。因此，支持发展中小城市，实现更好的城乡联动至关重要。定位成都市发展目标为"五中心一枢纽"，发展和培育高端和基础研究。鼓励和支持其他省内城市主动承接中国制造业中心由东南沿海向内陆的迁移，带动周边乡镇的稳步发展，并积极发展和培养高技能职业技术人才，为高端制造业（比如航天航空、精密仪器、制造装备、芯片半导体等高科技高价值制造业）进驻四川省做好人才准备工作。这样才能逐步实现农村人口向中小型城市转移，建成若干个有特色的，有产业集群的四川省知名都市和特色小镇，实现四川省"十三五"总体目标和规划。

习近平总书记在党的十九大报告中指出①：中国特色社会主义进入新时代，我国社会主要矛盾已经转化为人民日益增长的美好生活需要和不平衡不充分的发展之间的矛盾。我国稳定解决了十几亿人的温饱问题，总体上实现小康，不久将全面建成小康社会，人民美好生活需要日益广泛，不仅对物质

---

① 习近平：《决胜全面建成小康社会 夺取新时代中国特色社会主义伟大胜利——在中国共产党第十九次全国代表大会上的报告》，2017。

文化生活提出了更高要求，而且在民主、法治、公平、正义、安全、环境等方面的要求日益增长。更加突出的问题是发展不平衡不充分，这已经成为满足人民日益增长的美好生活需要的主要制约因素。

图5是根据四川省统计局数据绘制的2010～2016年四川省城乡居民可支配收入及同比增长情况。图中可以看出，虽然城乡居民收入稳步提升，但是城乡居民收入差距较大，而且呈现差距逐年加大的趋势。2016年，四川省城镇居民可支配收入是乡村居民可支配收入的近3倍。四川是农业大省，乡村人口占比较高。解决乡村人口可支配收入低、增长速度慢的问题，是新时代四川省政府工作需要解决的主要矛盾。

四川省自古以来是天府之国，成都平原的肥沃土壤养育了一代又一代的四川人。然而，我国的家庭联产责任承包制发展到现在，已经很难帮助乡村居民进一步提高收入。然而出川工作，并不能享受到当地城市的公共服务，比如保险、养老、医疗等。上文指出，四川省省内流动逐年增长，省外流出下降。目前，需要进一步的改革，培养职业和科学农民，进一步解放生产力，推动广大四川人民全面小康生活水平的实现。

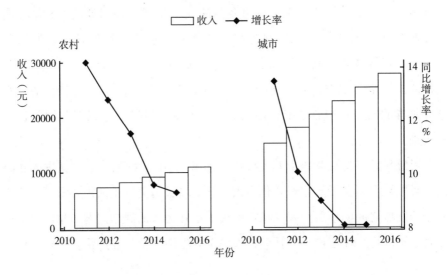

**图5　四川省城乡居民可支配收入及同比增长（2010～2016年）**

资料来源：四川省统计局。

一技之长，是人民群众的安身立命之本。除了培养职业和科学素养较高的技术性专业性农民外，同时会有大量的农村青年继续在四川省内外迁移，寻求工作机会。这一批数量庞大，且有工作经验的农民工，是四川省深厚的职业技术人才的基础。对他们进行免费的技能教育培训，提高综合素质和专业技能，并支持和鼓励高技能农民工发挥特长和智慧，创新创业。对个体农民工来说，这对于其实现个人价值，实现收入增长，实现职业长远发展，具有重大意义；对于四川省来说，实现人民富裕，城乡统筹发展，实现平衡和充分发展，经济健康持续发展，实现社会稳定和谐以及繁荣，实现新时代全面小康社会的建成，具有重大的意义。

除了数量和质量，以及地域领域分布问题外，四川省职业技能人才的待遇和地位也存在着一些突出的问题。职业技能人才被认为是低人一等，不如坐办公室的白领工人，技术人才得不到家庭、公司和社会应有的尊重。我国传统文化中，万般皆下品唯有读书高，绝大多数人都把读职校、做技工视为一种无奈选择。人们普遍认为，技工就是工人群体，工资水平低，工作内容重脏累，不受尊重，社会地位较低。这种人才观需要改变。要营造"技工光荣"的氛围，培养工匠精神，提升技能人才的福利待遇和社会地位。除此之外，四川省内民族地区职业技能人才的培养也是工作的难点，民族地区高素质职业技能人才的培养关系到少数民族人民的脱贫致富，更能够促进我国民族大团结，实现全国各族人民安定有序，社会稳定和繁荣。

四川省职业技能人才培养在稳步展开，中国教育年鉴统计数字显示，四川省2014年共免除82.2万名中职在校生学费，中职毕业生就业率达96%，全省农民工培训率达到80%并建成3个国家农村职业教育和成人教育示范县。2016年，四川省有中等职业教育526所，招生41.4万人，在校生101.9万人。高职职业技术培训机构4386个，职业技术培训注册学员250.8万人。另四川省统计局统计数据显示，在返乡农民工培训和创新创业方面，2012~2016年5年来四川省共促进33.1万人返乡创业，平均每年促进返乡创业人员6.62万人。

在特色方面，四川省探索创新"9+3"免费职业教育计划，在藏区和彝区推广实施，取得了很好的招生和就业效果。该项目被纳为国家教育体制改革试点项目，得到了国家层面的认可和支持。但是，四川省职业技能人才需要进一步提高，技能培训工作需要大面积推广，农民工技能培训以及农业技术推广需要得到重视。技能人才应该享有政府和社会的相应激励和人才政策，在落户、子女教育、购房补贴、创业支持方面，给予高水平职业技能人才优厚的政策。

总体上，四川省目前技能人才短缺严重，分布不均。大量低技能人口有待教育和培训。职业技能人才的薪资待遇、社会地位和荣誉感有待提升，尽管近年来四川省职业技能人才培养取得了一些成绩，但是与发达制造业国家和我国东部沿海发达省份的差距仍然存在。

## 四　发达国家和东部省份职业教育经验

我国是全球制造业大国却不是制造业强国，高素质技能人才稀缺是主要发展瓶颈。尽管世界各国纷纷将高科技，比如人工智能、大数据、智慧医疗等作为发展战略，但是世界制造业强国，比如美国、德国等仍把制造业作为本国经济的基础，尤其是美国，在特朗普总统的竞选口号和施政纲领中，制造业回流深得美国民心。高端制造是高端科技转化为产品和消费品的必要过程，也是一国经济和人民就业的重中之重。

20世纪90年代以来，西方发达国家都对本国的教育结构进行改革和调整，大力发展职业教育，以满足经济发展对中高级技术人才的需求，提高本国经济竞争力。欧盟纷纷采取政策，加快职业教育发展。本文描述世界先进职业技能人才培养的特色和经验，并分析我国东部沿海发达省份的可借鉴经验。

英国是目前世界上公认职业资格制度最先进、学历教育与职业教育沟通最好的国家之一。英国的职业教育特色是培养职业技能人才的核心技能。强调核心技能职业技能的能力训练，以能力本位为基础，为青年就业提供核心竞争力。核心技能（Key Skills）是可迁移的、跨职业的关键性的能力。英国工业联盟、教育与就业部以及资格与课程署共同认定的职业技能有：交流（Communication）、数字运用（Application of Number）、信息技术（Information Technology）、与人合作（Working with Others）、提高自我学习和增进绩效（Improving Own Learning and Performance）以及解决问题的能力（Problem Solving）。英国职业教育中的核心技能概念和划分基本上被世界主要发达国家接受和认可。

英国职业教育的主要特点是：能力与知识并重；灵活多样的课程类型；工读交替的教学模式；实现学校到就业的过渡。多样丰富的课程大大拓展了英国职业技能人才的流动和综合素质。其中，国家职业资格（NVQ）课程和技术证书课程，让职业技能人才更具专业和工作实际培养和提高技能。英国在职业教育系列中实行"双证书"，即职业资格证书和学历证书制度，是世界上主流发达国家的普遍做法。这种双证制度，将职业技能人才纳入主流教育中来，提高了职业技能人才的地位。英国另外一个非常值得借鉴和学习的经验在于工读交替，英国的现代学徒制度采用现场教学与学校教育相结合的工读交替教学模式，将教育与产业紧紧联系在一起。这种教学模式的具体做法是：整个学徒期 4~5 年，第一年脱产到继续教育学院或"产业训练委员会"的训练中心学习；以后的几年培训在企业进行，但学徒可以利用"企业学习日"每周一天或两个半天带薪去学院继续学习；在完成整个学徒期的训练计划并经过严格考核后，可以获得国家职业资格证书。

德国制造享誉全球，在于德国职业技能人才培养体系和质量享誉全球。双元制职业教育是德国职业教育的基本形式，即学生在企业接受实践技能培训和在学校接受理论培养相结合的职业教育形式。德国双元制职业教育的主要特点为：教学融入生产实践；企业参与广泛；互通式的各类教育形式；培训与考核的"二元"分离。双元制职业教育相对于学校制职业教育，更注重实践技能的培养，以培养生产第一线实际操作人员的职业教育为目标，真正成为受企业和学生欢迎的教育。在双元制职业教育体制下，由于学生在特定的工作环境中学习，学生和企业有了更多的交流机会，大大降低了培训后失业的风险。

德国双元制模式强调培训的实践性，主张在企业进行的职业实践操作与在学校接受的职业理论学习相结合，并更加注重实践技能的培养。学生多半的时间在企业进行技能培训，获取实践知识和操作技能；学校在此基础之上进行专业教学，深化学生在企业培训过程中涉及的专业理论学习。目前，德国各个经济部门约有643000多家企业以及自由职业和公共事业的实习场所对学徒进行职业技能培训。其中，工业与贸易部门占了53%，手工业部门占31.8%。"双元制"模式受到了企业和学生的普遍欢迎，是企业技术创新、工艺创新和"德国制造"所依赖的主要力量。

德国职业教育对于我国和四川省高素质职业技能人才培养的借鉴意义主要在于以下两点：第一，加强校企合作，广泛开展职业技术学校与各企业的合作，鼓励企业参与到职业技能教育中来，不仅可以解决部分企业招工难、技工荒的问题，也可以减少职业技能教育和培训对政府财政支出的依赖。企业与学校加强合作，开展联合培养。理论部分知识在学校进行，实践和动手操作在企业进行，且由企业与学院自愿签订合同，谁培养谁聘用谁受益；第二，普通教育和职业教育的统一和融合，形成类似德国模式的普职互通和英国的双证书制度，摆正人才观念，积极引导有志学生投入职业技能的钻研中来。

当前，先进科技发展一日千里。以人工智能、智能制造、大数据为代表的一系列研发和应用正在给人类社会带来天翻地覆的变化。发达国家纷纷就目前的科技形势制定了本国高端制造的发展战略，其中德国工业4.0受到广泛的关注。工业4.0项目主要分为两大主题，一是"智能工厂"，重点研究智能化生产系统及过程，以及网络化分布式生产设施的实现；二是"智能生产"，主要涉及整个企业的生产物流管理、人机互动以及3D技术在工业生产过程中的应用等。

以工业4.0为代表的未来制造战略，对现代高素质职业技能人才的培养提出了新的要求。同时，人工智能和智能机器人的出现，也给制造业和高素质职业技能人才带来了冲击，甚至许多人认为，将来的很多制造业岗位会被机器取代，因此认为培养职业技能人才是没有必要的。

但笔者认为，不应该因为机器人的出现和机器人功能的强大，而否认人的价值和职业技能人才的创造创新的能力。相反，我国目前技能人才的水平和熟练度总体较低，以致越发不能满足"中国制造2025"提出的总体目标。

第一，智能机器人的出现确实会冲击一些低技术含量，需要大量机械性重复劳动和低附加值的劳动岗位，但是机器远远不能代替人的智慧和技术。这些机械性重复劳动岗位取代的是无职业技能或低职业技能，如司机、快递员、仓库管理员、出纳等，而有技术和创造能力的高素质职业技能人才的地位和重要性更加凸显，比如烹调技师，不仅仅是烹调，更多的是创作色香味俱全，受消费者喜爱的食物；比如发艺师，需要更多的审美和设计能力；再比如家庭护理工，更多地需要与消费者交流，细心细致地提供温馨耐心的服务，而这一切是机器很难具备的能力。

第二，智能机器的出现，能更好地为高水平技能人才服务。机器是人的工具，人机结合，由人操控更多地将人从烦琐机械重复的工作中解放出来。比如：智慧医疗和医疗机器人的出现。事实上，美国的IBM公司已经建立医疗大数据平台并在全球兜售其产品，会对医师和护士执业人士造成影响吗？笔者以为，肯定有影响，但是正面的积极的影响。比如：医学影响机器人，利用人工智能提供精准的数据和模型，为医师的判断和诊疗提供更加可靠的依据；再比如外科医师运用智能机器人，建立人体仿真3D模型，360度透视人体病灶，极大地提高治疗精准和成功率，有效降低手术风险。总之，人机结合，由人操控和决策的人工智能，更加解放了人的劳动力。

第三，科学技术的发展，将会不可避免地淘汰陈旧技术和陈旧技术人员，而与此同时将会产生大量的新型岗位。比如，马车的没落和汽车的兴起，带来的是马车夫走进历史，以及对大量司机、修车工、洗车工和交通警察的需求。再比如，大量新型和智能机器人的出现，将需要一大批能够熟练生产、装配、操控、修理这些机器人的高技术职业技能人才。人类社会的进步遵循这样的社会和自然规律。面对未来，相信人类的智慧和创造力将会使人类生活更加便捷、舒适、美好。

总之，科学研究和创新走出实验室走向寻常百姓家，需要大量掌握最新科技操作和应用的高水平职业技能人才。科学技术的发展，对职业技能人才提出了更高的要求，需要职业教育和培训跟上科技革新，需要职业技能人才始终不停地钻研和提升自己的技能水平，活到老、学到老、干到老，保持技能水平的更新迭代，持续创新，终身学习。

对比发达国家，我国职业技能教育和人才培养还相对较弱，而且东西部差异较大。以江苏、浙江、广东为代表的东南沿海发达省份的职业技能人才培养经验较为丰富、水平较高，也值得四川省等西部地区借鉴。

根据《中国教育年鉴2015》绘制的四川省和江苏省各级职业技能教育机构和培养学生的基本情况。从表1中可以看出，四川省职业技能教育机构相较江苏省职业技能机构，普遍存在着单位学校师资较低，师生比率较低的情况。同时从学校数量上也可以看出，相较江苏省，四川省高等级职业技能学校数量较少，成人中专较少，专业技工学校较少。

四川省职业技能人才发展和培养与东部沿海发达省份还有一定的差距。总体上我国职业教师数量有稳步的提升。从图6可以看出，我国职业教师数量在20世纪80～90年代发展迅速，但是在整个21世纪前十年发展缓慢滞后。四川省存在职业教师不足，师生比例较低的问题，培养高质量、高水平的职业教师是四川省职业技能人才培养的关键环节。

江苏省2018年来加大职业教育投入和品质提升。中国教育年鉴数据显示，2013年江苏省扩大现代职业教育体系建设试点，推动本科院校、高职和中职院校协同开展职业教育试点。建设高水平现代化职业学校，规划立项建设107所职业学校为省级高水平现代化职业学校，6所为省级高水平现代化职业学校培育学校。此外，江苏省开展高水平示范性实训基地建设。推进21个中央支持的职业教育实训基地建设，44个省级高水平示范性实训基地建设，并对已立项建设的187个国家级和省级实训基地监督检查。

与此同时，江苏省积极建设示范性高职中职院校，调整专业结构，根据学校专业结构和产业结合度来建设品牌专业和特色专业，共认定110个中职教育品牌特色专业和32个五年制高职教育品牌特色专业。此外，多次展开职业院校技能大赛，推进农民工教育培训工作和社区教育工作，举办新型职

业农民培训，开展农村实用技术培训共计 158 万人次，开展农民创业培训达
5.3 万人次，开展高水平农科教结合富民示范基地。

从江苏省所开展的职业教育工作和所取得的成绩可以看出，四川省要学
习先进经验，培养和发展高水平职业技术人才，应该从以下几个方面着手。

第一，建设模范带头的国家级和省市级职业技术学校，推动各类职业技
术学校展开质量评比，高水平的模范示范学校对于其他各类职业技术学校的
办学标准和学校软件硬件设施都有示范和带动作用。推动建设实训基地，开
展校企合作，加强学生的技能实操训练。

第二，推动学校教育开展课程改革，建设高水平精品课程，开展教育质
量的评估和监督；根据社会实际需求调整专业设置，建设学校的特色专业和
特色品牌。

第三，开展职业技能推广和培训，免费为广大人民群众提供终身技能提
升的机会。

### 表1　四川省各级职业教育状况及与江苏省对比

单位：人

| 四川省 | 学校数量 | 教职工人数 | 专任教师人数 | 毕业生人数 | 在校生人数 |
|---|---|---|---|---|---|
| 高职(专科)院校 | 57 | 33174 | 23748 | 164027 | 579206 |
| 普通中专 | 242 | 25900 | 17878 | 165687 | 484969 |
| 成人中专 | 23 | 1899 | 1377 | 168119 | 223031 |
| 职业高中 | 218 | 24116 | 21015 | 134281 | 371228 |
| 技工学校 | 85 | 8324 | 6114 | 30337 | 116168 |
| 职业初中 | 3 | 143 | 131 | 456 | 1324 |
| 江苏省 | 学校数量 | 教职工人数 | 专任教师人数 | 毕业生人数 | 在校生人数 |
| 高职(专科)院校 | 83 | 47711 | 34410 | 233155 | 685993 |
| 普通中专 | 174 | 36600 | 30274 | 180162 | 533103 |
| 成人中专 | 29 | 2510 | 1354 | 31141 | 68820 |
| 职业高中 | 57 | 11392 | 9861 | 54573 | 121705 |
| 技工学校 | 127 | 17058 | 13294 | 80220 | 253238 |
| 职业初中 | 0 | 0 | 0 | 0 | 0 |

注：2015 年教育年鉴为中国教育部门户网站官方发布最新一期教育年鉴。
资料来源：《中国教育年鉴 2015》。

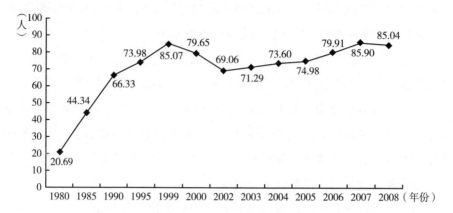

**图6 我国每万人中职业技能学校教师人数**

资料来源：中国教育部和 Xu Shuo 和 Wang Jianchu，中国职业教育老师的教育和培训，同济大学职业教育教师研究所，2009。

## 五 四川省从人口大省到技能强省转型的具体措施

结合四川省当前的经济社会发展实际和需求，本文提出几点关于四川省培养高水平职业技能人才的对策建议。

### （一）提升职业教育人才培养质量

目前中职、高职教育体系虽然培养了一批又一批的学生，但是培养出来的这些毕业生很多是低知识低技能的劳动力，很多没有达到学校的培养目标，也没有达到企业期望的技能水平要求[①]。学生在学校里闭门造车，不能达到技师的水平。这样的低质量劳动力，难以在社会和企业生存，并给予准职业技术学生很强的负面示范。因此，四川省发展高素质职业技能人才的重中之重是改革职业教育。

---

① 吴雪萍、郝人缘：《中国职业教育的转型：从数量扩张到质量提升》，《中国高教研究》2017 年第 3 期，第 92 ~ 96 页。

### 1. 校企结合和师徒制度

职业培训的技能教育对个人的收入提高和职业发展均有正面的效益①。校企结合是指企业和学校共同推进的一项育人模式，其教育对象既包括学生，也可以是企业员工。建立现代学徒制是推动职业教育体系和劳动就业体系互动发展的重要举措，实现就学即就业，即一部分时间在企业生产，另一部分时间又在学校学习。

四川省应大力推行开放式校企联合培养模式，以订单式和现代学徒制等方式培养技能型产业工人和高技能人才②。不仅仅只局限于大型国有企业，而且要发挥中小微企业吸纳就业的作用，推动创业创新带动就业。推行工学结合、校企合作的技术工人培养模式。对开展校企合作和师徒制的学校和企业给予一定财政补贴和激励③。四川省德阳市在这方面有一定的创新经营，德阳市以技能大师工作室建设、高技能人才培训基地建设、新型学徒制培养试点三个龙头项目为引领，整合技能人才培养资源，建立"导师传带＋基地孵化＋校企合作"三位一体的培养模式，这种方法可以多在四川省其他城市试点推广。

### 2. 职业技能双证制度

参考欧美发达国家的经验，将技能教育纳入国民教育体系，使得职业技术教育与相应阶段的中等教育、高等教育具有平等地位。把技工教育文凭纳入国家文凭体系，使技工教育学历也成为"正规"学历。推行技工教育"双证书"制度，让学生获得国家承认的学历文凭的同时，获得国家职业技术等级证书④。这一条建议在当前我国和四川省，推行有阻力，但是不管是

---

① Acemoglu D& PischkeJ. S. （1998）, Why do Firms Train? Theory and Evidence, *Quarterly Journal of Economics*, 113 （1）, 79 – 119.
Stevens M （1999）, Human Capital Theory and UK Vocational Training Policy, Oxford Review of Economic Policy Stevens, M. （2001）, Should Firms be Required to Pay for Vocational Training? *Economic Journal*, 111 （473）.

② 彭跃刚、石伟平：《美国现代学徒制的历史演变、运行机制及经验启示——以注册学徒制为例》，《外国教育研究》2017 年第 4 期，第 103 ~ 114 页。

③ 王启龙、石伟平：《德、奥、澳三国现代学徒制补贴政策：经验与启示》，《职业技术教育》2017 年第 1 期，第 66 ~ 73 页。

④ 邓文奎：《关于大力培养高级技工的思考和建议》，2016。

研究报告①，还是科学研究②，无论是发达国家的研究结果③还是发展中国家的分析④都表明，职业教育对受教育者的回报和发展，不一定比普通教育差。推行职业技能教育体制改革，这是历史潮流，也是大势所趋，职业技术教育与普通学术教育具有不同的培养目标，但都是以对人的培养和以人的发展为宗旨，以人的福利为谋求，以人为本、实事求是地提高职业技术教育是当前四川省教育改革可行的途径。

**3. 课程体系和专业设置改革**

提升学生综合素质、深入职业教育课程改革，向欧美发达国家学习职业技能课程设置经验，实现我国职业技能教育的国际化水平⑤⑥。另外，结合四川省省情实际，发展特色鲜明的民族地区职业教育，建设一批民族文化传承创新示范职业技能专业平台。健全技工教育的培养标准、课程标准和评价体系，促进技工教育规范发展。

向我国东部发达省份学习，建立省市国家级示范职业技能学习，促进职业教育办出高质量和特色。坚持以市场和就业为导向，形成办学特色和专业品牌。提高职校培养质量，对改善技工群体形象与地位十分重要。

## （二）新时代职业农民和农民工职业技能培训

新型职业农民是指具有科学文化素质、掌握现代农业生产技能、具备一定经营管理能力，以农业生产、经营或服务作为主要职业，以农业收入作为

---

① Cedefop，（2017），The Changing Nature and Role of Vocational Education and Training in Europe，Research Paper，DOI：10. 2801/532605.

② Thomas Deissinger. （1994），The Evolution of the Modern Vocational Training Systems in England and Germany：a Comparative View，Compare，24（24），17 – 36.

③ Malamud，O.，& Pop-Eleches，C.（2010）；General Education Versus Vocational Training：Evidence from an Economy in Transition，*Review of Economics & Statistics*，92（1），43 – 60.

④ Kahyarara，G.，& Teal，F.（2008），The Returns to Vocational Training and Academic Education：Evidence from Tanzania，World Development，36（11），2223 – 2242.

⑤ 唐正玲、徐国庆：《英美职业教育专业教学标准开发模式比较研究》，《职教论坛》2014 年第 13 期，第 14 ~ 18 页。

⑥ 刘文华、徐国庆：《〈悉尼协议〉框架下高等职业教育发展策略探析——论我国职业教育的国际化》，《上海教育评估研究》2016 年第 1 期。

主要生活来源，居住在农村或集镇的农业从业人员。

四川省在培养新时代职业农民方面大有可为。组织各方资源提供免费职业技能培训服务，财政资金扶持具备高技能高素质的农民工进城创业。积极开展省内贫困人口职业技能培训，使其能够安身立命，早日脱贫致富。此外，积极推广农业科技，鼓励农业现代化和科学化发展，打造一批高素质的现代化职业农民。

有关研究表明对农民和农民工进行职业教育和培训，将提升其收入和职业发展[1][2]。四川省作为农业大省，还有大量的农村富余人口和青年农民工。要积极推动面向农村青年和农民工的职业技能教育和培训。以市场需求和就业为导向，免费为四川省农村青年和农民工提供高水平和高质量的职业教育，是培养新型高素质劳动者、促进农村劳动力转移的重要举措。

### （三）弘扬工匠精神，提高职业技能人才地位和福利待遇

提升高技能人才薪酬待遇，引导企业建立技能人才岗位津贴制度。支持企业技能带头人制度，向高技术职业技能人才发放一定金额的职务津贴。正如国务院总理李克强多次强调："弘扬工匠精神，这是推动中国经济转型升级的强大动能。在全面建成小康社会和全面建设社会主义现代化国家进程中，技能人才可以大有作为，也必将大有作为。"他更加强调，要"大力解决技能人才发展渠道窄、待遇偏低等问题，让广大技能人才有实实在在的成就感、获得感"[3]。

总之，四川省对职业教育规划和改革有明确的目标和清晰的认识，四川省各部门对培养高水平职业技能人才充分重视。四川省教育厅印发的教育事业发展"十三五"规划中明确提出：职业技术学校基础能力进一步提升，

① 张晓恒、朱战国、刘余等：《职业技能培训与新生代农民收入增长——基于倾向得分匹配模型的分析》，《统计与信息论坛》2017年第3期，第114~120页。
② 陈春霞、石伟平：《新型职业农民培训供给侧改革：需求与应对——基于江苏的调查》，《职教论坛》2017年第28期。
③ 中国人力资源和社会保障部门户网站，http://www.mohrss.gov.cn/SYrlzyhshbzb/dongtaixinwen/buneiyaowen/201711/t20171124_282188.html。

吸引力进一步增强①。基本建成产教深度融合、体系衔接贯通、职业教育与普通教育相互融通的现代职业教育体系。建设优质专科高职院校 15 所，带动全省高职高专院校办学水平整体提升。建成生产性实训基地 100 个，深化产教融合、校企合作，提升服务区域经济社会发展能力。建设精品在线开放课程 100 门，扩充优质教学资源。加强专业实验室建设，建设虚拟仿真实训中心 20 个，深化实践教学改革。实施省级高等职业院校重点专业建设和校企合作示范基地建设，不断优化人才培养结构，持续提高质量。

四川省实现从人口大省向技能强省的任务艰巨，形势急迫，需要从政府有关部门，到企业、学校，以及各社会群体的大力合作，改变劳动力素质不高，技能人才紧缺的现状，向先进经验学习，稳步有序建设技能强省，打造西部人才高地，推动社会经济繁荣，全面建成小康社会。

---

① 《四川省教育事业发展"十三五"规划》，四川省教育厅，2017 年 9 月。

# B.13
# 基于"旅游+"的
# 四川旅游产业发展
# 及其人才对策[*]

蒲 波[**]

摘　要：　旅游产业在增进人民福祉上责无旁贷，已然成为幸福产业
的重要内容，可以满足人民日益增长的美好生活需要。近
年来，四川省旅游产业发展迅猛，取得了可喜的成就。随
着时代的发展，四川旅游业呈现"旅游+第一产业""旅
游+第二产业""旅游+第三产业"等新特征，但也呈现
新兴旅游业态把握不准、地域性"旅游+"人才缺乏等发
展短板。结合"旅游+"发展要求，了解四川旅游业发展
现状，把握旅游业人才需求情况，窥视旅游业人才短板，
探寻旅游业人才发展策略是四川旅游产业可持续健康发展
的必要之举。

关键词：　旅游产业　旅游+　人才需求　人才困境　人才策略

---

　*　基金项目：四川省哲学社会科学重点研究基地——四川旅游发展研究中心资助项目"老龄化背
景下康养旅游困境与对策"（项目编号：LYC17 – 19）。
**　蒲波（1985～），男，四川安岳人，管理学博士、四川农业大学旅游学院讲师、硕士生导师，
研究方向为休闲与康养、城乡管理与区域发展、高等教育管理。

# 一　问题提出

旅游业步入了全球化红利时代，已然成为世界各国创造就业、出口创收以及完善基础设施的关键驱动力。当下，我国正进入经济大国和旅游大国同步崛起期，我国旅游在国际舞台上的影响力和话语权不断增强，旅游逐渐成为我国外交战略和参与全球经济发展的新型载体①。在旅游消费日趋多元化、移动互联网与信息技术日益创新的背景下，"互联网＋"与"旅游＋"浪潮推动了旅游产业的融合与业态创新，我国旅游产业正在从传统服务业向战略性支柱产业和现代服务业升级。

伴随着人民日益增长的美好生活需要以及幸福产业的深入发展，旅游产业已然成为人民休闲娱乐的重要内容，逐渐成为幸福产业之首。旅游产业的重要地位和功能日益凸显，相关研究引起了众多学者的高度关注和深入探讨，一方面，传统旅游研究日益深化，如旅行社服务与管理②、目的地营销与品牌③、节事活动与会展经济管理④、酒店服务与管理⑤、景区服务与运营⑥等；另一方面，新兴旅游业态不断涌现，如康养旅游⑦、美食旅游⑧、游轮旅游⑨、生

① 谢林：《高职工科院校旅游英语专业人才培养的反思与探索——以四川工程职业技术学院为例》，《职教通讯》2016年第8期，第36~41页。
② 陈永昶、郭净、徐虹：《新制度环境下旅行社与游客关系再研究——基于相互依赖对B2C关系质量影响的实证分析》，《经济管理》2015年第5期，第129~138页。
③ 刘丽娟、李天元、王雪：《旅游目的地营销绩效评价研究现状与展望》，《旅游学刊》2013年第3期，第120~128页。
④ 戴光全、张洁、孙欢：《节事活动的新常态》，《旅游学刊》2015年第1期，第3~5页。
⑤ 谢朝武、郑向敏：《酒店服务界面管理水平的多维评价研究》，《旅游学刊》2013年第1期，第99~106页。
⑥ 雷红霞：《我国旅游景区服务质量提升策略研究》，《江西社会科学》2016年第4期，第222~226页。
⑦ 任宣羽：《康养旅游：内涵解析与发展路径》，《旅游学刊》2016年第11期，第1~3页。
⑧ 管婧婧：《国外美食与旅游研究述评——兼谈美食旅游概念泛化现象》，《旅游学刊》2012年第10期，第85~92页。
⑨ 孙晓东：《中国邮轮旅游业：新常态与新趋势》，《旅游学刊》2015年第1期，第10~12页。

态旅游①、研学旅游②、山地旅游③等。学者在对旅游业深入研究的同时，旅游相关领域的服务工作人员也得到了学界和业界的重视。目前，在对涉旅人才的相关研究中，主要聚集在传统的人才培养与开发上，如酒店人才、会展人才、旅游管理人才，旅游产业复合人才等，尚未把研究重点转移到"旅游+"与"互联网+"等新业态的人才培养与开发上，譬如"旅游+第一产业"人才、"旅游+第二产业"人才、"旅游+第三产业"人才、"旅游+互联网"人才、"旅游+金融"人才等。涉旅人才作为旅游业发展中的人力资源与服务主体，不仅是旅游产业的中坚力量，更是旅游产业可持续发展的重要核心。因此，基于"旅游+"社会需求，考虑旅游产业的可持续发展，从地域特色出发探究涉旅人才的培养与开发，更好地发挥人力资源在旅游产业发展中的积极作用，是旅游产业发展中亟须关注和重视的问题。

四川省作为我国重要的旅游大省，旅游资源丰富，不论是在自然资源上，还是在人文资源上，都具有良好的可开发前景。进而，四川省委与省政府明确提出，旅游是四川最突出的优势，是四川供给侧结构性改革的重要组成部分，进而要求运用五大理念，抓住国家"一带一路"、长江经济带战略的重大发展机遇，依托四川省立体旅游交通格局和多点多极旅游基础，凭借天府新区和成都自贸区创建等创新引擎，建成旅游经济强省和世界重要旅游目的地④。

结合以上背景和相关研究，根据"旅游+"发展要求，分析四川旅游产业的发展现状及其人才需求，指出四川旅游业发展中存在的人才困境，针

---

① 周娟、范星宏：《新常态视域下的生态旅游：问题与对策》，《江淮论坛》2015年第5期，第78~81页。

② 白长虹、王红玉：《以优势行动价值看待研学旅游》，《南开学报》（哲学社会科学版）2017年第1期，第151~159页。

③ 谢燕娜、朱连奇、王少华：《国外山地旅游区土地利用变化的研究进展》，《中国人口·资源与环境》2015年第5期，第100~105页。

④ 四川省人民政府：《四川省"十三五"旅游业发展规划》，http://www.scta.gov.cn/sclyj/ghjh/jdfzgh/system/2017/04/27/001167164.html，2017年4月27日。

对这些困境提出四川旅游业发展的人才对策，以形成四川旅游业人才池，推动四川旅游业的可持续发展，具有重要的理论与现实意义。

## 二　四川旅游产业发展现状

随着人民对休闲产业与旅游服务水平需求的提升，以及人民对新兴旅游业态的渴望，我国进入了"旅游＋"背景下的全域旅游时代，旅游产业得到了蓬勃的发展，步入了旅游业发展的黄金期。四川作为我国西部地区的旅游大省，其旅游产业发展态势良好，取得了可喜可贺的成绩。

### （一）旅游经济持续增长

从整体上看，"十二五"期间，四川省旅游经济总收入从 2011 年的 2449.15 亿元增长到 2015 年的 6210.50 亿元，增长了约 154%，旅游经济地位从全国第 9 位上升到全国第 5 位，发展速度明显高于全国平均速度，具有较强的经济可持续能力。从旅游经济在地区生产总值的比值看，2015 年四川省旅游经济占全省地区生产总值比重的 15.9%，相比 2010 年提升了 2.4 个百分点，在第三产业的比重也提升了 3.6 个百分点（见图 1）。值得一提的是，2015 年四川省从事旅游业的农民家庭人均纯收入达到 1.35 万元，带动了 5000 余个行政村的农民致富，让 1000 余万名农民受益[①]。可见，四川省旅游产业综合实力较强，呈现良好的旅游经济增长态势，基本上实现了从旅游资源大省向旅游经济大省的跨越。

### （二）旅游格局逐渐形成

四川省旅游产业逐渐形成以成都为中心多点多极支撑的大旅游格局。目前，通过统筹规划、统筹发展、区域协调发展，全域旅游已然成为各地发展

---

① 四川省人民政府：《四川省"十三五"旅游业发展规划》，http：//www.scta.gov.cn/sclyj/ghjh/jdfzgh/system/2017/04/27/001167164.html，2017 年 4 月 27 日。

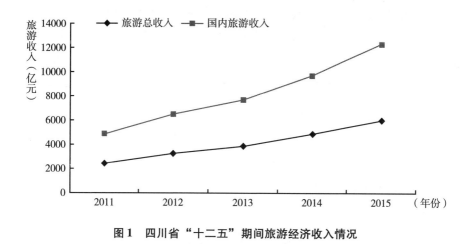

**图1 四川省"十二五"期间旅游经济收入情况**

旅游业的基本共识。一方面，形成了服务大旅游格局的协调管理机制。具体而言，成立了四川省旅游发展委员会，从整体上把握了四川省旅游产业发展中的政策扶持、资金保障、管理协作情况。另一方面，形成了多点多极的大旅游发展格局。不仅形成了大成都、大九寨、大峨眉、大香格里拉、大攀西、大巴山等旅游产业重点发展试验区；还成功创建了13个全国休闲农业与乡村旅游示范县、31个省级旅游强县、16个省级乡村旅游强县、64个省级乡村旅游示范县（市、区）、43个省级乡村旅游特色乡镇、748个省级乡村旅游示范乡（镇）村、60个省级乡村旅游精品村寨，为全域旅游的发展奠定了基础，基本上形成了以成都为中心带动周边发展的多点多极大旅游格局。

## （三）旅游特色可圈可点

四川旅游产业呈现两大特色，一是重视旅游营销。首先，重视媒体宣传，积极运用新媒体推出了一系列《爱，在四川》微电影，其重点介绍四川的好吃好玩、风土人情以及自然风光，以此为消费者带来旅游时尚与动感影像结合的视觉盛宴，引导人们走进四川、感受四川，主要包括美食篇、熊猫篇、温江追梦篇、汶川篇、风情篇等；借用主流媒体中央电视台节目《远方的家——北纬 30 度·中国行》对四川自然和人文旅游进行重点宣传，包含资阳篇、达州篇、宜宾篇、内江篇等。其次，善于活动宣传，比如策划了"行摄 365·画说四川""行南丝绸之路·游大熊猫家乡——欧洲熊猫粉丝四川探亲之旅"等旅游宣传活动。最后，发行了一系列四川旅游相关书籍，比如《发现四川：100 个最美观景拍摄地》《稻城亚丁告诉你》等。二是打造智慧旅游。四川已经构建了省（市县）政府牵头、企业联动的"1＋3"智慧旅游模式，建成了四川旅游运行监管及安全应急管理联动指挥平台。

## 三　四川旅游产业人才需求

随着科技进步以及人民对美好生活的追求，旅游产业呈现众多新的特点，一方面，旅游模式从景点旅游向全域旅游转变，呈现"全域布局、全业支撑、全民参与、全程服务"之势；另一方面，旅游与其他产业融合发展，形成"旅游＋其他产业"的时代特色。此外，旅游服务水平的提高，旅游产业已成为文化产业发展的支柱性产业。要明确四川省旅游产业人才需求情况，既要关注当下旅游发展的大背景，比如"互联网＋""旅游＋"、全域旅游等时代背景，又要关注旅游发展的未来趋势，比如"康养旅游""研学旅游"等新趋势，然而后者可以融入前者的发展中，可以进行整体思考和规划。简而言之，旅游产业需要大量的"旅游＋第一产业"人才、"旅游＋第二产业"人才、"旅游＋第三产业"人才（见图 2），在丰富的人力资源保障下才能保障四川全域旅游的健康发展。

### （一）实现乡村振兴，急需"旅游＋第一产业"人才

四川省自古粮产丰富，号称"天下粮仓"，属于农业大省，具有发展现代农业的相对优势。2017 年 3 月，习近平总书记在参加十二届全国人大五次会议四川代表团审议时强调，"四川农业大省这块金字招牌不能丢，要带头做好农业供给侧结构性改革这篇大文章，推进由农业大省向农业强

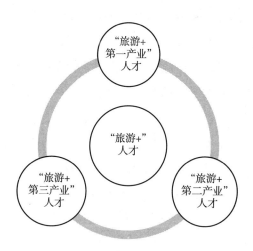

**图 2　"旅游 +"人才需求模型**

省跨越"①。同年10月，习近平同志在中国共产党第十九次全国代表大会上作《决胜全面建成小康社会　夺取新时代中国特色社会主义伟大胜利》主题报告中提出，"实施乡村振兴战略。农业农村农民问题是关系国计民生的根本性问题，必须始终把解决好'三农'问题作为全党工作重中之重。要坚持农业农村优先发展……加强农村基层基础工作，培养造就一支懂农业、爱农村、爱农民的'三农'工作队伍"②。近年来，全国各省的乡村旅游建设如火如荼，乡村旅游发展已经成为农村发展、农业转型、农民致富的重要渠道，乡村振兴战略无疑成为乡村旅游发展的重要催化剂。从供给侧结构性改革视角看，乡村是新时期旅游业发展的主战场。要促进乡村旅游蓬勃发展、实施乡村振兴战略，培育"旅游 + 第一产业"人才必不可少。

一是乡村休闲农业人才。乡村休闲农业，是乡村旅游与休闲农业的有机结合，它把生态自然、民族文化、农耕文化、现代科技融入传统的乡村旅游

---

① 杨秀彬：《带头做好农业供给侧结构性改革这篇大文章》，《四川日报》2017 年 6 月 28 日。
② 习近平：《决胜全面建成小康社会　夺取新时代中国特色社会主义伟大胜利》，http：//news. xinhuanet. com/2017 - 10/27/c_ 1121867529. htm，2017 年 10 月 27 日。

中，拓展了农业的功能，丰富了乡村旅游的内涵①。要发展乡村休闲农业，创建具有当地文化特色的农业主题公园、农业科普教育基地等乡村休闲农业目的地，就得需要一批懂乡村旅游和休闲农业的专业人才。

二是林业生态旅游人才。林业生态旅游，是林业与旅游融合的产物，以充分利用森林、野生动植物、湿地等林业生态资源，合理地开发森林康养旅游、森林体验旅游、湿地体验旅游、动植物观赏游和生态教育旅游②。林业生态旅游既是"绿水青山"到"金山银山"的桥梁，又是乡村绿色发展的重要举措。要发展林业生态旅游，虽然四川拥有众多的原始自然生态资源，比如大熊猫、森林、雪山等，但还得根据四川特色资源培育掌握动植物知识、懂生态旅游的专业人才。

三是水体水利旅游人才。水体水利旅游，是以水体、水利工程等为依托，打造水体水利风景区，开发亲水旅游产品，以满足游客体验、观光、休闲、养生等需要③。要发展水体水利旅游，首要条件是具备一定的水资源，在此基础上开发形成水利风景区、水文化主题公园、水文化科普教育基地；另外，需要培育亲水、懂水文化、懂旅游的专业人才。

四是农林旅游产品人才。农林旅游产品，是以农林土特产为突破口的当地特色旅游产品，既包括对当地特色农林旅游产品及文化的保护和传承，还包括对特色农林产品的设计、开发、制造与销售④。要开发农林旅游产品，首先需要了解当地农林文化，然后形成相应的农林旅游产品，这些工作需要熟知当地农林产品、会设计、懂销售的旅游产品人才才能完成。

---

① 周颖悟：《结合国外经验论中国乡村休闲农业旅游产业的发展策略》，《世界农业》2016 年第 2 期，第 33 ~ 36 页。

② 孙剑、龚继红、张静芳：《城市林业生态旅游服务质量对顾客忠诚影响研究——基于武汉市森林生态旅游区顾客的调查》，《林业经济》2011 年第 6 期，第 82 ~ 86 页。

③ 丁蕾、吴小根、王腊春，等：《水体旅游可持续发展评价》，《地理研究》2015 年第 3 期，第 578 ~ 586 页。

④ 祥寒冰：《将地方特色农产品纳入当地旅游业的构想》，《农业经济》2015 年第 7 期，第 68 ~ 70 页。

## （二）发展工业旅游，需要"旅游＋第二产业"人才

四川作为我国内地综合性工业基地，拥有攀钢集团有限公司、泸州老窖集团有限责任公司、五粮液集团有限公司、成都飞机工业（集团）有限责任公司、东方电机有限公司、长虹电子集团有限公司等一大批工业企业，尤其是航天工业、机械重工、白酒工业、水电工业在全国占有重要地位。工业旅游是伴随着人们对旅游资源理解的拓展而形成的一种旅游新概念和产品新形式。工业旅游在发达国家由来已久，特别是一些大企业，利用自己的品牌效益吸引游客，使自己的产品家喻户晓①。近年来，我国越来越多的工业企业开始注重工业旅游，要发展工业旅游，培育"旅游＋第二产业"相关人才势在必行。

一是工业旅游融合人才。工业旅游是工业企业将对游客有吸引力的资源进行优化组合、重新包装、对外开放，以满足游客的需要，以增加企业的经济效益和知名度。工业旅游，仅有工业企业还不够，还需要对企业特色进行分析，充分了解游客的兴趣，进而形成工业旅游景区及旅游路线。这些工作无疑需要熟知四川工业资源、懂旅游开发的相关专业人才才能有效地完成。

二是工业科技旅游人才。工业科技旅游，是利用现代工厂区、废弃矿区、工业遗产、工业科技基地开发形成的工业文化旅游产品，是旅游产业的一个新门类，具有依附性、知识性和多效益特点②。要开发工业科技旅游，一方面，需要与旅游产业发展协调统筹，形成相应的文物保护单位、工业遗址博物馆；另一方面，需要挖掘懂遗产保护和旅游营销的专业人才。

三是旅游商品创设人才。旅游商品，可以是创意化的文化产品，也可以是实用性产品，还可以是土特产。就四川而言，可以开发蜀绣、蜀锦、绵竹年画、竹编、丝绸等四川特色民族工艺品与旅游纪念品，形成强大的非物质

---

① 谢飞帆：《新型城镇化下的工业遗产旅游》，《旅游学刊》2015年第1期，第5~6页。
② 徐明波、晋超：《科技工业旅游产品开发研究——以长虹科技工业旅游为例》，《经济体制改革》2007年第4期，第182~184页。

文化旅游商品。这就涉及旅游商品的设计与开发、生产基地的建设、产品的销售与品牌，需要相关的旅游产品创设人才。

### （三）提升服务水平，重在"旅游＋第三产业"人才

一是文化旅游人才。文化旅游，是进一步挖掘旅游资源的文化属性，为旅游目的地注入丰富的文化特质，彰显其历史文化、民族民俗文化，以增强旅游的文化活力，推动旅游业与文化产业的深度融合[①]。文化旅游产业，主要任务是开发相关产业，比如文化创意产业、影视制造产业、文化展览产业等。就四川而言，可以开发藏族、彝族、羌族等民族节日文化活动，形成具有文化特色的旅游目的地。可见，把握当地文化是关键，这就需要当地涉旅人才的加入，以保护和传承地方特色文化。

二是体育娱乐人才。体育娱乐，是体育活动、休闲健身与旅游活动的有机融合，可以打造具有当地特色的体育旅游活动，比如低空旅游、音乐基地、热气球等。就四川而言，结合少数民族风情，可以促进音乐产业与旅游产业的融合，尝试举办体育赛事、音乐节、音乐会等，比如藏歌会、彝歌会。这些工作需要媒体人士、旅游管理人士的协同合作。

三是旅游住宿人才。游客在旅游中，住宿无疑是很重要的一环。特色酒店让游客能享受独特的住宿体验，一方面可增加游客对旅游住宿的舒适度，另一方面可增加游客对旅游目的地的满意度。结合四川特色地域文化，设计建设自然风光酒店、历史文化酒店、艺术特色酒店、民宿客栈、帐篷等标准化与非标准住宿，形成住宿业态的多元化。不同住宿业态的设计与营销，需要旅游住宿人才的加入。

四是旅游餐饮人才。旅游餐饮，既是旅游行程中的重要内容，又是旅游目的地的特色亮点。川菜作为我国特色传统四大菜系之一，取材广泛、善用麻辣、调味多变、样式多样，以其别具一格的烹调方法和浓郁的地方风味享

---

① 杨畅：《乡村休闲文化旅游可持续发展的困境与破解——基于湖南实践的思考》，《农村经济》2016年第4期，第50~55页。

誉中外。四川作为川菜的发源地，可发挥川菜优势，开发美食旅游，形成美食街、美食城。基于此，精通餐饮与旅游产业的复合型人才变得一将难求。

## 四　四川旅游产业人才困境

涉旅人才，无疑是旅游产业最宝贵的资源和财富。2010 年，全国人才工作会议发布的《国家中长期人才发展规划纲要（2010～2020 年)》明确指出"人才是指具有一定的专业知识或专门技能，进行创造性劳动并对社会做出贡献的人，是人力资源中能力和素质较高的劳动者"①。同理可推，旅游人才是从事涉旅相关工作，具备一定的旅游行业知识和技能技术，并对旅游产业有所贡献的人。结合人才的定义，可以将涉旅人才进行分类，如八类型人才"开创型人才、经验型人才、博弈型人才、权谋型人才、偏狂型人才、专业型人才、敏行型人才和利己型人才"，六类型人才"党政人才、企业经营管理人才、专业技术人才、高技能人才、农村实用人才、社会工作人才"，三类型人才"管理型人才、技能型人才与复合型人才"或"高层次人才、高素质人才与应用型人才"。不同标准下的人才类型各有侧重，学界与业界尚未达成统一共识。本文主要按照后者进行行文，并分析四川省旅游业人才。

### （一）高层次人才数量少，研究弱

高层次人才对于旅游产业的发展起着带头作用。在"互联网+"与"旅游+"背景下，如何发展旅游产业，亟须一批行业高层次人才带头并带动相关产业的发展。四川省虽为旅游大省，但是其高层次人才数量少，相关研究薄弱，具体表现在，旅游企业创新创业人员不足、旅游产业高级管理人才缺乏、旅游休闲管理研究人员不多。

---

① 中华人民共和国中央人民政府：《国家中长期人才发展规划纲要（2010～2020 年)》，http：//www. gov. cn/jrzg/201006/06/content_ 162177. htm，2010 年 6 月 6 日。

一是旅游企业创新创业人员不多。一方面，到四川从事旅游业的高层次创业者不多。四川地处我国西南部，虽然拥有良好的旅游资源，但地处内陆，地域优势相对薄弱，同时当地人的旅游开发意识不强，阻碍了高层次创业人才入川进行旅游相关领域创业。另一方面，四川旅游企业创新人员不足。四川相对于沿海地区，信息相对闭塞，人们的思维相对保守，很难在全域范围内进行旅游创新，各市州的创新人才甚是缺乏。综上所述，由于创业创新人才的缺乏，进而导致四川省旅游业在新兴业态上滞后于东部沿海地区。

二是旅游产业高级管理人员欠缺。一方面，现有的旅游产业高级管理人才欠缺。四川相对于沿海地区，对旅游产业高级管理人才的吸引力较弱，现有的管理人才仅在某一领域有所建树，对时代特色把握不准、对理论知识运用不精。比如，景区管理人员缺乏必要的互联网知识，很难运用网络技术进行新媒体营销，更难运用 GPS 定位系统管理游客人流疏密情况。另一方面，新兴旅游业态的高级管理人才缺乏，比如"旅游＋金融"人才、"旅游＋设计"人才、"旅游＋康养"人才等。由于新兴旅游业态刚刚起步，在大学中尚未培养相关人才，而现有从业者很难快速转变其管理思维并学习前沿知识，也很难找到跨学科交叉领域人才，故而出现新兴旅游业态高级人才急需的窘境。

三是旅游休闲管理研究人员不足。一方面，四川省仅有一个旅游管理博士点，即四川大学历史文化学院下的旅游管理博士点。相关其他专业博士点设有旅游管理研究方向的高校也不多，仅有西南财经大学、西南交通大学、西南民族大学和四川农业大学。旅游管理博士点以及相关专业博士点旅游管理方向少，这也导致每年招收的涉旅博士人数少，相关的研究人员明显不足，这与四川省旅游产业强省战略不匹配。另一方面，四川省仅有四川大学和四川农业大学设有旅游管理专业（MTA）硕士点，对于想从实践领域提升理论水平的求学人员，形成了一定的指标障碍，限制了旅游休闲管理研究人员数量。综上所述，由于研究生学校学科设置的问题，势必导致高校从事旅游管理的研究人员数量相对较少，很难全面研究四川旅游、更难发力四川旅游产业发展。

### （二）高素质人才理论浅，实践少

高素质人才，是发展旅游产业的中坚力量。大学是培养高素质人才的主要阵地，高校如何结合时代背景及时地培养新兴旅游产业高素质人才是一个难题。虽然我国高校在教学中加入了实践环节，但是学生对于理论的灵活运用，以及实践的理论提升还有待加强。具体表现在，大学生不能快速地运用理论于实践，大学生不愿意从事乡村旅游。

一是大学生不能运用理论于实践。就高职院校而言，虽然注重实践锻炼，但是理论知识的把握深度不够，不利于学生未来更好更快地发展。就本科院校而言，注重理论知识教学，虽然也开设了一定的实践实训课程，但效果甚微。前者实践知识足而理论缺，后者理论多而实践少，都会导致理论和实践的脱节，出现理论不能运用于实践的情况。对于新兴旅游业态，相关理论尚处于探索之中，缺少必要的课程体系，学生很难有效地把握"旅游+"和"互联网+"等发展趋势，很难将最新的理论和跨学科知识快速地运用于旅游实践之中。

二是大学生不愿意从事乡村旅游。一方面，城市出身的大学毕业生，更愿意选择在城市就业，不愿意到乡村从事涉旅工作。究其原因，城里拥有更好的发展空间和生活舒适度。另一方面，农村出身的大学毕业生，不愿意回乡村，进而出现乡村培养的大学生流失。四川省，不仅有成都这样的国际化大都市，还有众多的特色小城市，更有大量的魅力乡村，这都是四川重要的旅游资源。然而，大学生不选择到乡村从事涉旅工作，导致乡村旅游产业发展缺少必要的活力，这不利于四川省旅游产业的发展。

### （三）应用型人才专业差，技术低

应用型人才是产业发展的基础与实际落实者。旅游行业需要各行各业的应用型人才，比如门店管理与营销人员、导游、餐饮人员。就四川旅游业而言，应用型人才存在明显的专业水平不高、相关技术水平低的缺陷。主要表现在，涉旅应用型人才专业水平不高、涉旅应用型人才技

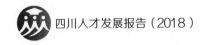

术水平单一。

一是涉旅应用型人才专业水平不高。涉旅人才的专业水平决定了服务水平的专业性，直接影响游客的满意度。四川省虽有众多的涉旅从业者，但其服务水平参差不齐，比如普通话交流水平、服务意识程度、民宿接待服务态度等，这些都将影响当地旅游产业的可持续发展。应用型人才专业水平不高还表现在，餐饮卫生不注重、酒店卫生马虎、导游超负荷工作、景区管理落后等。

二是涉旅应用型人才技术水平单一。涉旅应用型人才技术水平的多样性，决定了其服务的可转换性。复合型涉旅人才是在旅游的各方面都有一定能力，并在某一具体方面出类拔萃的人。有专家指出，复合型人才不仅在专业技能方面有突出的经验，还具备较高的相关技能。比如，随着互联网技术完全融入旅游领域，"互联网＋营销""互联网＋安全管理"等旅游人才尤为稀缺。涉旅应用型人才技术水平单一，主要表现在两个方面，其一，仅拥有某方面的技能，比如餐饮人员、前台人员、导游；其二，难以接受新事物新思维的涉旅工作人员，比如中年涉旅管理者、少数民族涉旅工作者。

# 五　四川旅游产业人才对策

发展四川旅游产业，有必要制定和实施一定的人才政策。一方面，继续贯彻人才兴旅战略，形成多层次多类型人才；另一方面，鼓励发展旅游产业，培养高层次人才；同时推动院校旅游教育改革，培养高素质人才；还可以加强涉旅工作人员培训，形成应用型人才。

## （一）实施人才兴旅战略，打造多类型人才

制定人才兴旅战略，督促各地落实人才兴旅战略，意在打造多层次多类型的旅游人才。既要培育新兴旅游业态人才，又要培养旅游产业高层次人才，还要打造高素质旅游人才，以及培训旅游应用型人才。

一是与时俱进，探索培育新兴旅游业态人才。一方面，结合"互联网

+"和"旅游+"等时代发展趋势，重点培育一批新兴旅游业态相关工作人员，比如"互联网+旅游管理"人才、"旅游+第一产业"人才、"旅游+第二产业"人才、"旅游+第三产业人才"等。另一方面，及时关注社会发展需要，培育一批满足人民日益增长需求的旅游工作人员，比如水体水利旅游人才、工业旅游人才、乡村旅游人才、美食旅游人才、红色旅游人才、康养旅游人才等。

二是分层分类，注重形成多规格旅游人才。一方面，分层次培养。在旅游人才的培育中，既要鼓励高层次人才涉足旅游产业，形成旅游产业高层次人才池；又要鼓励高素质人才进入涉旅行业，形成旅游行业高素质人才池；还要扶持应用型人才从事涉旅工作，形成旅游领域应用型人才池。另一方面，分类型培养。既要培育新兴旅游业态人才，又要优化传统旅游业从业队伍，还要探索旅游产业未来需求人才。

## （二）鼓励旅游产业发展，培育高层次人才

培育高层次专业技术人才队伍。简单地说，就是要形成高层次人才池，主要涉及旅游企业创新创业人才、旅游产业高级管理人才、旅游休闲管理研究人才。

一是支持旅游企业创新创业人才。一方面，引进国外旅游创新创业人才，尤其注重高端旅游人才的引进，支持海外优秀旅游教师到四川任教。另一方面，开发培养旅游创新创业人才，比如推动国内外高校在旅游领域进行合作与交流，支持四川优秀旅游师生到海外进修。同时，扶持高学历人才在涉旅领域从事创业工作，通过减少税收、提供经济补贴、建立人才交流平台等方式帮助新创旅游企业发展。

二是培育旅游产业高级管理人才。一方面，对政府涉旅干部进行轮训。主要对市县级和旅游重点区域涉旅干部进行轮训，培训内容包括国家旅游产业政策、国家旅游发展趋势等，比如旅游扶贫政策、旅游从业政策、旅游税收政策。另一方面，对涉旅企业的高层管理人才进行培训。可以尝试实施旅游产业领军人才培训和旅游职业经理人培训项目。

三是激励旅游休闲管理研究人才。依托高等院校，将旅游人才队伍建设纳入四川重点人才支持计划，实施涉旅博士人才工程，形成一批具有国内影响力的旅游科研机构和新型智库。同时，积极成立四川省旅游学会，逐步构建四川省的旅游智库，形成产学研互动的旅游学术共同体。此外，结合四川农业、工业、生态特色，推进四川乡村旅游、工业旅游、康养旅游理论体系建设，培养和造就一批具有国际视野、熟知四川现状、关心四川"三农"的旅游研究专家队伍。

## （三）推动旅游教育改革、培养高素质人才

围绕"互联网＋"和"旅游＋"，优化高等教育旅游相关专业结构和布局，创建一批示范专业点和特色专业点，以此培养涉旅高素质人才。具体而言，可以加强理论教学与实践实训工作的结合，鼓励大学生从事乡村旅游工作。

一是加强理论教学与实践实训。一方面，深化校企合作，建设一批旅游教育实习实训基地和技术技能工作室，比如乡村旅游实习基地、康养旅游实训基地、美食旅游实训基地、绵竹年画实训基地等。另一方面，加强"双师型"教师队伍建设。加强专业教师的实践实务培训，定期举办旅游教育骨干"双师型"教师、旅游管理硕士专业学位（MTA）骨干师资的考察实习以及研修班。

二是鼓励大学生从事乡村旅游工作。实施旅游英才计划，在省内普通院校和职业院校设置旅游专项奖学金。同时，建立适应旅游产业发展需求、产教深度融合、中高职有机衔接、结构布局合理的现代旅游职业教育体系，为四川省乡村旅游、全域旅游提供必备的高素质人才。

## （四）实施旅游技能培训，开发应用型人才

一是建立应用型人才服务平台。一方面，搭建旅游就业服务平台。将旅游人才培训工作纳入省人力资源和社会保障部门就业培训和职业教育计划中，建立四川省旅游从业就业服务平台，为应用型人才的后续发展提供再教

育和就业保障。另一方面，做实国家旅游西部人才培训基地。具体而言，整合旅游教育培训资源，加大与四川省旅游发展委员会、涉旅高等院校的合作，形成多渠道可利用的学习培训平台，比如微课平台、农民夜校等。

二是培训应用型人才专业技能。一方面，实施旅游人才培训工程。开展旅游实用人才技能素质培训，提升旅游扶贫管理水平和旅游从业人员的综合素质。另一方面，开展专家服务团智力扶贫行动。选派旅游干部、旅游专家到贫困县、贫困村挂职和蹲点扶贫。同时，组织省内旅游院校师生到贫困村开展社会实践活动。此外，开展旅游培训机构、院校、星级酒店与乡村旅游特色经营户（点）的结对帮扶活动。

# B.14

# 激发文创人才新活力
# 彰显天府文化软实力

## ——关于加强成都文化创意产业人才建设的思考与刍议

何 勇 罗川宗*

摘 要: 人才始终是推动文化创意产业创新发展的根基。文创产业已经成为成都重要的支柱性产业，文创人才的需求量也随着产业的发展而逐年增加。本文通过对当前成都文创人才的现实基础、形势问题进行分析，提出发挥领军人才动力、支持产业发展、加强人才培养、实施精准引才、营造良好环境等建议，以提升成都文创人才服务天府文化创新性发展、创造性转化的能力，提升服务成都经济社会发展的能力。

关键词: 文创人才 天府文化 人才引进 人才培养 人才激励

文化，是人的精神守望和精神家园。习近平总书记指出："文化自信，是更基础、更广泛、更深厚的自信。"城市文化是一座城市的独特印记，更是一座城市的根与魂，是构建城市吸引力、增强城市辐射力、延续城市生命力的核心。中共成都市委十三届二次全会明确，通过全面塑造发展环境提升城市软实力，积极建设世界文化名城、旅游名城、赛事名城，高标准打造国

---

* 何勇（1979~），男，四川营山人，公共管理研究生毕业，物流工程硕士，中共成都市青白江区委政研室主任，成都国际铁路港管委会副主任、党工委委员；罗川宗（1984~），男，四川南充人，新闻传播硕士研究生，中共成都市青白江区委办公室科长。

际美食之都、音乐之都、会展之都，通过塑造"三城三都"城市品牌，提升城市文化沟通能力和全球传播能力。特别是聚焦天府文化创造性转化、创新性发展，高标准打造天府文化标志和品牌。

成都被誉为"天府之国"，是古蜀文明重要发祥地，孕育积淀出思想开明、生活乐观、悠长厚重、独具魅力的天府文化特质。天府文化历经千年沉淀、凝聚、升华，是历史成都的精髓、是当代成都的灵魂、是未来成都的旗帜，构成成都独特的颜质、气质、品质，是建设现代化新天府的丰厚滋养和创造源泉。结合成都市城市总规划，成都将启动实施一批彰显天府文化特质、品位的重大文创产业项目，突出延续展示天府文化的历史文脉，着力彰显天府文化软实力。

人才始终是推动文化创意产业创新发展的根基。成都文创产业过去几年发展迅速，文创人才培养也呈现良好态势，但与北上广等一线城市相比还存在一定的差距，创意高端人才稀缺，人才结构失衡，缺乏创意产业化的经营管理人才，制约了成都创意产业的发展。成都要彰显天府文化软实力，建设具有国际影响力的创意产业之都、建设具有文化底蕴的现代艺术都市、建设具有良好知名度的世界文化名城，提升文创产业发展的生产力、集聚力、包容力，需要更加激发文创人才新的活力，助推成都文创产业快速健康发展。

# 一　文创人才建设的现实基础

## （一）天府文化引领作用显著增强

城市文化是城市发生、发育和发展的产物，是人类对于城市发展的理想追求和不断实践的结晶成果，是我们能够感觉、感受、感知、感悟得到的东西。城市的独特文化，让市民收获生活的激情与从容的内心力量。2017 年成都市第十三次党代会首次提出发展天府文化，让"创新创造、优雅时尚、乐观包容、友善公益"的天府文化成为彰显成都魅力的一面旗帜。陆续在香港地区举办成都建设国家西部文创中心专场活动，成立天府文化研究院，

发布了《建设西部文创中心行动计划》，提出通过5年努力，推动成都文化事业和文创产业发展水平进入全国第一方阵，扩大世界文化名城影响力。

千百年来，厚重的底蕴与岁月的积淀，让成都展现出与众不同的气质，散发着别样的生活之美。这座城市里，有着三千余家书店，博物馆总数在全国城市位居第一；这座城市里，时时洋溢着友善公益，开启患者"抬头人生"的仁心医者梁益建、搀扶老人安全过街的"暖男警察"李抗[1]……他们的存在，总让人因这城市的温情而动容。

文化软实力已成为衡量城市竞争力强弱的关键因素甚或是决定性因素。成都是全国首批历史文化名城。在数千年的历史长河中，外来文化与本土文化融会贯通，历史文明与现代文明交相辉映，构建起成都特色鲜明、内涵丰富、底蕴深厚的博大文化体系，为提升城市精神、彰显城市形象打下了坚实基础。天府文化的引领力，呈现了一种比资本更强大的渗透力，渗透到城市的皮肤、肌肉和灵魂，形成一种新的思维状态、生活态度、工作方式和产业格局，让四海人才慕名而来扎根成都。2017年以来，成都吸引了13万余名本科以上人才来蓉落户发展，新增创新创业项目和企业1万家以上。[2] 据今日头条发布系列城市关注度大数据，截至2017年8月，成都文创全国关注指数在国家中心城市中排名第三，2018年以来成都文创关注度增速位居国家中心城市之首。

### （二）文创人才集聚效应加速释放

近年来，成都通过开辟高层次文化创意人才引进的绿色通道和柔性引才政策，邀请国内外创意名人来蓉定居创业，先后专职引进了一大批优秀人才，通过聘请担任文艺顾问、客座教授和品牌注入、项目合作、来蓉旅居等方式，吸引了国内外名人为成都文创产业服务，人才集聚不断加速，西部文创人才高地建设不断加快。

---

[1] 《天府文化行远自迩》，《成都日报》2018年3月14日。
[2] 《2018年成都市人民政府工作报告》。

目前，红星路 35 号广告创意产业园区聚集创意设计企业 260 余家；东郊记忆聚集以中国移动无限音乐基地为龙头的音乐及相关文化企业 112 家；浓园国际艺术村、西村创意产业园等园区聚集绘画、书法、雕塑等艺术家工作室和各类艺术机构 400 余个；蓝顶艺术区聚集了 300 余名艺术家。成都还聚集数字新媒体企业 600 余家，在虚拟仿真、3D 引擎、音效合成、动画渲染和图像处理等核心领域已成为国家网络游戏动漫产业发展基地，是全国数字游戏产业的五大聚集区之一；聚集成都飞机设计研究院等 14 所国家级、省级研发机构，工业设计专业性公司 100 余家、各级工业设计中心 32 家；聚集动漫游戏企业 1400 余家、相关从业人员 10 万人以上。已基本形成以成都高新技术产业开发区、成都经济技术开发区等园区为重点的高层次专业技术人才汇聚高地，以园区化、楼宇化为载体，以重大产业项目为带动，以骨干企业为支撑，影视传媒、文博旅游、创意设计、演艺娱乐、工艺设计、文学与艺术品原创、动漫游戏和出版发行等行业加快发展的文化产业新格局。①

## （三）文创人才发展环境持续优化

公共文化服务体系全国领先。深入实施"公共文化服务标准化建设"和"基层综合性文化服务中心建设"两项国家级试点，成功创建国家首批公共文化服务体系示范区，城乡群众基本文化权益得到了有效保障，文化凝聚力进一步加强。公共文化设施建设国内领先，四级基本公共文化设施实现达标全覆盖，财政政策领先示范全国。在全国首创"公共文化服务超市"，政府惠民补贴电影活动，受惠群众达 10 万人次；市民群众的公共文化服务参与率达到 90%，满意率达到 85%，② 对公共文化服务获得感显著提升。

国际城市形象显著提升。城市文化品位和影响力明显提升，历史遗存和传统文化保护国内领先，成功列入中国十大古都。取得老官山汉墓、摩诃池

---

① 《加快成都"文创中心"建设研究》。
② 《关于提升城市文化软实力的调研报告》。

遗址等重大考古成果。成都博物馆成为西南地区最大城市博物馆。博物馆、纪念馆 143 家，在全国所有城市中排名第一。坚持"请进来"和"走出去"相结合，文化交流的范围、领域不断拓展。大熊猫成为国际文化品牌，金沙、青城山、都江堰世界影响力不断扩大。"国际非遗节""成都创意设计周""成都大庙会"等国际性、国家级文化节会活动和城市品牌文化活动持续举办，十余项国际重大体育赛事先后落户成都，体育对外交往方面在全国副省级城市中居于领先地位，城市文化影响力和辐射力不断增强。

文学艺术创作不断攀登高峰。持续获得国家重大文艺奖项。一批"成都表达"和"表达成都"的文艺精品涌现，话剧剧本《坚守》和《活在阳光下》荣获中宣部精神文明建设"五个一工程奖"，儿童文学作品"马小跳系列"持续畅销全国并在国外翻译出版，川剧《尘埃落定》荣获中国戏曲现代戏突出贡献剧目称号、中国第十四届中国戏剧节优秀入选剧目奖，《绿野仙踪》荣获第四届全国木偶皮影大赛最佳剧目奖及舞美造型单项奖。艺术人才队伍建设取得成效，培育了陈巧茹、刘露、王玉梅、王超、任萍等一批中青年高端艺术人才，文艺原创能力和集成创新能力得到提高。

## （四）文创人才支持政策更加有力

深入实施人才优先发展战略。全面落实新人才观，建立颇具吸引力的人才激励政策，积极打造人才集聚强磁场。加强文创类高层次创新创业人才（团队）及本土优秀人才的引进、培育和激励。在"蓉漂计划"专家引进和本土专家培育中对文创人才予以倾斜，吸引文创领军人物、文创资本运营人才、文创科技创新人才等在蓉创新创业。比如，对符合《成都市引进高层次创新创业人才实施办法》的专家、企业家带着拥有自主知识产权的文创项目和文创品牌落地成都发展，做出重大贡献的，给予最高 300 万元资金资助。对成都市重点新引进急需紧缺文创专业技术和高层次人才，3 年内给予每人最高 3000 元/月的安家补贴。[1]

---

[1] 《成都市促进西部文创中心建设若干政策》。

此外，成都设立了政府金熊猫文化创意奖和金芙蓉音乐奖，表扬奖励对发展文创产业做出突出贡献的集体及个人，鼓励文创人才培养聚集及作品创作。成都市文创人才参加国际或国家最高荣誉奖项评选获得奖项的，根据奖项类别给予最高50万元奖励。与境外高校、研究机构共建高端专家智库。[①]深入实施成都青年文艺家培养计划，推进青年高端创意人才、优秀女设计师选拔和培养计划。加强人才服务保障，将满足条件的文创产业"高峰人才"和懂文化、善创意、会经营的高端复合型文创类人才纳入"蓉城人才绿卡"服务体系，加大对青年文创人才的人才公寓、公租房保障力度，营造良好的创新创业环境。鼓励文创企业以知识产权、无形资产、技术要素入股等方式，加大对骨干人才的激励力度。推进用人制度改革，推进完善文化人才分类评价。

### （五）文创人才培养成效不断凸显

成都科教资源丰富，拥有四川大学、电子科技大学等56所高校，在蓉高校每年可提供近30万名大学毕业生，拥有两院院士36人、国家"千人计划"169人、省"千人计划"专家502人、专业技术人才超135万、全市各类人才443万。[②]

成都市委、市政府高度重视文创人才的培养，着力以青年艺术家为主体，努力培养一大批文创人才。组织企业家相关培训，不断提高文创经营管理者的综合素质。与国外相关高校、专业机构建立高级人才培训、实习、研修等协作关系，组织专业人员进行脱产集中培训。建立起由院校、就业训练中心、民办职业培训学校、企业职业培训中心和择优认定的城乡劳动者职业培训实施单位组成的多元化职业教育培训体系，形成了以公共培训机构和职业技术学校为主体，社会培训机构和大企业大集团内部培训机构相配合的培训体系。

---

① 《西部文创中心建设行动计划》。

② 《"中国文创第三城"为何是成都？》，《成都商报》2017年10月16日。

## 二 文创人才建设面临的新形势

### （一）区域人才流动为人才工作带来新机遇

2018 年是我国改革开放 40 周年。随着国家"一带一路"建设的实施，我国对外开放的重点延伸到了中西部广大内陆地区，带来了人才、技术、资本等要素向西流动的趋势。作为长江经济带和"一带一路"的交汇点，成都文创人才工作如何积极站位国家战略发展制高点，承接国家开放政策倾斜，抢抓产业转型升级以及区域人才流动的机遇顺势而为？除了发挥城市人文魅力、土地成本适中、人力资源丰富、管理运营成本较低等自身优势吸引人才外，更为迫切的是建立更为灵活的人才管理机制，破除人才流动、使用、发挥作用的体制机制障碍，最大限度地支持和帮助科技人员创新创业，有效推动人才、技术、资本、信息等生产要素在产业转移中的流动与配置。

### （二）产业加速融合对人才工作提出新要求

在全球新一轮产业革命兴起、全国产业发展新格局的形成和高端产业"西进"的背景下，成都专注"高端产业"和"产业高端"，加快产业转型升级。文创产业既是城市发展的新增长点，又是推动转型发展的新动力。文化创意加速与产业、城市、商业、旅游融合。如何适应行业发展的新形势？除了在文创人才的引进上下功夫之外，还需要不断健全目前的人才引进、培养、使用、管理、评价全过程成长体系，着力把人口规模优势转化为人力资源优势，把人才优势转化为创新优势，开发实施一批兼具规模效应和品牌效应的文创融合示范项目，助力附加值高、原创性强、成长性好的现代文创产业加速发展。

### （三）城市人才竞争对人才工作提出新挑战

2017 年以来的人才争夺战，在二线城市中高调而迅速地打响。以武汉、西安等二线城市为代表的多个城市纷纷拿出"毕业大礼包"：送钱送户口，还送房住。此前，各地的"抢人大战"，主要针对以外来务工人员为主体的产业工人，而新的"抢人大战"聚焦于大学毕业生群体，体现了经济转型升级的现实需求，标志着城市步入高维竞争，从拼产业、拼招商、拼优惠政策跨入了拼人才的阶段。①

文创产业是智力密集型产业。如何使文创人才引得来、留得住、用得好？需树立"不唯地域、不求所有、不拘一格"的新人才观，在产业发展、市场环境等方面下功夫，打破地域界限，以全球视野引进海内外优秀人才，将人才当作一种共享因子，建设人力智力广泛交流的"共享社会"。成都和北上广深一线城市相比，硬性的引才优势不足。而且只想让人才变成"我的"，以待遇留人，越来越不现实。用事业留人，采用"不求所有、但求所用"的柔性引才理念，"你用、我用、大家用"，为城市长远发展不断引入源头活水。

# 三　存在问题及短板

## （一）领军文创企业不多的短板

成都文创主体整体实力较弱，骨干企业带动作用不强，仅在出版传媒、文化旅游等领域形成了大型文化集团，跨地区跨行业经营能力和市场竞争力方面还有待提高，其他领域还缺乏具有全国影响力和行业整合能力的骨干企业，大型文化企业竞争力不强。围绕文化创意重点行业，创意产业从业人员数量得到提升，但创意领军型人才不多，具有创新意识的创意人才较为缺乏。2016年，主营收入在1亿元以上的规模以上文创企业杭州有400多家，而成都只有300多家，还没有一家百亿元级的文创企业，上市文创企业不多，企业竞争能力不强。②

---

① 《"抢人大战"：城市高维竞争谁将胜出？》，新华网，2017年7月8日。
② 《成都国家中心城市产业发展大会讲话》。

## （二）人才培养使用失衡的短板

成都发展文化创意产业起步比较晚，在蓉的大部分高校对于文化创意产业人才的培养没有明确判断和定位，比如数字媒体艺术与数字媒体技术专业、艺术设计专业与艺术设计学专业和广播电视编导与广播影视编导等，在人才培养方向上比较模糊。此外，学校培养的文创人才与市场的需求有差距，存在一定程度的"不能学有所用"现象，学校的教育未能与企业对接，特别是在创意能力培养上，传统教育模式难以完成企业对从业人才的素质要求。相关专业老师通常有理论高度但缺乏实践经历，从实践中聘任的教师则缺乏理论升华。开设该专业的院校仍以职业院校为主，成都从事该行业的人才也主要毕业于职业院校，目前有一定的综合性大学开设，在研究生培养上则有所欠缺，造成该行业的大量从业人才缺乏所需的文化底蕴，使得创新上难以有所成就。

## （三）产业人才结构不优的短板

文创人才专业化程度不高。如传媒业，现在从业人数60多万，但真正懂传媒经营管理的人才不足1%。此外，据调查数据，文化产业的从业人员近八成年龄在20～25岁，约七成的从业人员的从业年限在3年以下，七成从业人员的学历在大学本科以下。① 全产业链文创人才比较欠缺，特别是创意创作人才、版权代理人才、金融服务人才、孵化人才、经营人才等文创产业链微笑曲线两端人才数量不够，质量不高，据统计，超过七成的文创产业从业者主要从事复制型或模仿型工作。

## （四）文创产业发展不强的短板

成都文创产业增加值在全国6个国家中心城市、15个副省级城市中的排名居中，全产业链文创化、全域文创化、全生产要素文创化有待提高，从

---

① 《弥补文创人才缺口还需做什么》，《中国文化报》2014年2月22日。

具体指标来看，成都文创产业固定资产投资占全市固定资产比重呈现逐年递减态势、R&D 经费支出占 GDP 比重较低，投入不足导致文创产业发展后劲不足、科技产出效率较低。另外，成都虽然拥有众多的高等院校和科研机构，技术创新条件较好，但大量的科研成果仍沉淀在高校和科研院校中，科技对文化创意产业以及经济发展的驱动力有待进一步增强。对外文化贸易水平亟待提升，国家对外文化出口基地和重点企业数量少，文化产品进出口在全市进出口贸易中所占份额较低。国际传播能力仍需加强，对外文化交流平台不足，城市智库国际交流不够，对外文化传播力和影响力与国家中心城市的地位还不相称。

### （五）文创资源培育不足的短板

城市文态彰显保护不够。成都一流、国际化的文创资源和文化设施、城市特色文化标识等仍较为缺乏，文创资源有待进一步挖掘，文化设施建设、成都独特文化标识的塑造有待进一步加强。城市规划建设中，对成都特色文化本底发掘展示不够，街巷、历史建筑物等城市文脉的梳理利用不足，新城建设中成都特色文化元素彰显不足。传承优秀文化、体现时代要求、彰显成都特色的城市精神有待进一步提炼。国家历史文化名城的保护力度还不够，部分历史建筑在城市拆迁中被损毁，历史古建筑、部分重点文物的恢复和保护利用不够，对具有成都特色的文物、遗产、古迹、历史文化名人资源的文化内涵和精神价值发掘利用不足。

文艺创作缺乏精品力作。有数量缺质量、有"高原"缺"高峰"[①]，缺乏既在思想、艺术上成功，又在市场上广受欢迎的文艺作品，具有国际影响力和全国知名度的文化名家大师不多。文艺评论阵地建设有待加强，文艺创作的创新力和引导力有待提升。文艺创作的成果保护力度不够，针对文创产业成果的相关保护法律法规还不够完善，导致创作者被"剽窃"，得不到合理收入。长此以往，就会让大批创意人才失去了开拓和创

---

① 《习近平：文艺创作有"高原"缺"高峰"》，《北京晚报》2014 年 10 月 16 日。

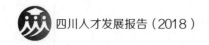

新的动力，导致整个文创产业行业失去大量人才，行业面临潜在的发展危机。

# 四　对策与建议

## （一）壮大本地品牌，发挥领军人才、知名 ID 的新动力

着力培育品牌企业，鼓励有实力的文化企业以资本为纽带，实行跨地区、跨行业、跨所有制、跨媒体兼并重组，形成一批有实力、有竞争力的骨干文化企业和具有较强国际竞争力的文化领军企业。支持重点国有企业、重点民营企业做大做强，帮扶中小文创企业做活做优，着力打造文创领军企业，培育 5 家以上产值过 50 亿元的龙头文创企业、百家以上产值过 10 亿元的骨干文创企业，新增千家以上的小微文创企业。

着力补链强链，提升文创产业国际化水平。加大对演艺经纪、票务销售、会展策划、版权代理、创意设计等产业链不同环节市场主体的扶持力度，支持个人工作室、独立策划机构等中小创意企业成长。吸引国外领军人才、知名企业和机构来蓉设立总部或分支机构，鼓励本土文创领军人才和企业在海外设立分支机构，积极承接国际文化创意类外包业务。支持成都各类有条件的文创市场主体参加国际会展、开拓国际巡演、生产具有国际竞争力的外销重点文创产品，扩大成都文创产品和服务在国际市场中的竞争力。

着力支持、引进、吸纳高层次人才及团队，加快壮大国际国内某一文化领域领军者，在文创产业方面拥有独立自主知识产权或掌握核心技术的人才，带团队、带项目、带技术、带资金投资创业的人才，非物质文化遗产方面做出突出贡献的文化名家大师、代表性传承人及其团队四种重点领军人才。提升、新增一批国家、省市级文创产业园区（基地），建设园区、公服、创业和投融资"四大服务平台"。强化企业高端人才队伍建设，为企业引进和培养高端人才提供宽松的环境和优质服务。

## （二）支持产业发展，建设跨界融合、集聚发展的新载体

促进集群集聚发展，提升产业首位度显示度。优化产业空间布局，规划建设一批集聚效应明显的文创示范园区、主导产业突出的特色小镇和重现成都文化肌理的文创街区社区。推动文创产业集聚发展，以文化旅游、电竞游戏、音乐视听、创意设计、时尚产业等为重点，打造附加值高、原创性强、成长性好的文创产业体系。坚持扶优扶强，培育一批文创"航空母舰"和行业"单打冠军"。

实施"文创+"战略，提升产业渗透度融合度。坚持文创产业化、产业文创化，① 推动文创产业与城市建设、美丽乡村建设、信息科技等跨界融合；坚持古为今用、创新发展，鼓励特色文化元素、非物质文化遗产与创意设计、时尚元素相结合，让文创融入城市寓于生活；坚持文化创意与功能区融合，规划建设少城文创、青城文旅、蓝顶艺术等文创产业圈。

塑造天府文创品牌，提升产业开放度美誉度。广泛开展对外文化交流，办好国际非遗节、创意设计周、音乐产业博览会等活动，打响非遗之都、设计之都、音乐之都、会展之都和美食之都的城市品牌。深挖传统文化资源，擦亮蜀锦蜀绣、瓷胎竹编等"老字号"金字品牌，创新性开发一批文化衍生品，打造具有时代感的良品美器。萃取熊猫文化、古蜀文化、三国文化精华，塑造一批具有鲜明天府文化标识的时尚品牌，让天府文创成为彰显成都魅力的一面旗帜。

## （三）加强人才培养，构建全面覆盖、多元培养的新格局

企业应发挥文创产业人才培养的主力军作用。企业内部、企业与企业之间需建立完善的资源配置机制，充分发挥资源机制在培养人才方面的作用。加大专业技术人才以及中长期培训项目支持力度。支持高层次人才所在企业选派骨干和高管赴国外著名高校、行业龙头企业开展短期研修。对文创人才

---

① 《成都国家中心城市产业发展大会讲话》。

创意成果加以认可和法律保护，对员工日常创新行为给予鼓励。

高校是创意人才的"蓄水池"，也是实施创意教育的主体，应合理设置专业课程，创意人才的培养应与就业相一致，技能与素质并重。专业、课程设置应根据市场需要和产业发展及时调整，打破学科壁垒，形成以一个学科为主，多个学科辅助发展的学科体系。鼓励有创造性和批判性思维的创意人才。鼓励实行学历教育与职业培训并举、创意和设计与经营管理结合的人才培养新模式，加快培养高层次、复合型人才。鼓励适当引入交叉学科和边缘课程，在巩固专业基础知识的情况下进一步丰富学生的文化内涵，激发创意灵感。此外，良好的校园文化氛围有助于创意灵感的产生。高校应经常举办人文讲座，开展各种知识竞赛、文化活动，丰富校园人文气息。提升专业技能的同时丰富人文素养，培养出"高、精、尖"创意人才。

政府应全面深化校院地协同创新，大力推进产、学、研深度耦合。探索文化人才基地化培养模式，推动高校、知名企业、园区、科研院所联合培养文化人才工作。构建并完善文创产业人才培养经费投入的增长机制。以培养高技能和经营管理文化人才为重点，加大对各层各类文化人才的培养和扶持。探索与知名培训机构、专业院校、科研院所、艺术大师工作室、文创主题众创空间建立文化人才共同培养机制。通过资金补助、师资支持等多种形式，办好文化产业经营管理人才培训班、公共文化服务管理人才培训班等。加强对非遗传承人的培训，着重提高创新创意能力。将非物质文化遗产传承人才培养纳入职业教育体系，推进文化网络课堂建设。

## （四）实施精准引才，完善全面开放、高效集聚的新机制

坚持"不为所有、但为所用"的柔性引才思路，推广"企业提需求＋高校院所出编制＋政府给支持"引才模式，[①] 加大对文创人才引进工作的资金、政策投入力度。设立年度文创人才引进基金，吸引文创领军人物、文创资本运营人才、文创科技创新人才等在蓉创新创业。采用"一人一策""一

---

① 《成都市"十三五"人才规划》，2017 年 3 月。

企一策"方式给予扶持，增强人才政策吸引力。

同时完善引才工作的机制体制。将文化人才引进纳入各级政府人才发展规划和工作计划。积极利用各类引才引智计划，引进国内外高端文化人才。依托在蓉高校学科齐全、实力雄厚的基础优势，加快与国际国内知名高校建立"人才战略伙伴"关系，支持其在蓉设立分支机构。支持世界 500 强企业或国际知名高校院所来蓉建立联合创意实验室。对海外人才离岸创新创业基地引进人才，不受在蓉工作时间限制，按规定享受市级人才政策。建立人才引进考核体系，定期对引进人才的数量、德能勤绩、创意思路、科研成果等方面进行考核。建立重点人才（团队）接力扶持机制，在蓉创新创业 5 年以上且为成都发展做出重大贡献的文创人才（团队），通过集合部门政策资源等方式给予综合扶持。①

## （五）提升服务水平，营造宜居宜业、保障有力的新环境

健全文创建设保障机制和稳定增长机制，制定完善文化经济政策体系，重点推动健全社会力量参与文化建设、文创产业、文化贸易、文物保护利用和扩大文化消费的政策。加强投融资平台和渠道建设，解决限制文创企业发展的资金瓶颈。全面落实中央、省市支持文化发展的各类优惠政策。

完善文创人才激励机制。建立"行政权力清单""行政责任清单""政府服务清单"，构建"党委政府＋社会组织＋市场主体"的一站式人才服务体系，② 充分激发用人主体和社会活力。将文创高端人才纳入成都市鼓励企业引进急需高层次人才政策支持范围，给予安家补贴和财政奖励，提供户籍迁入、出入境管理、保障性住房便利方面，其子女可按现有文件规定办理入学。对在我市创业就业符合条件的外籍优秀创意设计人才，优先办理永久居留权和就业许可申请，筑巢引凤营造"类海外"生态环境，增进外籍人才对成都的融入感和归属感，吸引北上广优秀人才回流聚集，打造"蓉漂"

---

① 《成都出台"人才新政"36 条实招全球"抢"人》，新华网，2017 年 2 月 16 日。

② 《加快集聚海内外各类人才来蓉创新创业　推进人才工作开放度和贡献率持续提升》，《成都日报》2016 年 11 月 23 日。

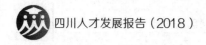

聚集高地。

　　深化文创体制改革，提升政府服务水平。深化文化市场综合执法改革，完善文化市场体系建设。推动政府部门由办文化向管文化转变，探索管办分离的有效形式，进一步落实公益性文化事业单位法人自主权。推动图书馆、文化馆、美术馆、博物馆、科技馆等组建理事会加强规范管理。建立完善国有文化资产管理体制，深化国有文化企业分类改革，建立现代企业制度，实施特殊管理股制度、职业经理人制度、股权激励制度试点。积极发挥市场配置资源作用，充分激发文创市场活力。

# 人才创新篇

Talent Innovation

**B**.15

# 基于成都中心城市建设的科技
# 人才创新创业路径探索<sup>*</sup>

柴剑峰 龙 磊**

摘 要： 创新驱动发展，人才引领创新。倡导创新文化，就是要培养
造就一大批具有国际水平的科技领军人才，营造大胆创新、
勇于创新、包容创新的良好氛围。本文总结了成都作为国家
中心城市的科技人才创新创业成果，在此基础上，对存在的
困境与问题进行剖析，结合新的发展态势及要求，从汇聚各
类人才、共建创新空间、打造实施载体、推动成果转化、深

* 本文系成都市软科学项目"成都科技人才发展关键环节和重点领域研究"（项目编号：
2014RK0000186ZF）成果。

** 柴剑峰（1975～），男，河北邯郸人，四川省社会科学院博士，研究员，主要研究方向为人
力资源管理、生态治理、区域经济管理。龙磊（1992～），男，四川遂宁人，四川省社会科
学院硕士研究生，主要研究方向为劳动经济学。

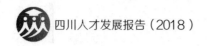

化科技金融、创建地方品牌等方面探析了科技人才创新创业
路径，并从人才结构、环境营造、平台打造、政策创新等方
面建构科技人才创新创业服务体系，以支撑成都加快建设成
为具有国际影响力的创新型城市。

关键词：　国家中心城市　科技人才　创新创业路径及保障

　　党的十九大报告明确提出："创新是引领发展的第一动力，是建设现代
化经济体系的战略支撑。"这是党在十八届五中全会的基础上，将创新发展
提高到一个更高的层次。人才是创新的根基，创新驱动实质上是人才驱动，
习近平总书记曾指出："要把人才资源开发放在科技创新最优先的位置。"
在智能经济的大背景下，人才资源尤其是科技人才资源的开发是创新发展的
必由之路，区域竞争归根结底就是人才的竞争，在科技领域围绕现代产业体
系，培养年轻人才、引进高端人才、用好现有人才是当前转变经济方式、优
化经济结构、转换增长动力的根本保证。成都市第十三次党代会再次明确成
都作为国家中心城市的定位，并提出：贯彻创新发展理念，建设创新驱动先
导城市。坚持把创新作为引领发展的第一动力，基本形成全面创新改革试验
和自贸试验区建设"双轮驱动"的创新创造新格局，加快形成以创新为引
领的经济体系和发展模式，基本建成国家创新型城市、具有国际影响力的创
新创业中心。创新引领发展，人才引领创新，谁拥有一流的科技创新人才，
谁就拥有了科技创新的优势和主导权。成都需要更多的科技人才，开展更有
效的创新创业，为建设国家中心城市提供最强有力的支撑。

## 一　成都科技人才创新创业成果斐然

　　成都从现实需求、发展需求出发，立足于建设国家中心城市和发挥首位
城市作用的要求，建设创新型驱动先导城市，加大体制机制创新力度，准确

把握重点领域科技发展的战略机遇，为各类科技人才创新创业提供了良好的平台。

## （一）创新型科技人才队伍日益壮大

成都坚持"不唯地域、不求所有、不拘一格"广纳人才，人才类型多样，涵盖多个领域，科技领军人才队伍已具备相当规模。截至 2016 年底，全市共拥有"两院院士"32 人，国家"千人计划"专家 170 人，位居全国同类城市前列；四川省"千人计划"专家 503 人、顶尖团队 39 个，分别占全省的 84%、75%，丰富的科技人才资源为成都现代产业发展提供了核心的要素支撑。不仅如此，聚集在六大支柱产业的高层次创新型科技人才也在不断增加，分布在电子信息、生物技术、机械制造领域的院士有 16 人，占在蓉院士总人数的 50%，科技人才与产业发展和调整的趋同性不断提高，优势产业的高层次创新性科技人才聚集效应明显，有力地支撑了成都支柱产业高科技行动计划的深入推进。

## （二）科技人才创新创业成果显著

成都率先启动实施"创业天府"行动计划，着力激发全社会创新创业活力，大力营造创新创业生态，城市创新创业氛围日趋活跃，"大众创业、万众创新"的局面加快形成，创新创业热度高居全国第三位，是副省级城市中唯一获批"国家知识产权质押融资"和"专利保险"双示范的城市。2016 年，成都市新增科技型企业 12000 家以上。高新技术产业产值达 8286 亿元，技术交易额突破 440 亿元，均位列副省级城市第五位；专利申请量达 98251 件，其中发明专利申请 39500 件，均居副省级城市第二位，分别同比增长 26.71%、32.59%；新增科技型企业 1.2 万家，同比增长 9.1%；全社会研发投入 258 亿元，同比增长 16.8%；高新技术企业达 2095 家，高新技术产业产值 8387 亿元，技术交易额突破 440 亿元，均位列副省级城市第五位；科技债权融资资金池规模达 50 亿元，创新创业载体达到 231 家，面积 1602 万平方米，国家级众创空间达到 41 家。"创新创业，成都都成"的城市口号日益响亮，见表 1。

表1　成都市 2016 年部分创新创业指标*

| | |
|---|---|
| 各类创投机构数量(个) | 35 |
| 高新技术企业数(家) | 2095 |
| 新增科技型中小微企业数(家) | 10906 |
| 工商注册新增登记市场主体数量(家) | 304280 |
| 创业板上市企业数(家) | 累计 21 家,新增 4 家 |
| 新三板挂牌企业数(家) | 累计 210 家,新增 117 家 |
| 各类孵化载体数量(个) | 231 |
| 各类孵化载体总面积(平方米) | 1602 万 |
| 引进海外省外高层次人才创新创业人数(人) | 100 |
| 新增商标注册申请/新增注册商标 | 7 万余件/4.8 万余件 |

注：＊《成都市 2016 年大众创业万众创新工作总结》。
资料来源：《成都市 2016 年大众创业万众创新工作总结》。

## （三）创新创业生态环境不断优化

一是创新创业配套政策日趋成熟。成都按照"问题导向、政策对路、品牌升级、营造生态"的要求，注重强化巩固、提升、增效，厚植创新创业人才优势，升级创新创业孵化功能，夯实创业投融资支撑，营造创新创业一流生态，相继出台《关于深入实施"创业天府"行动计划打造西部人才核心聚集区的若干政策》《促进国内外高校院所科技成果在蓉转移转化若干政策措施》《成都"创业天府"行动计划 2.0 版》等纲领性文件，实施创新引领行动；同时，出台实施《成都市创新型城市建设 2025 规划》，优化部署"一区一城多点"创新发展布局，推动落实创新型城市建设"五大任务"和"十大工程"；启动编制《"十三五"科技创新发展规划》，部署未来五年科技创新重大工作；编制创建《成都国家科学中心建设实施方案》，推动建设西部科技中心。政策体系的构建，激发了创新创造主体的活力。全球化智库（CCG）与智联招聘联合发布的《2017 中国海归就业创业调查报告》显示，海归人才创业选择的城市中，成都吸引力位列全国第三。

二是知识产权保护力度加大、转化显著。成都深入实施知识产权战略，强化知识产权保护，优化知识产权公共服务，推动知识产权创造运用。知识产权、商标、版权、公安、检察、法院和海关等部门，加大对各种知识产权违法犯罪行为的打击力度。2016 年，查处假冒专利案 36 件，办结侵犯注册商标专用权案件 183 件，立案侦查侵犯知识产权和生产、销售伪劣商品犯罪案件共 189 件，受理涉及知识产权案件 2814 件。同时，成都鼓励各类金融机构开展知识产权质押、股权质押和信用贷款等融资服务。建立了"3 +M + N"知识产权服务体系，重点在"菁蓉国际广场""天府菁蓉中心""菁蓉镇"三大双创引领区建设知识产权综合服务平台，实现知识产权综合服务全覆盖。此外，2015 年成立了成都国际版权交易中心，初步建立了版权登记、孵化、保护、评估、金融、交易的"6C"服务体系。成都知识产权转化运用效果明显，知识产权质押融资和专利险的发展位列中西部城市前列。

三是科技孵化培育体系进一步完善。目前成都共有国家级孵化器 10 个，国家级大学科技园 4 个，省级孵化器 18 个，市级孵化器 34 个。政府主导并支持形成以企业为主体的孵化器市场化运营模式，通过建立孵化器、公共技术平台和科技金融服务这三大支撑体系，形成企业初创期、成长期和发展壮大期分阶段培育服务体系。同时，搭建孵化器"云服务"平台，构建服务创新、创业的孵化器体系，开展一站式服务，为孵化器内企业提供多样化服务。目前，孵化器培育体系发展势头良好，已成为成都科技企业的重要源头和科技成果转化的重要基地。

四是与国内外的合作交流日益加深。一方面，加强区域科技合作，以"科创通"平台为基础，推动"成德绵"区域创新资源共享，打造"成德绵协同创新共同体"；以"创交会""菁蓉汇""绵阳科博会"为平台，推动成都经济区企业、高校院所和研发机构开展跨区域交流合作。另一方面，推进国际科技合作交流。修订《成都市国际科技合作资助管理办法》，扩大资助范围，推进"中国青年领袖赴以交流项目"，深化与以色列的科技交流与合作，"菁蓉汇"先后走进韩国首尔、以色列特拉维夫，推介"创新创业，成都都成"城市名片。2016 年 6 月举办的"中国·成都全球创新创业交易会"邀请了 36 个国家 452 名外宾及国内代表共 1021 名嘉宾参会。建立"中韩创新创业园"推进机制，举办"创业天府·菁蓉汇"韩国专场活动、首届中韩创新创业大赛、中韩（成都）高新技术展洽会；中德创新平台建设取得进展，召开对德科技合作工作座谈会，征集完成有对德合作项目及深化合作需求；四川大学与德国亚琛工业大学共建"中德水环境研究中心"、与德国克劳斯塔尔工业大学页岩气开采前沿技术合作研发项目加快推进。

## 二　成都科技人才创新创业面临的困境

### （一）科技人才增速低、缺口大

成都科技人才特别是高层次创新型科技人才总量仍然匮乏，尚不能满足市场的需求，且净流出问题严重。虽然政府在引进高层次科技人才方面做了大量工作，制定了许多灵活、柔性的政策，在一定程度上缓解了高层次科技创新人才紧缺的状况。但是，受诸如人才引进政策落实程度、地理位置等因素以及人才流动的客观规律等一系列因素的影响，一方面，高层次创新型人才较难引进，尤其是对有着海外留学经验的高层次科技人才来说，成都并非其落户的第一选择；另一方面，成都地区的高层次科技人才外流趋势严重，尤其是一些关键岗位人才的流失，严重影响了企业的发展。顶尖科技人才流入与流出不平衡、高端科技创新人才流动失衡的问题，在一定程度上影响了成都建设创新型城市的步伐。

就科技人才数量增长率而言，成都高层次创新型科技人才数量每年增长的速度应该至少保持在 10% 左右，才能适应成都科技发展的速度，而现实尚无法达到这一要求。因此，人才缺口还是相当大的，与北京、上海等发达地区相比，仍然存在不小差距，培养和引进高层次人才的任务依然艰巨。

### （二）科技人才引进缺乏针对性、持续性

成都未针对各行业的科技人才需求特点来制订周密细致的科技人才计划，难以满足不同层次市场的需求。引进的科技人才与本地需求不匹配，难以用人之长、用人之专。同时，对引进的科技人才缺乏后续支持，停留在"一引了之"的状态。对引进后的人才放任自流，缺少完善的引进人才后续考核与评级的机制，未针对具体的工作领域和行业建立科学合理的分类评价体系。

### （三）各领域科技人才资源分布不合理

相比于成都的高校科研院所，当地企业更加缺乏创新型科技人才，特别是支柱产业急需的领军型人才，具有国际前沿科研水平的高级专家甚至是国内知名专家更加稀缺。就横向比较而言，成都高层次创新型科技人才比重、密度与部分副省级城市及东部发达城市相比仍然存在一定差距；就产业发展而言，高层次创新型科技人才的行业分布不够合理，很难适应整体产业发展的要求。以企业博士后科技工作站为例，作为集聚企业高层次人才团队的载体，虽然成都有38家博士后科技工作站，几乎占全省总量的60%，但大部分分布在机械、电子、通信等领域，在汽车、飞机、医药等优势行业，博士后科技工作站支撑有待优化，科技创新对产业发展的引领、支撑作用发挥有待提升；就区域人才分布而言，科技创新人才的分布也具有较大的差别，在适应地区发展的过程中还需进一步优化。成都中心城区聚集了绝大多数的高层次创新型科技人才，又以高新区为最，而第二、第三圈层高层次人才分布较少，科技人才的区域布局还有进一步优化的空间。

### （四）科技人才服务支撑不足

一是科研投入有待进一步加强。2016年，成都全社会R&D经费投入为258亿元，同比增长12.7%，但是该项数据仅居副省级城市第8位，占GDP比重仅仅位列副省级城市第10位。2014年，成都市企业研发投入占全社会

271

R&D 经费投入不到50%，企业研发经费支出占主营业务收入0.62%，远低于同期深圳的2.45%。科研投入的不足，首先造成了高新技术产业发展缓慢，对经济转型升级带动乏力。2016年成都高新技术产业产值虽然位居副省级城市第5位，但同比增速仅为3.3%，具有国际竞争力的自主知识产权重大技术、创新产品和知名品牌少，对经济转型升级的辐射带动能力不足。

二是科技人才信息与沟通有障碍。缺乏较为完善的中介组织体系和科技人才信息交流平台，各部门之间协调沟通较少；现有科技人才中介组织专业化水平与协作化能力弱，现有科技人才信息库在范围和内容上仍存在很大的局限性。

三是科技人才科研激励不足，科研经费使用和管理缺乏科学性。财政项目经费的使用自主权相对过小，科研活动受限于财政经费的使用规定，不能调动科技人才的主观能动性；经费预算审批流程烦琐，审批过程缺乏效率，浪费过多的时间精力；社会力量对科技创新创业的支撑不够，银行、保险公司、风投公司等金融机构对双创工作的积极性仍显不足，投入合作活动少。

## （五）科技人才的培养缺乏效率

一是对科技人才培养的系统性和前瞻性有待提高。各部门人才培养政策之间的联系不够紧密，培养领域涉及面窄，缺乏针对科技人才管理、知识更新、思维拓展、实践锻炼等内容而制订的培养计划；培养方式缺乏多元性，培养服务模式缺乏个性化、系统化；与海外科技人才培养方式存在差距，科技人才供需衔接不紧密，产学研合作培养方式有待完善，产学研战略联盟互动程度有待提高；对新能源、新材料、生物工程、文化创意、先进装备、信息、环保等战略性新兴产业的科技人才的培养力度远远不够。

二是对科技人才的投入重点不突出、投入结构不合理，与社会发展的结合度有待提高。成都在高层次创新型科技人才的投入上缺乏有效的引导、保障和规范机制：投入缺乏科学的规划，人才投入的数量和方法都存在一定的随意性，特别是各类高层次创新型科技人才之间缺乏内在联系，缺乏核心的实施对象和层次化布局，使得在人才开发的投入力量方面显得比较分散，未能形成有效的合力；投入的需求分析不够，在人才投入的方向和领域、投入的总量和重点等方面的预测和规划力度不够、分析不完善，政府投入与市场投入的职责划分不清；投入重点存在一定的盲目性和不确定性，市场化的开发投入不足；投入的监管方面缺乏效率，现行的监督主体与客体还属一体化的状态，各级监督职能发挥不够；科技人才开发投入的效益评估不足，投入和产出还不相称。

## 三 成都科技人才创新创业面临的发展形势

要全面深化改革，就得将经济体制改革置于最前端；要贴近产业发展，就得将科技人才规划、政策、投入置于最前端；要支撑创新驱动，就得将科技人才发展置于最前端。科技人才的培养与发展既受制于政策与市场这种小环境的约束，也深受政府宏观调控、经济全球化这种大环境的影响。

### （一）建设国家中心城市的发展要求

2016 年 4 月，国务院正式批复的《成渝城市群发展规划》明确提出：成都要以建设国家中心城市为目标。这赋予了成都在新的发展时期更高的历史使命和责任担当。成都建设国家中心城市、西部科技中心，需要进一步释放科技人才创新智慧和创新潜能，针对科技创新、产业发展、社会建设等需要，将人才发展嵌入经济社会发展，将人才改革嵌入全面深化改革，加快推动以优秀科技人才引领创新发展的进程。通过政策支撑和活动引领，为科技人才搭建平台，激发社会创新创业活力，营造一流创新创业生态，促进城市创新创业工作蓬勃发展。

### （二）打造国际化城市的客观需要

国际化城市建设的一个充分条件就是域内人才国际化，面对经济全球化发展大势，相通则共进、相闭则各退。作为内陆城市，想要深度融入全球发展以谋得更大的发展空间，就必须坚持全球视野国际标准，以建设全面体现新发展理念的国家中心城市为支撑，通过西部经济中心、科技中心、金融中心、文创中心、对外交往中心和综合交通通信枢纽建设，扩大市场规模，增强国际人才要素的吸附力，打造国家内陆开放型经济高地和国际友好往来门户城市，全面升级人才国际化战略，打造国际一流的人才汇聚之地、事业发展之地、价值实现之地。

### （三）全面深化改革的应有之义

改革是发展的最大红利，成都作为四川省建设全面创新改革试验区核心城市，凭借强大先发优势、区位优势、环境优势，不断突破人才体制障碍，将科技人才改革嵌入要素供给侧结构性改革中，并纳入系统推进全面创新改革试验的关键一环，将科技人才由支撑要素提升为发展要素。迈向新的征程，需要动态创新优化人才政策体系，优化城市发展动力结构，形成新旧动能转化的关键性引擎，最大限度释放人才创新创业潜能，支撑科技人才引领成都创新创业发展。

### （四）新经济产业的发展趋势

新一轮科技革命中，大数据、互联网、云计算、人工智能将对未来产业的发展和人才资源的管理提出更高要求。各类科技人才直接掌握科技知识，并深受科技文化的影响，春江水暖鸭先知，科技人才对新产品、新产业、新模式、新业态的敏感程度远不是他人可比的。培育和造就科技人才，促进和支撑科技人才创新创业，是成都发展新经济产业、抢占科技发展制高点、引领经济发展趋势的战略选择。

### （五）培育新动能的必然选择

成都传统的以要素投入和投资拉动的经济增长方式已经难以为继，资本、劳动力等传统要素对经济增长的贡献呈逐年下降趋势，目前，资本贡献率已经从 2012 年的 37.9% 下降到 32.4%，劳动力贡献率也从 2012 年的 29.1% 下降到 26.7%。与之相对应的是，以科技创新、改革推动、开放活力、高端人才等因素为主的发展动能正在不断增强，城市发展动力正逐渐从以低成本要素资源投入为主转换为以创新、改革、开放、人才"四轮"驱动为主。不仅如此，传统的发展模式为经济结构、环境等多方面带来的弊端日益明显，人口红利即将消失以及资源约束日益趋紧，成都要发挥国家中心城市在对外开放战略上的支点作用与首位城市对西部地区跨越发展的辐射带动作用，就必须率先提高以技术进步、组织创新、生产经营方式创新等为代表的全要素生产率，变要素驱动为人才驱动、创新驱动，大力推进科技人才创新创业。

# 四 成都科技人才创新创业路径创新探索

成都充分发挥其科技资源富集的创新优势、层次高类型多的人才优势、经济腹地广阔的市场优势以及宜居宜业宜商的环境优势，将创新与人才深度融合，扬长避短，摸着石头过河，通过不断地探析与摸索，总结出一整套符合成都科技人才创新创业的可持续模式，为各类科技创新人才提供专业的服务、广阔的平台。

## （一）汇聚域内外各类科技人才，释放创新创业活力

支持域外人才来蓉创新创业。成都 2016 年出台《成都市与在蓉高校院所协同引进海内外高层次创新创业人才的实施办法（暂行）》，按照"企业提需求、高校出编制、政府给支持"的引才思路，由在蓉企业提出人才需求并提供创新创业平台和经费支持，相关在蓉高校院所给予科研教学人员身份，成都市提供配套的科研经费、平台建设和政务服务，重点面向海内外知名高校院所和世界 500 强企业共同引进高层次创新创业人才和团队。2017 年，成都出台《成都实施人才优先发展战略行动计划》，对高层次人才创新创业不仅给予大力扶持，而且为其购买商业医疗保险、提供公寓租赁服务；凡属支柱产业、优势产业和未来产业引进的外国专业人才，来蓉工作可适当放宽年龄、学历或工作经历等限制，对符合认定标准的外籍高层次人才及其

配偶、未成年子女可直接在蓉申请在华永久居留；对国际顶尖人才、国家级领军人才、地方高级人才等，分层分类提供住房、落户、配偶就业、子女入园入学、医疗、出入境和停居留便利、创业扶持等服务保障。同时，开展人才招揽"海外行""高校行""城市行"等行动，面向全球招才引智。修订《成都市科技人才创新创业资助管理办法》，出台《成都市优秀人才培养计划科技人才培养实施细则》，对在蓉新领办企业的"千人计划"入选者、海外留学人员等给予创业资助。

同时，支持本地在编在岗科技人才兼职从事创新创业活动，鼓励新兴产业领军企业、知名天使投资机构设立创业者投资基金，加大连续创业者的创业服务力度，在创业项目选择、创业团队组建等方面给予支持，对在蓉新创办企业中带技术、带项目的符合条件的高层次科技人才，给予大力资助，释放科技人才创新创业活力。

（二）推动高校院所与地方共建创新示范区，释放科技人才创新潜能

党的十九大提出："深化科技体制改革，建立以企业为主体、市场为导向、产学研深度融合的技术创新体系。"只有完善的产学研合作模式，才能为科技人才提供不断创新的动力，成都利用高校和科研院所资源丰富的优势，大力推动产学研深度融合，整合域内优势创新单元和优势科研力量，充分发挥科技人才创新创业的作用。如，利用科技共建环高校特色知识经济圈；鼓励近郊区县发挥产业和科教资源聚集优势，共建校院地科技创新产业园；引导远郊市县根据资源优势和产业定位吸聚高校院所创新资源，共建高新技术产业基地和现代农业科技示范园，用于科技成果转化基地及区域创新服务平台建设。其中，金牛区环西南交大智慧城初见成效，武侯区环川大知识经济圈、高新区环电子科大"一校一带"、成华区环成都理工大学知识经济圈、新都区环三校知识经济圈开始启动建设。加之，中国科学院成都分院、中国核动力研究院等国家级研究机构，以其丰富的高层次科技创新人才，较好地支撑了成都建设国家创新型城市，见图1。

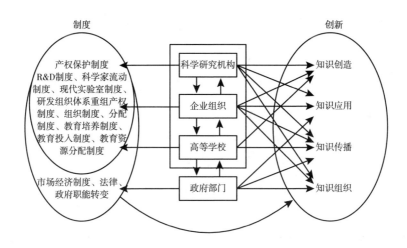

**图1　创新驱动下的人才政策设计**

## （三）大力发展创新创业载体，培育科技创新人才

为了建成中西部规模最大、孵化能力和服务水平全国一流的创新创业载体群落，成都正致力于构建"创业苗圃＋孵化器＋加速器"的梯级孵化体系。鼓励建设创新型孵化器、专业孵化器、科技企业加速器，支持领军企业、高校院所建设创业孵化平台，为创业团队和创业企业提供创业物理空间和专业化服务。优化专业孵化器建设，引导有条件的工业总部、闲置楼宇和厂房转型成为各类孵化载体，引进国内外行业领军企业在蓉设立专业孵化器，支持建设专业领域创投基金和专业技术服务平台，吸引科技人才围绕产业链聚集。

鼓励在蓉高校院所建设创新创业载体，利用院校内或联合所在区（市）县周边存量土地、楼宇等资源建设科技创业苗圃或孵化器等创新创业载体。对已建的载体，建立支持创新创业载体发展的长效机制，每年对创新创业载体在科技人才引进、硬件配套、服务提升、产出效果等方面进行综合评价，对评价优秀的给予补贴。

## （四）破解科技成果转化难问题，激发科技人才创新创业热情

加强对中小企业创新的支持，促进科技成果转化。成都是唯一获批开展放宽专利代理准入条件改革试点的城市，2016 年，成都推进高校院所科技成果使用权、处置权和收益权"三权改革"，出台《促进国内外高校院所在蓉协同创新的若干政策措施》，引导在蓉高校院所采取合作实施、转让、对外投资和实施许可等形式自主处置科技成果，鼓励高校院所成果在蓉转移转化，支持国内外高校院所在蓉建立独立法人的新型产业研究院等技术转移、孵化中介机构，鼓励促成国内外高校院所技术成果向成都企业转化，支持在蓉高校与成都企业联合开展技术攻关、产品研发，构建校院地协同创新"6 + 1"体系，不断加速高校院所科技成果向社会转移转化。2017 年，成都发布"产业新政 50 条"，继续深化科技成果"三权"改革，为高校院所科技成果溢出转化提供支撑。

## （五）深化科技金融，提升科技人才创新创业支撑力

成都加强金融市场对科技创新创业的支撑作用，开拓创新创业投资新渠道，让"知本"和"资本"有效联动，加速构建"创业投资＋债权融资＋上市融资"多层次创业融资服务体系，通过培育壮大创业投资基金、大力发展科技信贷业务，推动科技金融服务创新，充分发挥科技债权融资风险补偿资金的撬动作用，为轻资产的科技型中小企业创新创业提供信用贷款支持，引导金融机构、社会资本参与支持创新创业，充分发挥科技创业天使投资资金对社会创业的作用；积极探索股权众筹模式，探索建立股权众筹交易所，充分发挥股权众筹对传统股权融资的有益补充作用，增强金融服务小微企业和创业创新者的能力，积极成立股权众筹融资试点，鼓励小微企业和创业者通过股权众筹融资方式募集早期资本；打造区域科技信用服务体系，引导建立科技企业信用评价标准，设立信用促进专业协会，开通创业银行贷款绿色通道，实现科技资源与信贷资源的常态化、交互式对接。

### （六）打造地方创业品牌，活跃成都创新创业氛围

为了突出"创业天府·菁蓉汇"等活动品牌的示范引领效果，加快推进高新区"菁蓉国际广场"、天府新区"天府菁蓉中心"以及郫都区"菁蓉镇"三个双创载体引领区的建设，以作为"菁蓉汇"品牌配套双创载体。在"菁蓉汇"品牌带动下，2016年，成都市各类型创新创业机构开展创新创业活动2000余场，300余家创业投资机构与6000余家创业团队实现对接，总共40万余人次参与。"菁蓉汇"已成为成都响应中央创新驱动发展战略、推动"大众创业、万众创新"工作的一个重要平台。此外，结合成都独有的历史文化积淀，打造具有"成都味"的众创空间。如"蓉创茶馆"是把川西茶文化与创新创业精神相融合，为各类科技创新创业人才营造一个规范、舒心、宜于交流交往交易的服务平台。

自实施"创业天府2.0"行动计划以来，成都创新创业工作被社会各界广泛关注，中央电视台、《人民日报》、《光明日报》、新华社等多家媒体聚焦成都双创发展，一批创业明星家喻户晓，"蓉漂""创客""双创载体"等概念广为人知，"创业之城、圆梦之都，创新创业、创业都成"享誉国内外。2016年，成都的双创关注热度为18.64%，高于杭州的15.99%和武汉的10.55%，同时，成都双创指数由2016年5月的203，提升至2017年3月的220，反映了成都双创舆论氛围浓、社会关注热、市民认知高，成都创新创业氛围日益浓厚。

## 五 成都科技人才创新创业支撑保障

经济发展的重点在于科技，科技进步的前提在于人才，新经济发展和产业转型升级对人才培养提出了更新、更高的要求，这就使探索科技人才创新创业新模式显得格外重要，只有培养出知行合一的科技人才，才能让科创成果转化成市场欢迎的产品，从而适应新经济发展趋势，支撑成都发展。

（一）围绕新经济新产业，聚焦科技新领域

新一轮科技革命正蓄势待发，一些重大科学问题的原创性突破正在开辟新前沿、新方向，一些重大颠覆性技术创新正在创造新产业、新业态，科技创新链条更加灵巧，技术更新和成果转化更加快捷，产业更新换代不断加快。大数据、云计算、移动互联网等新一代信息技术同人工智能制造技术的相互融合，将引领和推动新一轮工业革命走向高潮，使社会生产和消费从工业化向自动化、智能化转变，社会生产力将再次大提高，劳动生产率将再次大飞跃。人才聚则科技兴，发展新经济新产业必须不断汇集相关产业的高精尖科技人才，挑战最前沿的科学问题，提出更多原创理论，作出更多原创发现，在重要科技领域实现跨越发展，成都才能跟上甚至引领世界科技发展新方向，实现由要素驱动向创新驱动的转变。成都必须按照国家中心城市的标准，国际化城市的要求，高起点起步、高标准建设，紧抓科技创新，不能等待观望，不可亦步亦趋，必须要有只争朝夕、时不我待、不甘人后的劲头，着眼新经济产业，不断优化调整发展具体策略，持续增强自主创新能力。打造一批"产业科技人才高地"。贯彻成都市十三次党代会精神，围绕产业链布局人才链，培育先进制造业新优势培育高端制造业人才，打造围绕电子信息、汽车制造、食品饮料、装备制造、生物医药等五大支柱产业，航空航天、轨道交通、节能环保、新材料、新能源等五大优势产业，人才智能、精准医疗、虚拟现实、传感控制、增材制造等未来产业的人才高地。

（二）调整科技人才结构，适应成都新产业发展

人才具有支撑作用，高端人才更具有引领作用。唯有率先调整人才结构、优化人才结构，使人才结构不断高级化、现代化，才能促进经济社会结构的调整和优化。科技人才的结构调整需要同时发挥政府宏观调控作用和市场基础调节作用。首先，调整科技人才的层次结构，进而推动产业层次结构的战略性调整，促进产业结构向高层次发展，向产业链的高端转移，凸显技术密集型和知识创新型。其次，调整科技人才结构的分布，推动成都产

业优化升级和区域协调发展。在产业分布上，培养第一、二、三产业战略性创新型科技人才。在区域分布上，采用各种倾斜政策和有效措施促使人才在成都中心城区与郊区乃至成都平原经济区间合理流动，推动成都地区之间人才协调发展，促进不同区域形成各具特色、高效优化的人才产业结构。最后，调整科技人才的投资结构，以资金调节人才的专业结构和行业结构，进而促进产业结构向着宏观调控的预期方向发展。积极应对大数据、互联网、云计算、人工智能将对未来产业的发展，提前布局未来产业的人才储备。

### （三）优化科技人才政策，引领全创改革推进

成都作为四川省全面创新改革核心试验区，构建具有全球竞争力的人才制度体系，核心是尊重人才的自主性，给予人才以充分的自由，使人才的潜能、积极性和创造性得到最大限度的发挥。"要着力破除体制机制障碍，向用人主体放权，为人才松绑，让科技人才创新创造活力充分迸发，使各方面人才各得其所，尽展其长。"落实党的十九大提出的人才强国战略，必须以充分发挥人才作用为核心，以创造使人才充分发挥作用的良好环境为重点，深化人才体制改革，创新人才制度，聚天下英才而用之。将科技人才改革嵌入要素供给侧结构性改革中，并纳入系统推进全面创新改革试验的最为关键一环，切实将科技人才由支撑要素提升为发展的核心要素。通过不断夯实各类科技人才发展平台，整合区域内各种智力资源，通过事业聚才、平台融才、项目引才、人才带才、事业成才，以国家重点实验室、工程技术中心、企业技术中心、博士后科研工作站（流动站）及重大建设项目为载体，形成高层次科技人才汇集中心，为各类科技创新型人才、领军人才和创新团队提供广阔的舞台。同时，不断推动人才管理体制机制创新，配套完善人才相关政策，形成相互支撑的政策链条，实现从单一的政策突破向政策网络结构转变，突出政策效应的叠加放大，从而最大限度释放人才创新创业潜能，使人才特别是高层次的创新型科技人才成为新旧动能转化的关键性引擎，全面优化城市发展动力结构，支撑成都创新创业发展。

（四）创新市场配套服务，为科技人才提供量多质优的公共产品

成都出台的"人才新政12条"含金量高、惠及面广、支持力度大、针对性强，但是对于科技人才的吸引力依然还有较大的提升空间。服务业的现代化要以提升人力资本为目标，从市场的层面来看，成都的服务行业虽然在急剧发展，但是发展不平衡、覆盖不充分的情况依然严重，对成都服务业进行一次供给侧的革命性转变刻不容缓。完善市场配套服务，通过促进人力资源服务业发展，加强人才资源服务园区对市场配套服务的支撑，改善市场对来蓉科技人才的配套服务，这不仅能够吸引域外科技人才来蓉工作，更可让在蓉科技人才安居乐业，这是基于人的质量提升的现代服务业比重不断提高的过程。需要推进经济结构服务化，整合政府与市场的资源和力量，将简单地解决科技人才物质需求转变为提供更精准、更全面、更高效的"人的质量提高"服务上来。同时，着力推进国际化环境建设，按照建设国际化、现代化新城的要求，积极创建开放的发展环境，营造良好的国际化社区、工作和休闲氛围。如，切实推动符合条件的医院、诊疗中心与国内外保险公司合作，探索在自贸区内开展国际医疗保险直付结算服务试点。

（五）顺应新技术发展趋势，优化科技人才创新创业环境

大数据、云计算、互联网以及人工智能不仅对人力资源管理与服务提出更高要求，更是悄然无声地融入具体的人力资源管理和服务中。由于科技人才对科学、高效的服务更加敏感，因此，新技术的运用可以让人力资源管理更科学高效，让服务更精准周密，让科技人才情绪管理等方面更为有效，更有利于其在工作中发挥积极性和创造性，从而有效推动创新创业发展。科技人才作为掌握第一生产力的首要资源，通过运用新技术手段，打造市场化、社会化、产业化的人力资源服务产业链，提升现代科教文卫体、信息金融等行业专业化、规范化、科学化的服务能力和水平，进一步地提升科技人才的人力资本存量，能够在创新创业过程中持续提升全要素

生产率。

　　经济发展的重点在于科技，科技进步的前提在于人才，新经济发展和产业转型升级对人才培养提出了更新、更高的要求，这就使探索科技人才创新创业新模式显得格外重要，只有培养出知行合一的科技人才，才能让科创成果转化成市场欢迎的产品，从而适应新经济发展趋势，支撑成都发展。

# B.16
# 以专业园区为依托的产业高层次
# 人才聚集模式探索

杨沛瑾*

摘　要：　党的十八大以来，中国经济进入新阶段，供给侧结构改革势
　　　　　在必行，各个领域面临产业迭代升级的新挑战，产业培育已
　　　　　成为中国未来经济发展绕不开的重要话题。以产业园区为依
　　　　　托，以人才集聚为核心，进而实现产业培育与发展正是本文
　　　　　探讨的主题。本文从产业培育的主体——专业园区入手，列
　　　　　举产业培育过程中人才引进短板，并针对文中所列产业培育
　　　　　过程中高层次人才引进的痛点，从专业园区运营经验中总结
　　　　　模式，有针对性地寻求解决方案，给出了实证探索路径。

关键词：　高层次人才　产业培育　专业园区

党的十八大以来，中国经济进入新阶段，正在全面推进供给侧结构改革，各个区域面临产业迭代升级。新《环保法》和新《安全生产法》相继出台，要求不符合安全生产要求和环保要求的企业关停，加速淘汰落后产能。市场驱动和监管倒逼的产业改革正在全国各地如火如荼地开展，中国产业版图正在迅猛变化，东部沿海及先发区域希望引进生物医药、大数据、云计算、物联网、智能制造、新能源、新材料、量子通信等代表人类发展方向

＊　杨沛瑾（1982～），男，四川阆中人，成都经开科技产业孵化园运营总监；成都市科技创业
　　导师。

的产业；中西部落后地区也希望在以上产业中有所布局，能实现本地区的跨越式发展，实现弯道超车；抑或承接沿海区域需要转移的产业，弥补自己本来薄弱的财政和产业基础。产业培育已成为中国未来经济发展绕不开的重要话题，以产业园区为依托，以人才集聚为核心，进而实现产业培育与发展正是本文探讨的主题。

# 一 产业培育与专业园区建设、人才引进关系

## （一）专业园区是产业培育的重要载体

长期以来，创新集中于单项技术的突破和单项技术产品的开发。当前，创新的内涵日益丰富，不再局限于简单的技术研发和产品开发，而强调集成创新、系统创新，并逐步发展到区域经济创新范畴。此外，以前各地在招人才、引技术、拉项目，大部分是单点、个体的，在产业转型发展的今天，要求以产业生态系统建设为目标，实现人才、技术和项目的有机整合。

产业园区为以上目标实现提供了可能，因其可以有效集聚整合同类产业、形成集成创新优势，可以为优势产业培育和区域经济发展提供载体和支撑。以某产业为核心主导产业的园区，可以在特色产业聚集上发挥外部规模经济优势，促进企业分享产业公共基础设施资源，并伴随垂直一体化与水平一体化利润，大大降低了生产成本和交易费用，形成产业集聚的价格优势；可以把行业相关的创新资源，把涉及产业链的研发、投资、生产、服务、市场的各种资源整合起来，为新兴产业的发展提供土壤和生态；可以形成专业化服务优势，通过有计划地产业导入、培育和调整过程，在特定产业领域内做精做深、形成特色，构建完善的产业体系，打造一个有特色的专业化产业集群。

## （二）人才引进是产业培育的核心要素

人才资源作为第一资源，是产业发展的核心要素。没有产业人才的支撑，区域产业升级和新产业培育将是"镜中花，水中月"。产业的缘起和发

展，必须有大批工业和信息化人才的创造实践来支撑，必须有掌握现代发展意识和市场服务能力的公共管理人才，必须有会领导、善创造的企业经营管理人才，必须要懂趋势、重品质的创新型科研人才和精心尽心、耐心细心的现代制造业技能人才来支撑。

人才可以引领产业发展，往往能够带动产业实现质的跃升。人才引进，往往会出现引进一个人才、带来一个团队、兴起一个产业、培育一个经济增长点的"人才裂变"效应。以成都经开区（龙泉驿区）为例，该区通过引进郭孔辉院士以及其带领的团队，研发出了全国唯一、全球领先的大吨位汽车底盘悬架试验台，其团队成员又孵化出新能源底盘设计、无人驾驶汽车等多个创新项目，进而带动了此领域的发展。

## 二　产业培育中常见的人才引进短板

### （一）产业链缺失导致的人才引进恶性循环

以成都市经开区（龙泉驿区）为例，成都经开区是以汽车智能制造为核心的专业园区，以整车组装为核心，年产值在 2015 年后超过 1000 亿元，已连续 4 年荣登四川县（区）GDP 排行榜第一名，但就是这样的一个汽车强区，在面临汽车行业周期调整和新能源汽车发展上，碰到了人才瓶颈。成都经开区（龙泉驿区）在经济微笑曲线中是属于曲线底部和制造部分，而前期研发和后期服务都是其短板，除本土企业野马汽车外，全区整车企业的核心研发部门均设置在其他省（市）。研发端的缺失以及无技术交流和人才交流的基础环境，导致核心技术人员招聘困难，相关高层次人员不愿流向成都；有个别新能源汽车通过全行业招聘组建了研发班底，也很难留住高层次创新研发人才，这些人才短时间适应后又"孔雀东南飞"，被上海、重庆、武汉等有完整产业链的地区吸引过去。完整产业链区域对产业断链缺环区域的"泵吸效应"，使得人才引进陷入"产业链不全—缺乏人才生存环境—人才流失—产业链缺失加剧"的恶性循环中。

## （二）产业公共技术创新服务匮乏的生态短板

产业高层次人才引进工作是需要一个行业生态支撑的，需要在同一领域中强化产业公共技术创新的系列服务资源共享。而当前现状是大多数区域的产业资源没有被整合，缺乏创新生态。一方面研发资源、检测资源利用率不高，高校、科研院所、企事业单位故步自封不开放资源；另一方面研发者却无研发、检测环境和基础条件，小型研究机构无财力购置相关设备设施；还有政府又担心投入后是否能达到预期效果，管理上带来的一系列问题是否能被投资回报所覆盖；等等。一系列问题造成了产业公共技术创新服务匮乏，产业生态短板凸显。

## （三）产业人才培养的公益需求与非公益市场供给矛盾

产业人才的培养是产业培育的必要环节，当下产业人才的模式一般是高层次人才靠引进，中层骨干人才靠企业培训，产业技能人才靠学校定制的模式。这些产业人才的对应培养机制，基本上都是非公益的，尤其中层骨干人才和产业技能人才基本上都是以企业为主导的市场行为，但这部分人的流失率也是最大，企业的投入毕竟有限，很难满足产业培育中长期的需要。好的是，在高层次人才引进上，多地地方政府开始意识到这一问题，开始释放公共资源，满足产业人才引进的公益需求本质。

## （四）产业高层次人才引进和留住难的现状

产业高层次人才，是社会的宝贝，也是产业的宝贝，各地想尽办法用政策引进来，实际上人才用政策吸引容易，但因为缺乏系统的专业服务，大多数冲着政策来的人才，在招才引智的区域沉不下来，到服务期满甚至服务期还没有满就因为很多原因离开了，轰轰烈烈地来，默默无闻地去；或者名义上全职实际却是以兼职的方式持续享受政策，成果转化没有放在当地，产业培育和实际贡献也无从谈起。人来了，钱给了，产业却没有发展起来。

# 三　以专业园区为依托的产业高层次
# 人才引进聚集路径和实现方式

产业培育过程中人才引进的以上共性问题，在全国非常普遍。我们在打造专业园区过程中，还关注到项目培育成长却被挖走，项目和人才落不下来悬而未决被其他区域捷足先登等各种现象，也针对以上所列产业培育过程中高层次人才引进的痛点，有针对性地寻求解决方案。

**路径一：坚定产业发展方向**

产业培育最忌产业选择多而杂，产业选择无定力。2000年以前，成都的生物医药产业是匮乏的，当时也没有一个专业的生物医药园区。2001年，成都生物与医药产业孵化园开始筹建，至2017年，经过将近20年的发展，该园区已经累计引入超过500家企业，培育了海思科等主板上市企业6家，2016年该园毕业和在园企业销售总额超过500亿元。

这些成果的得来，是园区一直围绕生物医药产业做文章的必然结果。园区牵头组建四川生物医药公共技术创新服务平台，发起成立四川生物医药产业创投基金，牵头组建四川生物医药产业技术研究院，投入重金打造GMP中试生产中心等。这些成果的得来，也是园区多次面临其他行业重金诱惑而毅然坚定产业信念的必然收获。园区曾有超过1万平方米用地面积的其他行业以高于市场价入驻的需求，但都因为产业匹配的原因被拒绝合作，正因为这样的行业定力，才让产业的聚集性产生，才形成了行业的口碑，才有了成都生物医药产业的今天。

**路径二：以行业顶尖人才聚集产业资源**

寻求行业顶尖人才规划好产业培育路径和专业园区发展路径。院士、行业上市公司的负责人、科研院所的知名教授、行业前沿的创新新秀，有超强整合能力的行业资深人士，都是产业培育应该关注的人才，这些人才基本上对产业都有统领性认知，对产业发展方向和具体的培育目标、发展节奏、关键节点都能提出高于常人的见解，在产业培育规划初期，这些人是我们最好的智囊。因为他们的存在，会让专业园区的发展路径清晰，更能促成产业培育的愿景完成。

借助人才吸引产业资源。这些行业顶尖人才背后基本上都聚集着大量的产业优质资源，一般通过他们能打通行业创新资源、产业资源、上下游资源、周边资源，让产业发展一开始就站在不一样的平台。此外，行业大咖对行业资源会有虹吸效应，因为行业顶尖人才与专业园区的合作，一般会吸引人才专注领域的其他从业者跟随入园。

具体实现方式如下。

（1）参加产业相关的全球全国产业推介会议、高峰论坛、学术会议等产业专业活动，注重实际对接，邀约实际影响力的行业大咖和先锋人物；邀请有实际人才聚集效应的圈层组织，如国外的华人机构；把握其中的关键人物。

（2）构建院士、知名行业专家牵头的园区建设规划论证会，先理清楚产业培育目标和产业培育路径，清晰专业园区在产业发展中承载的经济功能和历史定位。

### 路径三：以完整的产业链设计聚集人才

产业培育的前期一定要从产业链全链设计开始，也许某一个专业园区在全产业链上有自己的专注选择，即便这样，一定要让人才明白园区在设计之初就是全链考虑的，让人才知道产业链缺失环境下周边的补充机制。遵循人才"不求所有，但求所用"的原则，积极与周边区域、高校、科研机构合作，产学研用结合，通过鼓励兼职、咨询、技术合作、建立联合技术中心（UTC）、成果转化基地等灵活多样的方式，创建跨体制、跨领域、跨专业、跨平台的创新团队，推动关键技术突破，并且凸显专业园区在产业链中不易被取代的核心优势。

具体实现方式如下。

（1）围绕拟打造的专业园区主导产业，邀约各知名院校、企业、单位的核心人员，参与具体建设方案的研讨；这一过程是多轮次多频次的，贯穿专业园区建设和运营全程。

（2）建立高端人才交流机制，争取院士工作室；博士后工作站；成果转化基地；传承孵化基地等与高层次人才有高度黏性的机构在专业园区或园区骨干企业中落成。

（3）构建产业公共技术创新服务平台。盘点和整理产业研发、检测、生产、服务相关资源，加强组织领导、创新工作机制，盘活沉淀资源，聚焦重点领域和关键技术创新，吸引更多高层次人才参与其中，争取国家支持，完善公共平台，不断优化产业人才创新创业环境。

**路径四：以务实的产业培育原则引进人才**

产业培育是为经济服务的，是要在市场中验证的，所以产业培育高层次人才的引进尤其需要强调务实。现在各地都在重视人才工作，但很多地方的做法对产业培育有百害而无一利，如搞签约方连合同文本都不会收走的"签约仪式"；办外表风光摊派任务拉人头熙熙攘攘的秀场；只要签字有对接，不管来的人是不是骗补贴专业户，单位也一概补贴。因此，在专业园区运营过程中，我们总结出产业高层次人才引进的"三不"原则："一、不在口号，而在实际动作"；"二、不在文件，而在实施细则"；"三、不在一时，而在功成不必在我"。

具体实现方式如下。

（1）推动政府出台务实的产业人才政策。专业园区对自己从事领域更为熟悉，也在收集各地域政策体系方面更为专注，所以既然为当地产业发展服务，就要在人才引进这个环节，做好政府的参谋和弹药输送员，确保面对各种层次的产业人才时，有全套的政策库可以调用。

（2）专业园区要建立专门的人力资源服务平台。针对高层次人才创新或创业过程中的需求做好调研，关注人才的落地形式，通过政府、事业单位、企业联动的方式，在体制上编制上对人才给予倾斜，甚至帮助人才落实落地单位，解决高层次人才落得下问题；从经济待遇与社会声誉提升高层次人才的职业尊崇感；注重人才的晋升培训和职业规划；开发产业高层次人才生活服务平台并尽早投入实际运行。

（3）吸纳资本等社会资源，共同完成产业培育的宏伟目标。高层次人才在当今社会是自带光环，有自发的资源趋向性，越多的资本进入专业园区，在园区享受投资的项目越多，能够说明这个区域的产业发展要素配置是符合产业需要的。

**路径五：注重对高层次人才的人文关怀**

各地方、各园区都会拟定人才政策，而且因为网络信息发达和招商圈层的共享，通常很多政策一出台后就有其他地方政府或专业园区参照执行。但唯独从生活中给予让高层次人才温暖的人文关怀，是难以复制的独特优势。

具体实现方式如下。

（1）构建对高层次家庭成员的全关爱体系：小孩的幼托、读书、成长环境；家属的工作、社交、品味生活；个人的学术、休闲及健康养生；老人的安顿、健康，享受当地同样的敬老政策。

（2）系统地为高层次人才家庭衣食住行提供贴心解决方案：购物的便捷性、交通的即达性；初入社会人群的财富目标可达性；生活配套的档次、距离和生态；吃的口味兼济南北；生活习惯引导入乡随但要宾至如归；宗教信仰周遭积极接纳甚至提供便利；健康考虑周到；体育锻炼的设施、场地和社团组织；公益活动的需求，等等。

（3）注重人才的宣传工作和高层次人才的相互交流。专业园区通过自身微信公众号、网站、宣传片、图册、展板等宣传媒介介绍高层次人才聚集成果，在园研发、成果转化、生活或发展状态，在高层次人才间举办互动交流活动，将有助于专业园区发展、人才进一步聚集，产业培育的正能量信息传播，吸引更多人才助力园区和产业发展。

# B.17

# 探索人才与产业深度融合发展模式
# 聚力聚势推动新型汽车城转型升级

## ——基于成都市龙泉驿区的实践与经验

成都市龙泉驿区人才工作领导小组办公室

摘　要：　人才兴，则产业兴；人才强，则产业强。2016 年，中共中央印发《关于深化人才发展体制机制改革的意见》，提出要促进人才发展与经济社会发展深度融合。随着区域经济快速发展与产业结构的优化升级，人才与产业的融合发展成为当前人才工作的重要着力点和深化人才发展体制机制改革的攻坚点。龙泉驿区作为成都市"东进"战略的主战场，是天府新区·高端制造产业功能区，拥有探索人才与产业高度融合的良好土壤。本文以时间顺序梳理了龙泉驿区自 1991 年以来人才聚集变化趋势，全面总结人才和产业融合发展的经验成效和存在问题，在借鉴国内发达城市的先进经验做法基础上，提出完善战略政策，推动人才集聚，加强人才引育，助推科研创新，深化产研联动，促进成果转化等几个具体举措，力图为建设"先进汽车智造区、美好生活品质城"提供强有力的人才保障支撑。

关键词：　人才与产业　深度融合　转型升级

# 一　研究意义与背景

## （一）研究目的与意义

习近平总书记在庆祝欧美同学会成立 100 周年大会重要讲话中深刻指出：人才竞争已经成为综合国力竞争的核心；谁能培养和吸引更多优秀人才，谁就能在竞争中占据优势；当代中国，我们比历史上任何时期都更接近实现中华民族伟大复兴的宏伟目标，我们也比历史上任何时期都更加渴求人才。对于龙泉驿区而言，人才资源已成为最重要的战略资源，如何围绕全区经济社会发展战略目标更好集聚优秀产业人才，促进人才与产业深度融合发展，发挥人才在龙泉驿区（成都经开区）经济社会发展中的基础性、战略性和决定性作用，支撑引领全区"先进汽车智造区、美好生活品质城"建设，实现新型汽车城转型升级，是一个现实而紧迫的重大课题。

## （二）产业与产业结构

### 1.产业人才开发与流动

产业人才开发包括挖掘产业人才和培养产业人才，是指从现有产业领域从事工作的人才资源中发现有能力的人，进行培养、使用、管理，在提高人才自身水平的同时充分提升其对产业发展的贡献率。而产业人才流动是产业人才调节的一种基本形式，是调整产业人才结构、充分发挥产业人才潜能必不可少的重要环节。狭义的产业人才流动指产业领域从事工作的人才在组织间的流动，也就通常所说的"跳槽"；广义的产业人才流动是指在产业领域从事工作的人才从一种工作状态到另一种工作状态的变化，工作状态可以根据工作的岗位、工作的地点、职业的性质、服务的对象及其性质等因素来确定。

产业人才资源作为推动产业转型升级的一种重要资源，必须进行合理的开发和有序的流动。产业人才开发是产业转型升级、社会经济发展的动力源泉，也是提高企业素质的根本保证，人才开发从战略规划环节、选拔引用环节、培养管理环节，都不能阻碍产业人才的有序流动。当产业人才的合理、正向流动得到刺激，促进人力资源实现合理配置、人力资源使用率提高，又将进一步推动产业人才的深度开发，形成良性循环。

2. 人才结构与产业结构互动

产业结构，亦称国民经济的部门结构，指国民经济各产业部门之间以及各产业部门内部的构成，主要是农业、轻工业、重工业、建筑业、商业服务业等部门之间的关系，以及各产业部门的内部关系。人才结构则是指人才在组织系统中的分布与配置组合，也指构成人才整体的各个要素之间的组合联系方式，包括要素的数量、配置以及在整体中的地位等。本文主要指的是宏观人才结构，即人才在某一个地区、某一社会范围或某一国家中的分布与配置组合。

决定产业结构调整的因素是多方面的，包括科学技术变革、要素集聚、需求变动、发展战略转变与国内外形势变动等，其中人才结构状况是影响产业结构调整的重要因素之一。人才资源是第一资源，人才结构状况既是决定科学技术变革的主导力量，也是要素集聚的重要内容。产业结构调整与人才结构的优化协调互动，既能使人才结构更符合产业能级提升与产业结构调整的要求，又能通过人才结构的优化来主动促进产业结构的调整。

## （三）国内经济发达省市人才结构与产业结构现状分析

多年来，我国大力加强人才培养和制度建设，人口素质不断提高，创新能力显著提升，以上海等东南沿海经济发达省市为代表的区域人才结构进一步优化，为经济的高速增长提供了有力支撑。

1. 人才结构发展现状

以上海市为例，改革开放以来，随着经济快速发展与产业结构的优化升级，上海的人才资源在数量、层次、文化程度以及人才的引进与培养使用等方面取得了较为明显的成绩，初步形成人才集聚优势。其中，上海专业技术人员"三二一"产业结构模式变化更加明显，如2014年，上海专业技术人员中，第一产业比重为0.8%，第二产业比重为29.5%，而第三产业比重为69.4%；与1990年相比，上海市第一产业的专业技术人员比重下降了0.7个百分点，第二产业比重下降了9.6个百分点，而第三产业比重则大幅度上升了10.3个百分点。

### 2. 产业发展现状分析

上海市的数据显示，从20世纪90年代初开始，上海的第三产业比重持续上升，同时第二产业比重持续下降，第一产业则保持在很低的比重。1999年开始，第三产业比重超过第二产业，体现出上海产业结构调整过程中的高度化趋势。但在近两年中，第三产业比重出现下降，又低于第二产业，其中的原因是多方面的。但从根本上看，上海的产业结构演变有不同于一般地区的产业结构演变规律。因为上海是都市化地区，第一产业的比重本来就很低，因此，在产业结构高度化调整过程中，不会出现像其他一般地区那样，由于第一、第二产业比重的同时下降而使第三产业比重显著上升的现象，而会呈现第一产业比重很低，第二、第三产业比重相当且出现反复的现象。只有当上海的城市转型完成，转变成服务型城市时，第三产业的比重才会显著上升，比如提升至70%~80%。因此，就上海目前的情况而言，偶尔年份第三产业比重下降完全正常，并不否认上海产业结构调整的高度化进程。

### 3. 人才集聚与产业发展的关系

尽管产业结构调整受到多种因素的影响，具有高素质且数量充足的人才却是产业结构调整与能级提升的必要前提条件。纵观国内城市经济发展史，包括上海市在内的经济发达城市均在集聚人才方面领先于其他城市。人才集聚的重要作用首先体现在科技创新力，通过科学技术水平的提高与新科技的出现，为新行业与新产业的发展奠定坚实的基础，而一旦新的科学技术水平被应用到生产中去，就将需要更多的领军式人才、复合型人才以及大量的专业技术人才致力于某一行业的发展。而且对于意图形成自主生产能力与自我创新的产业结构体系的国家与地区来说，通过越来越多的人才形成自主创新能力，又是必须经历的发展阶段。

## 二 龙泉驿区人才发展聚集的历史演化进程

龙泉驿区是四川省乃至我国西部地区较早实施"人才强区"战略，研究探索人才与产业深度融合的区域之一，在十多年的探索和实践历程中，以某些特殊的年份为分水岭和特殊的事件为主要标志，龙泉驿区人才发展聚集的历史大致可以分为以下三个阶段，即起步探索阶段（1991～2004年）、发展推进阶段（2005～2010年）和深化创新阶段（2011年以来）。

### （一）探索起步阶段（1991～2004年）

探索起步阶段起始于1991年，全区人才发展聚集建设实现了从无到有、从自发到筹划的历史进程。主要的事件大致有以下几个。

（1）1991年，响应国家号召成立区人才交流中心，2002年更名为人才交流与培训中心，重点为引入我区人才提供人事档案、代理等相关服务，标志着我区人才与产业融合集聚发展体制与机制建设工作开始探索起步。

（2）1998年，第十五届区委研究制定了《成都市龙泉驿区1998—2002年跨世纪人才工程方案》，以产业领域为核心，党政、教育、卫生等领域为基础，积极为我区引进培育人才，这是我区主动开放，探索人才与产业融合集聚实践探索的开始。

（3）2004年，贯彻落实第一次全国人才工作会议精神，区委成立了区人才工作领导小组，组织部成立了人才队伍建设指导科，各街道、镇、乡成立了人才工作领导小组，部分村、社区在人才聚集的地方设立了人才服务点，深入推进人才"四进"工作，促进了人才与产业融合集聚的进一步完善。

可以说，整个起步阶段是以我区健全人才集聚工作机构，探索开发人才与产业融合工程为主要特征，循序中探索，渐进中发展。

### （二）发展推进阶段（2005~2010年）

发展推进阶段为龙泉驿区人才与产业融合集聚探索发展的实质性阶段，虽然只有5年时间，但是在人才集聚的规范化、制度化和专业化方面做了深入的实践，主要的标志性大事有以下几个。

（1）2005年，争取市里支持，在四川省率先高标准成立了正处级人才办，明确区人才办编制8~15名，体现了区域对人才工作的重视、关心和支持。

（2）2007年，编制了龙泉驿区"十一五"人才规划，配套100万元人才开发专项经费，成立了全省第二个国家级经开区博士后科研工作站，开展"杰出人才创新奖"，在人才集聚的规划、经费保障、平台搭建等方面开始了探索。

（3）2008年，成立了"成都经济技术开发区（龙泉驿区）人才协会"（简称"区人才协会"）及14个分会，创新搭建经开区HR高管俱乐部等载体，探索推进人才"产销衔接"工程。

（4）2009年，创新提出了实施人才引进"百千万"工程，即引进百名博士、千名硕士和万名优秀大学生，2009年、2010年先后引进重点领域急需紧缺人才5000余名，为建设汽车产业聚集区和东部新城区提供了有力的人才支撑。

（5）2010年，在首次全市人才工作会上，我区作为全市3个代表区市县做了交流发言。

伴随着上述重要人才集聚规划、政策的出台和落实，龙泉驿区不断创新党管人才工作落实机制，围绕汽车主导产业和经济社会发展重点领域集聚人才，人才队伍逐步壮大、人才素质不断提高。

### （三）深化创新阶段（2011年以来）

在深化创新阶段，第二次全国人才工作会议已经召开，国家、四川省、成都市相继出台了一系列人才政策、制度、文件。龙泉驿区对人才与产业融

合集聚发展的认识也更加深刻，而相关的实践也日益深化。

（1）2011年12月，制定并发布了《成都市龙泉驿区中长期人才发展规划纲要（2011~2020年)》，把人才战略目标定位为中西部汽车产业人才高地，为我区未来十年人才发展明确了方向和目标。

（2）2012年，创新设立了1亿元天府汽车专项基金，深化"百千万"人才工程外延内涵，重点引进培育汽车创新、创业、管理类人才。"产业+基金+工程+平台"的人才集聚战略布局取得初步成效。

（3）2013年，率先按照国际化的标准建立成都国际汽车人才中心作为日常办公机构（3500平方米），选派熟悉人才开发、经济金融等专业的10名硕士及以上人才组成工作团队。引进世界排名前50的中智人力资源公司、法国南锡高等商学院中国校区等人才专业机构及青年创业园等行业中介进驻为人才提供高端服务。"政府机构+专业团队+市场资源"三方协同集聚人才的工作格局初步形成。

（4）2013年，以规范高效满意、接轨国际惯例为重点，投资建成首批50套高层次人才公寓、3000余套产业职工之家。先后制定并发布了《博士后人才引进培育办法》《党政后备人才集聚计划》《卫生人才456集聚计划》、特级教师引进培育办法等政策，"舒心""省心""安心"的人才环境服务体系逐步形成。

（5）2014年，把加强人才对外开放聚焦到校地合作上，先后与清华、北大、浙大、同济、吉大等院校签订了校地战略合作协议，探索形成了"设立天府汽车奖学金、引进高学历人才、建设社会实践基地、产学研合作、人才联合培养"等五位一体的校地人才集聚合作格局。

本阶段龙泉驿区促进人才与产业融合集聚的主要做法，是以建设中西部汽车产业人才高地为目标，以充分发挥牵头抓总作用为抓手，不断完善工作机制、创新政策措施、搭建载体平台、优化人才环境，以更广范围、更宽领域、更大力度引进和集聚高层次创新创业人才和急需紧缺骨干人才。

# 三　龙泉驿区人才与产业融合发展成效

通过学习借鉴国内外先进发达经验，龙泉驿区经过十多年的探索，人才与产业融合方面有了很大进步，人才集聚取得了显著成效。目前，全区共拥有各类人才 33.5 万人，其中博士 350 人、硕士 4500 人、优秀大学毕业生 54555 人，占成都市人才总量的 11%，人才密度达到 40%。一是产业人才聚集效应初步显现。围绕汽车及机械工程主导产业，引进国家"千人计划"专家 4 人，四川省"千人计划"专家 9 人，成都人才计划专家 12 人，外国专家 338 人，顶级研发团队 11 个。现有汽车研发人才、专业技术人才、经营管理人才分别达 0.4 万人、1.7 万人和 0.7 万人，分别比 2010 年增长 123%、186% 和 173%。二是党政人才磁石效应日益显现。近三年，共引进博士 35 人、硕士 282 人，分别比 2010 年增长 7 倍、4 倍。新引进党政人才中，涵盖了来自国内清华、北大等前 30 所"211"重点院校毕业生，新加坡国立大学、悉尼大学等全球 35 所著名院校的归国留学生。三是教育卫生人才梯次结构持续优化。近 3 年共引进优秀教师 787 人、优秀卫生人才 544 人，其中高级人才 294 人，重点院校直选 500 人，骨干教师 334 人。其中省市特级教师 34 人，较 2010 年总量增长 112%，博士从无到有、硕士人数提高 300%，特级教师总量已居全市首位。

## （一）规划引领完善政策保障

坚持规划先行，制定并发布区域中长期人才发展规划纲要，高标准编制"十三五"人才发展规划，科学绘制全区"双创"人才发展蓝图。坚持党管人才，理顺"区区合一"模式下党委政府职能部门工作职责，在全省率先设立正处级人才工作办公室，选派熟悉行业的人才组成工作团队服务创新创业。坚持"一把手"抓"第一工程"责任制，成立以区党委常委为组长的全区人才工作领导小组，将各相关职能单位列为成员单位，切实树立各成员单位人才工作主体地位。完善产业人才激励保障政策，出台实施深化措施经济稳中求进 27 条、激励科技人员创新创业专项改革方案、博士后科研工作站管理办法等一系列政策，对企业创新成果转化、创新人才引育、创新载体搭建、金融平台建设等多个领域给予支持，近年来，对在新能源汽车、物联网等领域创新创业人才，已累计发放政策资金 2.3 亿元。

### （二）项目驱动集聚产业人才

围绕汽车及机械工程主导产业，实施"龙泉驿车都英才计划"，充分利用 1 亿元人才发展专项基金，通过财政扶持、补助、贴息、参股等方式，重点吸引和支持在科技孵化、（汽车）研发设计、智能制造、（汽车）大数据、检验检测、医药健康、节能环保、总部经济、文化创意、现代农业、金融服务、信息服务等领域的高层次创新创业人才入区发展。主动适应新型工业化和产业结构优化升级，以提升职业素质和职业技能为核心，以技师和高级技师为重点，以改革培训为突破，稳步推进"技能成都"综合示范区天府汽车英才行动计划。紧抓建设"技能龙泉"的契机，启动"天府汽车金蓝领就业培训行动计划"，全力推动就业培训"三个战略性转移"，形成了一支特色突出、技艺精湛、辐射带动力强的高技能人才队伍。

### （三）校地合作深化产学研用

依托名校资源，深化人才开发，自 2013 年起积极构建闭合式校地人才联合培养机制，为清华、北大、浙大、同济、吉大 5 所合作高校 132 名优秀学子提供暑（寒）期挂职锻炼机会，推动形成优秀调研成果 98 项，其中多项成果已被区政府部门采用，为全区的城市建设和经济发展起到了一定参考作用。签订多个校地战略合作协议，探索形成了集设立天府汽车奖学金、引进高学历人才、建设社会实践基地、产学研合作、人才联合培养"五位一体"的校地合作格局。立足龙泉驿区"千亿级"汽车产业的独特优势，对接同济大学汽车研发等相关专业优势资源和创新创业资源，双方共建"同济大学·成都龙泉国际青年创业谷"，旨在集聚、孵化、育成一批研发设计、节能环保、智能制造、软件开发等既彰显同济元素，又契合区域产业转型升级要求的创新创业项目，积极发挥人才知识溢出效应。

# 四　龙泉驿区人才与产业融合发展问题

当前及今后一个时期，是国家深化人才发展体制机制改革、驱动创新发展转型发展的关键期，也是成都建设国家中心城市、龙泉驿区建设"中国制造示范区、现代生活品质城"的攻坚期，人才工作面临的挑战更加严峻、任务更加艰巨。对标龙泉驿区人才支撑推动新型汽车城转型升级的战略任务，无论是人才与产业融合程度，还是人才事业发展水平和人才工作推进效果，都还存在不少问题。

## （一）政策吸引薄弱，产业聚集效应不足

近年来，龙泉驿区先后研究出台了"百千万"人才计划、人才支撑"双创"若干政策、企业高层次人才资助办法以及教育卫生社工人才建设实施意见等政策措施。但与沿海发达地区、周边先进县区相比，政策优势已经弱化，尤其是高层次、领军型人才的政策吸引力已经落后，政策碎片化问题突出，系统性、配套性、联动性不够，政策落地率低。从中西部汽车制造核心区看，武汉经开区实施高端人才集聚工程、"城市合伙人·车都英才"计划，渝北区推进海外英才千人计划；从周边县区看，高新区"菁蓉·高新人才计划"、武侯区"精英引领计划"等人才激励政策含金量均很高。东部发达地区人才投入更大，昆山、嘉定等地"十二五"期间就明确将财政一般预算收入的1%～3%作为人才专项资金，而龙泉驿区人才投入经费仅占地方财政收入的0.85%。

## （二）高端人才紧缺，产业转型升级乏力

以高端科技人才、高级经营管理人才和高技能人才为主的高端人才总量不足，与区域战略定位和产业升级要求有较大差距。一是高层次领军人才缺

乏，集聚优势不明显。我区中央、省、市人才计划专家共 17 名，仅占全市总量的 1.56%，远远低于高新区 517 名，难以满足建设"中国制造示范区、现代生活品质城"的战略需求。二是产业人才队伍亟须壮大，高技能人才、高级经营管理人才比较缺乏。区人才中心通过对 165 家企业、6.5 万名员工的调查显示，这些员工中"蓝领"工人占到 73.2%（技术工 63.4%、辅助工占 9.8%），产业人才整体素质有待提高。西华大学人才规划课题组调研分析，我区副高以上专技人才 3577 人，占比 4.9%；高级经营管理人才 2746 人，占比 6.8%；技师以上高技能人才 1370 人，占比 8.5%。按照"两翻番、双高速"目标要求，"十三五"末我区技能人才要净增 11.1 万人，年均增长 13.11%；企业经营管理人才要净增 1.18 万人，年均增长 11.98%，完成上述目标任务十分艰巨。

### （三）人才结构失衡，产业发展匹配度低

在过去的很长一段时间内，全区统筹六支人才队伍发展的重视度存在差异，资源配置相对不均，导致各产业人才比重未能及时随着区域产业结构的调整而优化，客观上人才结构与经济结构调整步调稍显落后。从传统三产业人才结构分布来看，2010 年至 2017 年初，龙泉驿区传统第一产业人才数量呈持续下降趋势，第三产业人才数量增速则依然乏力，全区汽车产业人才占人才总量比例虽已达到 22.07%，但人才质量仍不足以支撑第二产业重点优势领域的高速持续发展。从六支人才队伍构成来看，目前，龙泉驿区党政人才 0.31 万人，占人才总量的 0.91%；企业经营管理人才 3.92 万人，占人才总量的 11.52%；技能人才 16.19 万人，占人才总量的 47.6%；专业技术人才 7.29 万人，占人才总量的 21.43%；农村实用人才 4.51 万人，占人才总量的 13.26%；社会工作人才 1.72 万人，占人才总量的 5.05%；体现出人才结构依然停留在制造业大区而非"智"造大区的转型前阶段。人才结构与产业发展步调的错位，直接造成龙泉驿区人才综合效能不足的后果：2015 年底，龙泉驿区当年人才对经济增长的贡献率仅为 30%，低于全国平均水平 3 个百分点，比广州花都、武汉经开区、上海嘉定分别低 18.4 个、9 个、

24 个百分点；2016 年，全区发明专利申请量和授权量分别为 2794 件和 1831 件，百亿元 GDP 发明专利授权数仅为 176 件，比东南沿海经济发达地区平均水平少 120 件；科技对经济增长的贡献率虽然达到 60% 以上，但与广州花都、上海嘉定 70% 以上的贡献率相比还有不小差距，尤其是科技促进经济社会发展指数低于广州花都、上海嘉定 19 个百分点。

# 五　对策与建议

改革创新、转型升级，是当今发展的主题。龙泉驿区正处于快速发展的关键期，如何吸引人才、留住人才、用好人才，探索出人才与产业深度融合的合理发展模式，是全区实现推动新型汽车城转型升级的核心任务，意义重大。当前及今后一个时期的人才工作，龙泉驿区应紧紧围绕实施人才强区战略，以深化人才发展体制机制改革创新为主线，贴近"两个需要"（即贴近创新驱动发展和经济转型升级需要、贴近产业企业做大做强需要），推进"四个转变"（即着力重点由党政人才队伍培育向产业人才队伍开发转变，工作方法由单一人才引育向人才全链发展转变，推进机制由各自为政向集成政策、统筹推进转变，最终实现我区由人力资源大区向人才强区转变），加快形成"1333"人才发展总体布局（即加快建设"西部高端制造人才核心聚集区"，大力实施"龙泉驿英才"计划、"技能龙泉"行动计划、"菁蓉谷"创新创业计划三类人才计划，着力打造高素质创新人才、高层次产业人才以及高水平企业经营管理人才三支高水平队伍，到 2020 年力争实现聚集 1000 名创新领军人才、1 万名高级经营管理人才、10 万名主导产业人才的三个发展目标），为建设"先进汽车智造区、美好生活品质城"提供强有力的人才保障支撑。

## （一）完善战略政策，推动人才集聚

在战略上，根据区内各地区自然资源禀赋、区位条件、比较优势、产业基础、人才资源现状及发展潜力，结合各功能区布局，谋划符合该区域发展功能定位与作用发挥的人才发展战略。一是在成都经济技术开发区和北部新区两大工业区，要着重发展人才、知识、信息密集优势，围绕汽车（工程机械）主导产业，不断发展和提高自主创新能力，加快培养、引进一批科技领军人才和创新团队，大力吸引和集聚国内外优秀青年人才。注重优化人才结构，加快区域内人力资源向人才资本转化，形成人才优势，提升两大工业区人才竞争力。二是十陵、大面、龙泉、同安、洛带、柏合、西河七大城镇集中区，要充分发挥基础设施完善、产业集聚良好的优势，加快培养专门人才，加快人才结构调整和升级，强化人才质量提升，进一步增强城区人才竞争力，为人才成长、发挥人才效能创造宽松环境，形成吸引人才的"磁场"。三是茶店镇、黄土镇、万兴乡、山泉镇、洪安镇等其他地区，应大力开发人才资源，以人才大开发带动区域经济发展，改变人才资源分布不均衡、发展不平衡的问题，运用政策扶持和市场机制，引导人才向该区域流动。在政策上，大力落实科学规划，按部就班实施《龙泉驿区"十三五"人才发展规划》，加快推进新形势下全区人才事业发展蓝图成为现实。抓好改革创新顶层设计，结合区域实际，拟定完善龙泉驿区"深化人才发展体制机制改革意见及试验区建设实施方案""关于实施人才优先发展战略 让'蓉漂'成为时代风尚的行动计划"龙泉驿区实施方案，联合区科经局、区人社局等部门在人才引进、社会化评价、双向流动、股权期权激励、成果转化、科技金融等方面探索先行先试的具体建议。对标国际惯例和国内先进做法，修订完善高层次产业人才引进和高技能人才培育激励政策，加紧推动人才创新创业扶持政策和考核体系的配套，实施"蓉城人才绿卡"制度，完善人才专项资金设立、使用和管理办法，设立"车都英才奖"等专门奖项，形成扶持人才、鼓励创新、尊重创造的与国际接轨的人才激励政策体系。

（二）加强人才引育，助推科研创新

加快形成具有国际竞争力的人才引育模式，与时俱进，创新产业人才引育激励机制，广泛吸纳海内外高层次人才，形成产业集聚人才、人才引领产业的良性循环。健全产业人才扶持体系，形成政府引导、企业主体、行业协会支撑、市场运作的产业人才引进、培育体系。坚持政府在产业人才队伍建设中的引导性作用，以政策指导、制度支持、财政保障推动产业人才的培育和发展。一是有效推动实施各类"人才计划"、区域"人才礼聘"等引才项目，综合运用普适性政策奖励、特事特议、一人一策等手段，吸引领军型的高端产业人才入区创新创业，为促进产业规模化发展提供重要支撑。二是大力扶持培育大学生创新创业，探索高校预孵化新模式，促进"高校—创业园—社会"实现无缝连接，鼓励和引导大学生自主创业，打造更具吸引力和实效性的大学生创业平台。持续引进科研机构，助推科研成果落地转化，吸纳高端科研人才助力龙泉驿区企业发展。三是鼓励企业建立人才"双向培养"机制，有效利用职业院校资源，实现"订单式""定向制""委培式"等校企联合培养模式，鼓励学校申报国家、省、市产业人才培训基地。四是支持企业开展职工再培训工程，以财政补贴等方式鼓励企业培训资金投入，监督企业培训资金管理使用，同时搭建企业职工海外培训、高校深造平台，推进区域重点企业与德国、日本等职教发达国家及北京、上海等国内职教先进地区的交流与合作。五是建立产业人才需求动态关注机制，每年开展企业人才专题调研，全面掌握产业人才队伍数据，把握产业人才需求方向，及时发布产业人才需求信息，动态监督管理企业、院校和中介机构三方之间的联系合作，保障产业人才队伍建设。

（三）深化产研联动，促进成果转化

大力发展众创空间，充分发挥"菁蓉谷"、中法生态园、中以科技产业园的人才集聚"虹吸效应"，整合科技、经信、人社、财政等部门政策资源，对重点人才（团队）项目实施综合资助，鼓励企业加大人才和科技创新投入，加强园区、企业与科研院所创新，共建产学研协同创新平台。一是深入推进与清华、同济等高校的战略合作，共建"同济大学·成都龙泉国际青年创业谷"、智能型新能源汽车评估测试基地等项目，切实打通科技成果转化通道。二是支持区内重点企业与区内外高校开展校企合作，共建产学研联合实验室、实训基地等协同创新平台及工程（技术）研究中心、企业技术中心等研发平台，提升企业研发和竞争实力，促进科研成果转移转化。三是完善企业创新平台，大力组建院士（专家）工作站、博士后科研工作分站、企业创新中心，继续支持沃尔沃西部研究中心、吉利汽车研究院、成都汽车产业研究院等100余家机构开展技术研发及成果转化，有力促进创新链深度融入产业链。

# 六　结语

实现人才与产业的深度融合发展，是顺利实现产业转型升级，推进全面深化改革事业的先决条件。面对国内外激烈的"抢才大战"，如何在广纳贤才过程中充分调动和发挥人才的积极性、创造性，保持人才结构与产业结构高匹配度，确保产业发展持续有力，已经成为各级党委政府以及人才工作者必须面对的重大而又紧迫的研究课题。

龙泉驿区在人才工作方面所取得的成绩是显而易见的，龙泉驿区国际汽车城的打造与人才工作的顺利开展更是相辅相成、相互支持的。发展中所存在的问题必须通过发展来解决，经济的发展更是离不开人才工作的创新与进步，不断解放思想、实事求是是人才工作改革必须坚持的指导思想，因地引才、人尽其才是人才工作可持续开展的立足点，把党的领导和市场的资源配置相互结合是人才工作有效开展的有力保证。人才集聚机制体制改革正是在新形势下党和国家对打破体制机制壁垒，促进人才正向、高效化的流动的思考，作为中西部地区汽车产业聚集区，龙泉驿区将会继续秉持优秀做法，同时不断探索新型人才与产业的深度融合发展模式，为打造西部人才高地、支撑全面深化改革、实现美丽中国梦不懈努力。

# B.18
# 后 记

《四川人才发展报告（2018）》的编写，得到了四川各界的支持、启发、帮助和指导。首先要感谢四川省委组织部和人才办领导、成都市委组织部和人才办领导、成都人才发展促进会领导、西南财经大学领导的大力支持；其次要感谢四川大学、四川省社科院、四川农业大学、成都龙泉驿区委人才办、成都青白江区委政研室、深圳国泰安教育技术股份有限公司四川分公司、同济大学·成都龙泉国际青年创业谷、成都经济技术开发区科技产业孵化园、成都天府软件园有限公司、西南财经大学、全球化智库（CCG）、北京东宇全球化人才发展基金会等参与本书编写工作的所有研究人员和工作人员。

在本书的成书过程中，离不开西南财经大学发展研究院同人的支持，他们是李丁、李卫锋、陆毅茜、朱春辉等以及工商管理学院肖慧琳，还有成都龙泉驿区委组织部副部长晏凌；离不开全球化智库（CCG）苗绿、李庆、董庆前、陈肖肖、杨薇、曲梅等研究人员的贡献。

借此机会，我们还要特别感谢西南财经大学党委书记赵德武、校长卓志和副校长史代敏，赵德武书记对发展研究院智库研究工作表示充分肯定，卓志校长、史代敏副校长得知本书即将付梓出版，欣然为本书做序，这充分显示出学校领导对发展研究院智库建设和人才发展研究的重视。另外，还要感谢发展研究院名誉院长李晓西、公共管理学院院长廖宏斌、中国西部经济研究中心主任毛中根等专家学者对发展研究院工作的关心和帮助。

另外，我们还要感谢社会科学文献出版社的谢寿光社长、皮书出版分社邓泳红社长、陈晴钰编辑对本书的梳理完成所提供的积极支持。

由于本书撰写和编辑时间匆促，加之水平能力有限，书中难免出现纰漏。我们欢迎社会各界批评指正，以使我们在未来的研究中改进。衷心希望本书能为政府、企业、高校以及社会大众对四川人才发展状况的系统了解起到帮助作用，特别是向政府建言献策有所裨益，积极推动四川人才发展。

王辉耀　陈　涛
2018 年 3 月

# Abstract

Since the 18th National Congress of the Communist Party of China, Sichuan has made remarkable achievements in talent development and innovation in talent-related work. The national central city of Chengdu, especially, is becoming the leader of the new first-tier cities in talent development as well as the new highland for national talent development. To continue to focus on the new situation and new features of Sichuan's talent development, we compiled this Sichuan Talent Development Report (2018) to present the new ideas, new achievements and new practices of the talent development in Sichuan. This book is composed of five parts, including general report, talent cultivation, talent introduction, talent development and talent innovation.

The general report, taking the construction of talent gathering and cultivation system in the National Central City—Chengdu in the new era as the theme, and focusing on the coordinated development of talents and cities, comprehensively analyzes the domestic and foreign situation and main features of how talents accelerate the development of megacities at the present stage. By systematically combing the vigorous development of Chengdu and the new progress in talent development work since the 18th National Congress of the CPC, the general report emphasizes the importance of talent for city transformation and revitalization, and sums up the new problems of attracting, gathering, breeding and retenting talents after deeply exploring and comparing other eight national central cities' new concepts, new measures and new challenges in the path of "strengthening the city by talents". At last, the general report puts forward the strategies of constructing talent gathering and cultivation system in the national central city Chengdu in the new era, especially the talent development ideas and six specific measures for Chengdu under the new development ideolgy.

The talent cultivation part includes four papers. The first paper takes Sichuan

University as a case and analyzes the status, causes and improving strategies of the self-efficiency of foreign teachers in the international summer school. The second paper, based on the empirical investigation on universities in Sichuan, analyzes the demand and gains of teachers after their overseas academic visits, and puts forward suggestions about the incentive mechanism for international exchange and cooperation programs of university teachers. The third paper is about the present situation and development of foreign students in Sichuan province. Through a case study, this paper investigates the foreign students who study in Sichuan Province regarding their living status, and intention after graduation. The fourth paper presents a multi-case study to deeply explore the innovative model and measures of training talents through of industry-education integration in Sichuan's vocational education.

The talent introduction part includes five papers. The first paper is a comparative study on Sichuan's competitiveness internal talents in attracting. This paper adopts the comprehensive index evaluation method to compare the international talent competitiveness of Sichuan, Beijing, Shanghai, Guangdong, and Jiangsu. The second paper studies the innovation and development of foreign talent policies in Sichuan and summarizes the main features of the work of foreign talents in Sichuan. The third paper is about the talent development in Chengdu's cooperation incubator. It presents a case study on the introduction and training of entrepreneurial talents and projects. The fourth paper studies the talent introduction of the High-tech Zone in Chengdu and analyzes the regional talent supply and demand on the basis of investigation. The fifth paper conducts an in-depth analysis on Chengdu's introduction of financial talents and discusses the talent introduction policies of Chengdu.

The talent development part includes four papers. The first paper comprehensively reviews the previous studies on human capital research at home and abroad from a cross disciplinary perspective and conducts a case study on the current situation of human capital development in Sichuan enterprises. The second paper studies the development of talents with vocational skills in Sichuan and proposes that Sichuan should complete the transformation from a province with a large population to a province full of talents with strong skills in the new era. The third paper, focusing on the new development characteristics of "tourism plus", deeply analyzes the development, talent demand, weakness and countermeasures of tourism in Sichuan. The fourth paper analyzes the realistic basis and situation of talents in cultural and creative industries in Chengdu, and the corresponding suggestions and promotion strategies are put forward accordingly.

The talent innovation part includes three papers. The first one explores the innovation and entrepreneurship path of scientific and technological talents in Chengdu's National Central City Construction and proposes to establish an innovative and entrepreneurial service system for scientific and technological talents from many aspects. The second paper discusses the construction of high level talent aggregation model based on professional parks which aims to achieve industrial cultivation and development. The third paper, taking the new automobile town in Longquanyi District of Chengdu as a case, discusses the development mode of deep integration of production and talent.

# Contents

## I   General Report

**Abstract:** Innovation is the primary driving force of urban development, and the essence of innovation lies in talents. Since entering the era of knowledge and economy, talents have become the main resource for global competition, and the world's mega cities are the major gathering places of talents. With the promotion of urbanization in China, especially the establishment of National Central Cities, gathering and employing talents had become the core competitiveness of urban development. After the 18th National Congress of the

Communist Party of China, Chengdu proposed a National Central City Construction Project supported by "five centers and one hub". By fully integrating the talent strategy into urban construction, Chengdu has made diachronic achievements in talent development, and the function level of Chengdu has been continuously improved. In the construction and development of the National Central Cities, "strengthening the city by talents" has become a common strategic choice for the nine cities, and the new ideology of talent development has been gradually formed by each city to guide the new practice of talent development and deal with new challenges. The year 2018 marks the beginning of the full implementation of the spirit of the 19th National Congress of the CPC as well as the 40th anniversary of the reform and opening-up. During its new journey in the new era, Chengdu will stay true to the original aspiration, keep in mind the mission, adhere to the guidance of the five concepts of innovation, coordination, environmental friendliness, opening-up and sharing, construct a new system for gathering and cultivating talents, focus equally on introducing talents and cultivating talents and promoting the gathering of talents by cultivating talents, so as to fully promote the gathering of talents in all fields and of all levels and build itself into a national central city that fully embodies the new development ideology.

**Keywords**: Talent Gathering and Cultivation Syste; New Development Ideology; National Central City; Chengdu

# Ⅱ   Talent Cultivation

**Abstract**: Taking the 165 foreign teachers of Sichuan University's University Immersion Program (UIP) in 2016 as the research object, this paper investigates the foreign teacher's personal teaching efficacy and general teaching efficacy from six aspects, aiming to understand the status of the self-efficacy of the foreign teachers in the international summer school, analyze the cause and explore the main factors affecting the self-efficacy of the foreign teachers. Based on the study, the following pertinent suggestions are put forward from the level of teaching management: optimizing the curriculum design, perfecting the teaching management and its implementation guarantee, formulating flexible and diversified curriculum assessment standards, strengthening the communication between teachers and students, and monitoring the quality of teaching. This paper studies the international summer school from the new perspective of teachers' self-efficacy, which to some extent enriches the connotation of the study of teachers' sense of self-efficacy and expands the research perspective of international summer school.

**Keywords:** International Summer School; Teachers' Self-efficacy; University Immersion Program

B. 3  Research on the Incentive Mechanism of College and
        University Talents' International Communication
        and Cooperation

        *—Based on an Empirical Study on the Overseas Academic*
          *Visiting of Faculty in Colleges and Universities*
          *in Sichuan Province*

*Li Ying, Zheng Xiaole and Wang Yuanjun* / 059

**Abstract:** As a main way for colleges and universities to participate in international communication and cooperation, faculty's overseas academic visiting is of great significance to the internationalization of college and university talents and higher education. To enhance the enthusiasm of the faculty in Sichuan province for overseas academic visiting, this paper compares the demand and gain of faculty's overseas academic visiting according to the Demand Motivation

Theory. It is found that the existing academic visiting programs fail to take full consideration of the different demands of teachers, causing that the academic visiting of faculty has not yet shifted from the input stage to the output stage and that the management and service qualities of overseas academic visiting still need to be improved. To this end, colleges and universities could establish a "four in one" academic visiting incentive mechanism including differentiated demand orientations, specialized consulting and training, project performance evaluation, and information management services.

**Keywords**: Faculty in Colleges and Universities; International Communication and Cooperation; Overseas Academic Visiting; Incentive Mechanism; Sichuan Province

B. 4 A Report on Foreign Students in Sichuan, China *Lu Yixi* / 077

**Abstract**: Sichuan has been undergoing increasing level of economic globalization, social and cultural diversification, as well as internationalization of higher education. In this context, Sichuan's demand of international talents has been growing considerably. The foreign students studying in Sichuan has become a potential source of such international talent. By focusing on the current situation and development of foreign students studying in Sichuan, this report introduces the general trends of these foreign students and identifies Sichuan's advantages in attracting them, which involves its recruitment strategies, policies to encourage them to work and start business in Sichuan upon graduation, internationalization of universities, as well as Sichuan's unique natural, social and cultural features. Additionally, through conducting a preliminary explorative research on 12 foreign students studying at Southwestern University of Finance and Economics, this report explores their reasons for studying in Sichuan, their current situations as well as aspirations upon graduation. The findings not only indicate the advantages of universities in Sichuan in attracting foreign students, but also reveal some disadvantages. Based on the analysis, the report is concluded with five suggestions

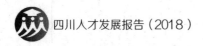

for policy consideration.

**Keywords**：Foreign Student；International Talent；Sichuan

B. 5　Research on the Innovation of the Talent Training Mode
　　　of Integrating Production and Education in Sichuan's
　　　Vocational Education

*Li Hui*，*Luo Yan*，*Wei Huichao and Deng Yuting* / 091

**Abstract**：The integration of production and education is an important guiding ideology to speed up the development of modern vocational education. It is put forward by referring to and absorbing the experiences of talent training in vocational education in developed countries，and combining those experiences with the reality of China. As the vocational education as a whole cannot adapt to the industrial demand and development，according to the present situation of Sichuan Province and based on the successful cases of integration of production and education in recent years，educational researchers suggest to innovate the talent training mode by applying "multi-level"，"diversified"，and "multi-dimensional" solutions.

**Keywords**：Integration of Production and Education；Vocational Education；Talent Training；Model Innovation

# Ⅲ　Talent Introduction

B. 6　Comparative Research on Sichuan International
　　　Talent Competitives　　　　　　　　　*Li Qing*，*Yang Wei* / 107

**Abstract**：Since 20th century，the major developed economies have designed and implemented a series of international education，employment and immigration policies aiming to attract international talents，in particular，high level international talents. With the rapid development of Chinese economy, a regional competition over international talents has been kicked off, evidenced by the emerged talent war between the new first-tier cities (Chengdu, Xi'an and Wuhan). At present, the competition over international talents has entered into a new stage, creating a multi-dimensional situation. Sichuan is becoming a new choice for international talents seeking long-term career development and settlement. The comparative study of Sichuan's international talent competiveness adopts the comprehensive evaluation index method. It compares Sichuan's international talent competiveness with that of Beijing, Shanghai, Guangdong and Jiangsu based on relevant qualitative and quantitative indicators, so as to evaluate Sichuan's position in the regional competition over international talent and put forward policy advice on how to improve Sichuan's international talent competiveness.

**Keywords:** International Talent; Competitives; Sichuan

B. 7    Research on the Innovation and Development Status of Foreign
       Talent Policies in Sichuan Province          *Dong Qingqian* / 131

**Abstract:** The implementation of the strategic decision to give priority to talent development is one of the most important strategies that Sichuan province has been sticking to. With China's further development of globalization, Sichuan, as one of the pioneers of western development, has achieved critical advancements in talent work on the whole. At the same time, the province's innovations on entry and exit policies of foreign talents are also fruitful, making it a flagship of the talent work in Western China. By reviewing policies relevant to foreign talents of Sichuan and comparing its entry and exit policies with other typical regions, this paper summarizes the major features of the talent work in Sichuan province. To propel the development of the talent work of Sichuan, suggestions for attracting, nurturing and serving foreign talents have been proposed in the last part of the paper based on the comprehensive analysis.

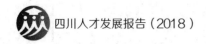

**Keywords**：Talent Work；Foreign Talent Policies；New Policy for Entry and Exit Administration；Sichuan Province

B. 8　Exploration of Talent Development Innovation in
　　　Chengdu's University-Locality Cooperated Incubator

*Guo Guanghui*，*Liu Guangyu and Liu Hong* / 146

**Abstract**：Guided by national strategies such as the strategy of rejuvenating the country through science and education，the strategy of reinvigorating China through human resource development and the strategy of innovation-driven development，as well as promoted by the trend of "widespread entrepreneurship and innovation"，Tongji University and Chengdu Economic and Technological Development Zone conducted a strategic cooperation to co-establish the "Tongji University-Chengdu Longquan International Youth Entrepreneurship Valley". This innovative and entrepreneurial incubation platform，based on the preponderant disciplines and talent resources of Tongji University，takes the resource advantage of Tongji University's global alumni association and strengthens the connection between the local innovative and entrepreneurial institutions and the talent exporting institutions to provide "precise service" for entrepreneurial talents and programs. The platform's exploration on the introduction and training of entrepreneurial talents and programs has made initial achievements.

**Keywords**：University-locality Cooperation；Talent Introduction；Innovative and Entrepreneurial Incubation；Talent Training

B. 9　Analysis and Research on Absorbing Top Talents in

Chengdu Hi-tech Zone

*Meng Qingming, Song Yang and Jing Ying* / 162

**Abstract**: Talent, as the core impetus of innovation, is the dynamic force of industrial development and the commanding height of development strategy. With the purpose of developing a talent highland in Western China, the Chengdu High-tech Industrial Development Zone places high emphasis on talent-related work with the target of building an international innovation and entrepreneurship center, thoroughly promoting the movement of attracting talent and insisting on the strategy of giving priorities to talent issues. To meet the regional demand of talent, the Chengdu High-tech Industrial Development Zone entrusts the Chengdu Tianfu Software Park and Zhaopin. com to conduct an analysis on the work of attracting top talents, to explore the mismatch between the supply and demand of talent and to conduct research on the basis of top talents' demands in order to put forward directional suggestions on the work of attracting talents and providing talent-related services. Given the effects and significance of attracting top talents to the Chengdu High-tech Industrial Development Zone, this report is an integral part of the research subject which analyzes the shortage of top talents in the industrial development of the Chengdu High-Tech Industrial Development Zone. It puts forward suggestions on attracting top talents based on their willingness and demands to work at the High-tech Zone.

**Keywords**: Chengdu Hi-tech Zone; Top Talents; Talent Attraction; Scientific Research

B. 10　Analysis on and Suggestions about Chengdu's Financial

Talents Introduction　　　*Chen Zongquan, Liu Lijia* / 178

**Abstract**: High-quality financial talents are the key factor for the success of the financial center's construction of western Chengdu, and it is of critical importance to do well in attracting talents. At present, the introduction of financial talents in Chengdu is still in its early stage. The government has adopted active talent policies and built a financial carrier of initial scale, and has always been focused on the establishment of a financial intelligence valley that could provide academic support. These efforts have achieved some progress in Chengdu's introduction of financial talents, but there is still development space for Chengdu in the aspects of the quantity of financial talents, the proportion of high-level talents, the degree of talent internationalization and the environmental optimization for the development of talents. In view of this, the following suggestions are proposed: first, Chengdu should have a deep understanding about the strategic significance of financial talents in the city's new economic development, and attach great importance to the introduction of financial talents; second, the preferential policies for various financial talents should be fully implemented and more active and systematic talent introduction strategies should be carried out; third, urban financial service function should be improved to build a western financial innovation and entrepreneurship ecological circle and enhance the effect of talent aggregation; fourth, the financial talent aggregation mode should be transformed to the market-oriented type and the talent service system should be further improved.

**Keywords:** Finance Talent; Talent Introduction; Talent Policy; Carrier Construction; New Economy

# Ⅳ  Talent Development

B. 11　Review and Outlook of Health Human Capital Research Under the Interdisciplinary Perspective

—*Current Human Capital in Sichuan Enterprises*

*Qing Tao, Xiao Jincen and Liu Shuang / 194*

**Abstract:** Health human capital research originated in economics. However, on the basis of people-oriented value, its application has expanded to pedagogy, sociology, management and other disciplines. Particularly with the development of knowledge economy and the advent of the strategic era of Healthy China 2030, the research under interdisciplinary perspective is imperative. Based on the review and comment of health human capital in economics research, the author sums up the current theories which are quite mature, and systematically integrates those dispersed research in the field of management. The influential factors and effects of the health human capital are concluded, and finally a set of suitable system for management research is established. This paper not only enriches the basic research of human capital theories, but also provides a theoretical guidance for enterprises to obtain competitive advantages and for management investigators to realize sustainable discovery.

**Keywords**: Human Capital; Health Human Capital; Interdisciplinary Perspective; Health Management of Employee

## B. 12  From Quantity to Quality: the Cultivating of Vocational Talents in the New Era in Sichuan Province　*Xu Hao* / 211

**Abstract**: In the reports of the Nineteenth National Conference of Chinese Communist Party, the General Secretary Xi Jinping addressed to build a knowledge-based, skilled and innovative work force, to promote the spirit of representative workers and outstanding craftsmen, to create a social norm to respect workers and dedicated working attitude, to carry out vocational skills training on a large scale, and to solve the structural unemployment issues. This article starts from the social and economic situation of Sichuan province, explains the urgency and necessity of cultivating vocational and technical talents and describes the current situation of vocational skills talents in Sichuan province. Based on the realities of Sichuan province and advanced practices in occupational skills training in developed countries and developed provinces in eastern China, this

article provides practical policy recommendations for Sichuan Province.

**Keywords**：Vocational Talents；Spirit of Craftsman；Talents Highland in West China；High-end Manufacturing Province

**B. 13　Sichuan's Tourism Industry Development and Its Talent Strategies Based on the Project of Tourism Plus**　　*Pu Bo* / 233

**Abstract**：Tourism industry plays an important role in promoting the well-being of people. It has become a key part of the happiness industry, which helps meet the growing needs of people for a better life. In recent years, tourism industry in Sichuan has developed rapidly and profound achievements have been realized. With the development of times, Sichuan tourism takes on some new features including tourism plus primary industry, tourism plus secondary industry as well as tourism plus tertiary industry. However, there also exists some development shortcomings. Those shortcomings include incorrect understanding of the emerging tourism industry and the lack of talents in regional Tourism Plus. Revolving around the development needs of Tourism Plus, related personnel are expected to grasp the demand and problems of tourism talents through understanding of current situation of Sichuan's tourism development and explore development strategies of tourism talent, which are definitely necessary for the sustainable development of Sichuan's tourism industry province.

**Keywords**：Tourism Industry；Tourism Plus；Talent Demand；Talent Dilemma；Talent Strategy

**Abstract**: Talents have always been the foundation of promoting the innovation and development of the cultural and creative industry. As cultural innovation is regarded as a critical pillar industry in Chengdu, there is an increasing demand for creative cultural talents in this field. In the beginning, the paper makes an analysis of the realistic basis and current situation of talents in Chengdu, then puts forward some suggestions on development approaches including making the role of leading talents fulfilled, supporting industrial development, strengthening personnel training, carrying out targeted talents introduction and creating a favorable environment. Those proposals above help Chengdu's talents in creative cultural industry enhance their capacity of innovative development and creative transformation so as to keep pace with economic and social development in Chengdu.

**Keywords**: Talents of Cultural and Creative Industry; Tianfu Culture; Talent Introduction; Personnel Training; Talent Motivating

# V    Talent Innovation

**Abstract**: Innovation drives development and talents lead innovation.

Innovative culture is advocated to cultivate a large number of leading talents in scientific and technological field and create a favorable atmosphere which encourages outrageous and bold innovation with great inclusiveness. Chengdu is accelerating its development towards national central city. This paper sums up the achievements of innovation and entrepreneurship of those scientific and technological talents in Chengdu. On this basis, it analyzes the existing problems and difficulties. On account of the new development scenario and requirements, the author points out the approaches to innovation and entrepreneurship of scientific and technological talents in all-round aspects including gathering all kinds of talents, co-creating innovation space, building implementation carrier, promoting achievements transformation, deepening scientific and technological finance as well as creating local brands. Then the service system for innovation and entrepreneurship of scientific and technological talents is explored from several aspects such as talents structure, environment construction, platforms and policy innovations. Thus, the study provides a theoretical sustainment for Chengdu to accelerate its development of building an innovative city with international presence.

**Keywords**: National Central City; Scientific and Technological Talents; the Approaches and Security of Innovation and Entrepreneurship

B. 16　Exploration of High-level Talents Aggregation Mode
　　　　Based on Specialized Zone　　　　　　　　　　*Yang Peijin* / 284

**Abstract**: China's economy has entered a new stage since the 18th National Congress of the CPC, therefore, the supply-side structural reform is much urgent. New challenges of industrial upgrading appear in various fields, and industrial cultivation has become an important issue which people cannot steer clear of. On the basis of industrial zone, the paper makes exploration on the subject of how to realize industrial cultivation and development revolving around talents aggregation. This article starts with the main body of industrial cultivation——

specialized zone, then enumerates the shortcomings of talents introduction in the process of industrial cultivation, and sums up some patterns from the operation experience of specialized zone. Finally, targeted solutions to the problems of high-level talents introduction in the cultivated industries that mentioned in the paper are discussed, and approaches of practical exploration are provided.

**Keywords**: High-level Talents; Industry Cultivation; Specialized Zone

B. 17    Development Mode Exploration for Deep Integration of
         Talents and Industry to Facilitate the Transformation and
         Upgrading of New Car City Through Gathering Momentum
         —*Based on the Practice and Experience in Longquanyi*
         *District of Chengdu*
         *Chengdu Longquanyi District Steering Group Office for Talents Management* / 292

**Abstract**: Brilliant talents bring with prosperous industries. In 2016, the Central Committee of the Communist Party of China issued the document *Opinions on Deepening the Reform of the Institutional Mechanism for Talents Development* and announced the necessity of promoting the deep integration of talents development with economic and social development. With the rapid development of regional economy as well as the optimization and upgrading of industrial structure, the integration of talents and industry has become an important focus of talent-related work, and it has been considered as a critical battle to deepen the reform of the talent development mechanism. Longquanyi District of Chengdu, as a key battleground under the strategy of Expansion into the East, is an functional area of the Tianfu New Area & High-end Manufacturing, and provides a good environment for exploring the deep integration of talents and industry. The paper first reviews the trends of talents aggregation in Longquanyi District of Chengdu in chronological order since 1991. Then a comprehensive summary of experience, achievements as well as existing problems of the integration is provided. Besides,

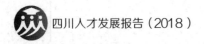 

on the basis of advanced practices in domestic developed cities, the paper suggests improving strategies, promoting talents aggregation, strengthening talents introduction and boosting scientific research innovation, deepening the linkage of industries and research as well as enhancing achievements transformation. Those measures are supposed to secure the construction of An Intelligent Area of Advanced Automobile and A City of Quality Life with talents' support.

**Keywords**: Talents and Industries; Deep Integration; Transformation and Upgrading

图书在版编目（CIP）数据

四川人才发展报告. 2018 / 王辉耀主编 . -- 北京：
社会科学文献出版社，2018.5
（中国人才研究丛书）
ISBN 978 - 7 - 5201 - 2838 - 4

Ⅰ. ①四…　Ⅱ. ①王…　Ⅲ. ①人才 - 发展战略 - 研究
报告 - 四川 - 2018　Ⅳ. ①C964.2

中国版本图书馆 CIP 数据核字（2018）第 096577 号

· 中国人才研究丛书 ·

# 四川人才发展报告（2018）

主　　编 / 王辉耀
副 主 编 / 陈　涛
编　　者 / 西南财经大学发展研究院　全球化智库（CCG）

出 版 人 / 谢寿光
项目统筹 / 邓泳红　陈晴钰
责任编辑 / 陈晴钰

出　　版 / 社会科学文献出版社 · 皮书出版分社（010）59367127
　　　　　　地址：北京市北三环中路甲 29 号院华龙大厦　邮编：100029
　　　　　　网址：www.ssap.com.cn
发　　行 / 市场营销中心（010）59367081　59367018
印　　装 / 三河市龙林印务有限公司

规　　格 / 开　本：787mm × 1092mm　1/16
　　　　　　印　张：21.75　字　数：329 千字
版　　次 / 2018 年 5 月第 1 版　2018 年 5 月第 1 次印刷
书　　号 / ISBN 978 - 7 - 5201 - 2838 - 4
定　　价 / 98.00 元